湖北省教学研究项目"构建大学英语课程思政教学评价体系研究"项目编号 2022517

跨文化视野下
英语教学理论与方法探究

刘黎黎 著

天津出版传媒集团

天津科学技术出版社

图书在版编目（CIP）数据

跨文化视野下英语教学理论与方法探究 / 刘黎黎著.
天津：天津科学技术出版社，2024.5. -- ISBN 978-7
-5742-2198-7

Ⅰ.H319.3

中国国家版本馆CIP数据核字第2024NB9942号

跨文化视野下英语教学理论与方法探究
KUA WENHUA SHIYE XIA YINGYU JIAOXUE LILUN YU FANGFA TANJIU

责任编辑：	刘 鸫
责任印制：	兰 毅
出　　版：	天津出版传媒集团 天津科学技术出版社
地　　址：	天津市和平区西康路35号
邮　　编：	300051
电　　话：	（022）23332377
网　　址：	www.tjkjcbs.com.cn
发　　行：	新华书店经销
印　　刷：	河北万卷印刷有限公司

开本 710×1000 1/16 印张 16.5 字数 220 000
2024年5月第1版第1次印刷
定价：98.00元

前言

在人类文明的发展历程中，由于地域相隔，不同地域发展出了不同的文明与文化，而且每种文化的表征，包括语言在内，都具有很大的差别。由于文化与文化之间的差异，形成了各有千秋的文化形式，不同文化之间也有了一定的交流障碍。如何跨越文化差异进行有效的交流，是人类文明在每个发展阶段都必须面对的问题。而跨文化英语教学旨在培养学生在全球化社会中进行有效跨文化交际的能力，使他们能够自信地穿越文化差异的屏障，与不同文化背景的人建立深刻的联系。

本书围绕这一主题，共分八章，从理论到实践，从基础概念到具体方法，全面探讨了跨文化英语教学的各个方面，剖析了跨文化背景下如何实施英语教学的核心问题。第一章讨论了语言、文化、跨文化交际、英语教学四者之间的联系。第二章聚焦于跨文化视野下英语教学，明确了这一教育领域的必要性、原则、目标以及模式。第三章介绍了跨文化视野下英语教学方法，探讨了传统的英语文化教学方法，也关注跨文化视野下英语教学的发展趋势和创新方法，为教师提供灵活的工具，以满足不断变化的教育需求。第四章到第五章分别针对跨文化视野下英语知识教学，包括词汇和语法的教学探究，以及跨文化视野下英语技能教学，包括听力、口语、阅读、写作和翻译，两大方面展开论述，为培养学生的英语技能和知识提供了一些参考。第六章讨论跨文化视野下英语教学的教材与师资，着眼于如何选择和设计合适的跨文化英语教材以及如何培养合格的教师。第七章探究跨文化视野下英语教学评价，提出了关于如何调整教学策略并提高教学质量的一些建议。第八章研究互联网背景下跨文化英语教学的发展，分析互联网对这一领域的影响，以及如何优化跨文化英语教学以适应现代技术的变革。

  本书为读者提供了较为全面的跨文化英语教学知识，能比较有针对性地提供跨文化英语教学指导和建议。限于时间与笔者水平，书中难免存在疏漏与不当之处，敬请各位学者批评、指正。

目 录

第一章 绪 论 / 001

　　第一节　语言与文化 / 001
　　第二节　跨文化交际 / 020
　　第三节　英语教学 / 037

第二章 跨文化视野下英语教学 / 045

　　第一节　跨文化视野下英语教学的必要性 / 045
　　第二节　跨文化视野下英语教学的原则 / 049
　　第三节　跨文化视野下英语教学的目标 / 056
　　第四节　跨文化视野下英语教学模式 / 062

第三章 跨文化视野下英语教学方法 / 079

　　第一节　传统英语文化教学方法 / 079
　　第二节　跨文化视野下英语教学方法创新的必要性 / 086
　　第三节　跨文化视野下英语教学方法创新 / 089

第四章 跨文化视野下英语知识教学探究 / 105

　　第一节　跨文化视野下英语词汇教学探究 / 105
　　第二节　跨文化视野下英语语法教学探究 / 122

第五章 跨文化视野下英语技能教学探究 / 139

第一节 跨文化视野下英语听力教学探究 / 139
第二节 跨文化视野下英语口语教学探究 / 155
第三节 跨文化视野下英语阅读教学探究 / 176
第四节 跨文化视野下英语写作教学探究 / 190
第五节 跨文化视野下英语翻译教学探究 / 205

第六章 跨文化视野下英语教学的教材与师资探究 / 217

第一节 跨文化视野下英语教学中的教材探究 / 217
第二节 跨文化视野下英语教学中的师资探究 / 225

第七章 跨文化视野下英语教学评价探究 / 233

第一节 跨文化视野下英语教学评价的内容 / 233
第二节 跨文化视野下英语教学评价的原则 / 236
第三节 跨文化视野下英语教学评价体系 / 238

第八章 互联网背景下跨文化英语教学的发展 / 241

第一节 互联网对跨文化英语教学的影响 / 241
第二节 互联网背景下跨文化英语教学的优化 / 246

参考文献 / 253

第一章 绪 论

第一节 语言与文化

一、语言

（一）语言的定义

语言在日常生活中的实用性和重要性不言而喻，若缺乏语言这一媒介，人类信息的交流与传递将面临很大的挑战和困难。语言作为沟通桥梁，起源于人类最初的交际需求，并且与人类的劳动活动紧密相连。在长期的劳动过程中，人类语言逐渐发展和完善。人类的进化，如大脑的发展、直立行走、发音系统的完善，都与语言的产生和发展密切相关。语言不仅帮助人们解析和理解客观世界，还作为文化信息的载体促进了文化的交流和传播。[①]

尽管到目前为止，语言已经发展到一个成熟的阶段，但语言学家对语言的具体内涵和定义仍有不同的看法。美国语言学家、哲学家、认知

---

① 王华，崔俊影，经芳.语言学[M].延吉：延边大学出版社，2018：337.

科学家诺姆·乔姆斯基（Noam Chomsky）是生成语法和普遍语法的创始人，他认为语言是一种独特的、天生的人类能力，包括了深层结构和表层结构的区分，强调人类拥有一种内在的、普遍的语言学习能力。[1]俄罗斯裔美国语言学家罗曼·雅各布森（Roman Jakobson）是结构主义语言学的主要代表之一，他认为语言是用于交流的工具，并且明确了包括说话者、受话者、语境、信息、语码、接触在内的六个语言活动基本要素。[2]美国语言学家和人类学家爱德华·萨丕尔（Edward Sapir）与本杰明·李·沃尔夫（Beniamin Lee whorf）合作提出了著名的萨丕尔-沃尔夫假说，认为语言不仅是沟通的工具，还影响着人的思维和世界观。瑞士语言学家费迪南·德·索绪尔（Ferdinand de Saussure）被誉为现代语言学之父，认为语言是一套符号系统，这些符号用于表达思想。每个符号（sign）由"能指"（signifier，即音响形象）和"所指"（signified，即概念或意义）组成。[3]他强调能指和所指之间的关系是任意的，即二者没有自然的联系，而是由社会共同约定决定的，强调了符号（即语言的词汇和结构）与它们所代表的概念之间的任意关联性。索绪尔区分了"语言"（langue）和"言语"（parole），这是一种具有关键意义的分区，索绪尔指出，语言是一个社会共有的系统，它是普遍和理想的，为言语提供规则和形式。言语则是个人使用语言的具体实践，是动态和多变的。[4]索绪尔还为研究语言进行了同步语言学（研究特定时期语言的状态）与历时语言学（研究语言随时间的变化）的区分，他主张同步研究，认为这是理解语言结构的关键。索绪尔的观点和理论不仅对语言学的发展产生了重要影响，还对20世纪的人文科学和社会科学产生了广泛的影响，

---

[1] 乔姆斯基语言哲学文选[M].徐烈炯，尹大贻，程雨民，译.北京：商务印书馆，1992：72.

[2] 周蓉，刘敏，王韵青.英语跨文化教育教学研究[M].长春：吉林人民出版社，2020：14.

[3] 索绪尔.普通语言学教程[M].裴文，译.南京：江苏教育出版社，2002：73.

[4] 索绪尔.普通语言学教程[M].高名凯，译.北京：商务印书馆，1980：40.

他的观点被视为现代语言学和结构主义的基石之一。

　　学者们的这些定义从不同角度展现了对语言的理解和认知,从语言作为符号系统的结构主义观点,到语言对思维和文化的影响,甚至作为一种天赋能力的看法,每种观点都为理解语言的复杂性和多样性提供了独特的视角。语言的复杂性和多变性还体现在它能够适应不同的交际场合和对象。人们通过选择适当的语言和表达方式,准确地传达自己的思想和观点。在人际交往中,了解并尊重对方的语言文化,结合自身的语言特点,是有效沟通的关键。此外,掌握适当的语言礼仪、选择合适的肢体语言作为辅助也是非常重要的,这有助于维护良好的交际关系。

　　综合以上观点可以看到,从宏观结构角度审视,语言可以被定义为一种人类用于交际的复杂的、多功能的符号系统。在基本的结构方面,其外在表现形式为语音,基础构架是词汇和语法。在功能方面,语言不仅是交流的工具,还是文化传承和思想交流的媒介,语言的存在和发展,与人类的社会、文化和认知进程密切相关,是人类文明进步的一个重要标志。

(二)语言的特征

语言的特征主要包括符号性、系统性、社会性等三点(图1-1)。

图1-1　语言的特征

1. 语言的符号性

语言符号主要表现出任意性、约定性、创造性、线条性等四方面特征(图1-2)。

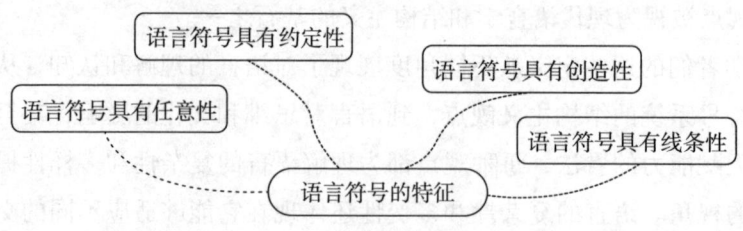

图1-2 语言符号的特征

（1）语言符号具有任意性。语言符号的任意性是一个关键的语言学概念，尤其在结构主义语言学中占有重要位置。这个概念主要指的是语言符号与它们所代表的意思或概念之间，即能指和所指之间的联系是任意的，并没有自然的、必然的联系。例如，没有什么必然规律决定"树"一词必须指代所熟知的那种植物。因此，它们在不同社会和文化背景下可以表现出多样的联系。换句话说，特定的声音或符号可以在不同社会或文化背景下被赋予特定的含义，但这种赋予是任意的，没有固定的必然性。例如，汉语中很多同音字音同义不同。再例如，同样都是"bark"的发音，在英语中通常用来描述狗吠声，然而在荷兰语中，"bark"指的是船的外壳或船的结构；英语中"dog"（狗）和德语中"hund"（狗）虽然具有相似的发音，但它们的语言形态和文化含义是完全不同的。反之，同一概念在不同语言中也可以有截然不同的声音表示方式。举例来说，同样表达蓝、红、绿三个相同的颜色概念，中文用"蓝、红、绿"，英语中使用词语"blue"（蓝色）、"red"（红色）和"green"（绿色）表示，同一概念具有不同的发音、不同的表现形式。

（2）语言符号具有约定性。语言符号的能指和所指之间关系的任意性直接导致了语言的多样性，不同社会和文化背景下的语言呈现出明显的不同，但这种任意性并不意味着能指和所指之间的关系是完全随意无序或不确定的。为了方便交流，这种任意性会基于社会约定和共识，由特定社会成员共同确定下来，决定哪一种声音、符号与哪一种概念、意义进行关联，一旦这种关联在特定语言中进行了确定，这种关联就变得相对稳定，不会轻易改变。然而，这种关联也并不是固定不变的。随着时间的推移，语言会不断发展变化，由于文化变迁、技术创新或其他社会因素的驱动，语言符号能指和所指之间的关联也可能随之发生变化。这种变化也从另一个角度体现了语言的动态性和适应性。从语言符号的约定性可以看到，由于语言是社会群体约定俗成的产物，语言符号能指与其所指之间的联系是有深度的文化依赖的，并且深受特定历史、社会背景的影响。再者，由于语言符号的任意性直接导致了语言的多样性，不同社会和文化背景下的语言呈现出明显的不同，对非母语者来说，理解特定语言中的符号可能需要对其文化和社会背景有所了解，这也展现了语言学和文化密不可分的关系。例如，汉语中表达颜色的词语还有"螺子黛""朱红""月白""凝脂""暮山紫"等，如果翻译成其他语言就会失去中国文化韵味，其他语种的学习者如果想比较透彻地理解这些符号的含义，就需要了解这些词语背后的中国文化。

（3）语言符号具有创造性。语言的创造性是其最显著的特点之一，这种创造性表现为它能够生成无限的新意义和表达方式。语言的这一特性源自其独特的结构，主要包括二层性和递归性。语言的二层性是指它由两个基本层次组成：声音（或书写符号）和意义。这一结构特性使得语言能够通过有限的基本单位——字母、音素、词汇等——展现出几乎无限的表达形式。这些基本单位在不同的组合和排列下，可以产生新的词语、句子和意义，从而使语言呈现很大的灵活性和适应性。这种组合的多样性和复杂性是语言创造的核心。语言的递归性是指在语言中，某些结构可以无限重复或嵌套。例如，一个句子可以嵌入另一个句子中，形成更加复杂和多样的表达形式。这种嵌套结构不仅使得语言能够描述更加复杂的概念和情境，还使得语言具有表达无限可能性的能力。递归性是人类语言与其他交际系统最为显著的区别之一，它体现了语言在结构上的无限扩展能力。这两种性质共同作用，使得语言可以通过有限的词汇和语法规则生成无限的句子和表达方式。这种能力使得语言不仅能描述现实世界，还能构建虚拟世界和抽象概念，反映出人类思维的无限可能性。例如，通过组合不同的词语，人们可以创造出全新的句子来描述新的想法、情感或情景。此外，语言中的词汇和结构也可以以新的方式组合，产生之前不存在的意义。语言的创造性不仅体现在日常交流中，还在文学作品和艺术中表现显著。作家充分利用了语言的这种特性，通过诗歌、小说、戏剧等艺术形式，创造出生动的意象和深刻的寓意，展现了语言在表达人类情感、思想和想象力方面的无限潜力。通过不断的创新和探索，语言在艺术创作中实现了自我超越，展现了其深邃和丰富的创造内涵。

（4）语言符号具有线条性。"语言符号的线条性，或称线性，是指说话时语言符号在时间上依次出现，像一根线条一样。"[①]它描述了语言符号在时间序列上的排列和组织方式，具体表现为说话时语言符号（如音素、音节、词语）必须依次出现，形成一种时间上的线性序列，这一特性是由人类的发音器官和听觉处理方式所决定的。由于发音器官的限制，人类的发音器官只能一次发出一个音素或音节。这意味着在任何给定时刻，只能发出一个特定的音。这种物理限制导致语言必须在时间上线性展开。例如，当说出一个词语，如"apple"，每个音素（/æ/,/p/,/l/）必须依次发出，不能同时产生。与发音器官的限制相似，人类的听觉处理也是线性的，大脑处理并理解语音信息也是按照时间序列进行的，意味着即使发音器官能够同时发出多个音，人类的听觉系统也无法同时处理这些信息。语言的线性特性强调了顺序对于意义的重要性。在大多数语言中，词语的顺序对于句子的意义至关重要。例如，英语中，"The cat chased the dog." 与 "The dog chased the cat."，尽管使用了相同的词语，顺序不同，意义完全不同。相比于其他一些符号系统，如图形符号，语言符号的线性特征会更加突出。图形符号可以在空间上同时存在，如图表或地图中的多个元素可以同时被观察和理解。然而，语言符号在空间上不能有这种上下相叠的关系，它们必须在时间上依次出现。

---

① 邢福义，吴振国．语言学概论[M]．武汉：华中师范大学出版社，2002：5．

尽管语言的线性特点使符号难以在空间上同时存在，但这并不意味着语言表达的复杂性受到了限制。通过时间序列的不同组合和结构，语言能够表达极其复杂和多样的意义。例如，通过调整词语的顺序和结构可以创造出各种各样的句子来表达无限的想法和情感。语言的线性特性使得语法结构在语言交流中扮演了关键角色。语法规则决定了词语如何组合以及它们应该如何依次出现，从而使得意义能够在时间序列上被有效地传达和理解。这也并不妨碍语言在更高层次展示复杂的层次结构。例如，一个长句子可以包含多个子句，这些子句又包含词组，词组由词语组成，而词语又是由音素组成。这种层次结构在时间上线性展开，却又非常复杂。诗歌和音乐是语言线性特性的另一种展示。在诗歌中，词语和句子的顺序不仅影响意义，还影响韵律和节奏。在音乐中，歌词的线性展开与旋律和节奏相结合，呈现独特的艺术效果。

这种线性特性在不同的文字系统中有不同表现形式。例如，从左到右、从上到下的书写方式，这些书写方式不仅有助于信息传递，还可展示文化身份和历史传统。这种线性特性也影响了特定文化中的思维方式。不同文化中语言的使用方式反映并塑造了该文化的思维习惯和认知风格。例如，英语中通常遵循"主语—谓语—宾语"（SVO）的语序，中文中虽然也常用SVO语序，但有时会根据语境调整语序以强调某些信息；英文中时间和地点状语的位置较灵活，但常放在句子的开头或末尾，例如，"Yesterday（时间）""She went to the park.（地点）""She went to the park yesterday."，但中文中经常将地点状语放在谓语之前：她昨天去了公园。这些差异就导致中国学生在学习英文时，会使用中文惯性思维翻译英文句子："She yesterday went to the park."，从而产生语法上的错误。因此，了解两种语言背后的文化差异对于准确传达信息至关重要，在学习不同语言时，要理解语言背后的文化和思维，使之符合目标语言的表达习惯。

2. 语言的系统性

语言是一种由符号构成的系统，而这些符号之间有着复杂而紧密的联系。在这个系统中,每个符号不仅可以单独存在,还可与语音、语义、结构和功能等建立种种联系。例如,以中文为例,中文亲属关系的称呼非常详细,用不同词语来表示不同的亲属关系,如"伯父""舅舅""叔叔"等,这些词语在中文语言系统中有着各自明确的地位和含义,可以精确表示家庭成员之间的关系。但是在英文中,亲属关系的称呼词语较少,没有精细区分"伯父""舅舅""叔叔"三个不同含义的单词,而是用"uncle"一词统一指代,同样"姥姥"与"奶奶"、兄弟姐妹等亲属称谓也都有统一指代词语。这样的用法体现了汉语符号在语义上的灵活性和多样性,也体现出了符号之间的丰富联系和相互作用。语言的系统性还体现在符号之间的互动动态上。每个符号都不是孤立的,一个语言符号的变化可能导致相关符号的相应变化。例如,随着时间的推移,某些词语可能会演变出新的含义或用法。在英语的历史中,英语词"nice"在中古英语时期原本有"愚蠢"或"无知"的含义①,源自拉丁词"nescius",意为"不知道"。然而,随着时间的推移,"nice"的含义经历了显著的正向演变,现在通常用来形容某人或某事物"令人愉快""有吸引力"或"细致入微"。又如,中国古代用"吃酒"表示"喝酒",后来逐渐区分,"吃"用于表示食用固体食物,而"喝"用于表示食用液体食物。这种语言符号随时间演变的动态性不仅展示了单个词语意义的变迁,还影响了与其相关的表达和语境,改变了人们使用和理解词语的方式,影响了其他符号和整个语言系统,体现了语言作为一个系统适应社会和文化变化的过程。

3. 语言的社会性

语言是一种社会工具,社会性是自然语言的本质属性。自然语言的生成、演变、消亡都在不同程度上受到社会因素的影响。自然语言的社会性表现在它的共同约定性上。自然语言是由特定社会群体共同约定的,而不是个别人或少数人的单独创造。语言符号的形式和意义之间的

---

① 陈忠敏. 历史比较语言学[M]. 上海:中西书局,2022:112.

关系、词汇的含义、语法规则等都是由社会群体集体约定的。一个词语是否被接纳为语言符号，取决于社会的共同认可，一个个体最初或临时想使用某种语音来表示某种语义或者尝试引入新的词语、语法结构，如果不被社会群体共同认可和模仿，就不会被纳入语言系统，更不会成为语言符号。语言符号的组合规则也是社会共同约定的，决定了哪些符号可以组合，以及以何种方式组合。这种约定性使得语言成为一种可共享的工具，让社会成员之间能够有效地交流和了解，个人或少数人都无法制定或改变语言的组合规则。自然语言的发展和变化也深受社会交际需求的驱动。新词汇的产生、旧词汇的消失，以及语法、语义的变化，都是为了更好地适应社会交际的需求。语言是一种活的工具，不断地演化和适应社会的变化。例如，随着科技的发展，新的科技词汇，如区块链、云计算、物联网等不断涌现，以满足新兴技术领域的交流需求，这种灵活性使得语言能够在不同社会背景下持续发展，与时俱进。如果一种语言不再满足社会交际的需要，不再被用作社会交际工具，就会不可避免地走向消亡。例如，古埃及语言在古埃及文明中使用广泛，但随着其文明的衰落，这种语言不再被用于社会交际，也逐渐消亡。爱尔兰语曾经处于消亡的边缘。然而，随着文化复兴和政策支持，爱尔兰语经历了一次复兴，通过积极的努力重新成为社会中的重要组成部分。从上面的论述可以看到，语言是与社会、文化和政治因素紧密关联的，语言的生存、发展、变迁和消亡都受到社会因素的影响，具有深刻的社会属性。

（三）语言的功能

语言的功能主要包括三方面，即信息功能、文化传承功能、艺术功能（1-3）。

图 1-3 语言的功能

1. 信息功能

语言的信息功能是其最基本和核心的功能之一。通过语言,人们能够传达各种信息和经验,这种信息传递在日常生活中尤为重要,因为它有助于人们了解周围环境、做出决策、解决问题。例如,通过语言,天气预报员可以告知人们明天是否会下雨,这对人们的生活和出行计划具有很大影响。语言也用于表达主观观点和看法。人们通过语言来分享他们对事物的看法、观点等。这种主观性的信息传递有助于人们表明自己的个性、身份和立场,帮助人们建立联系、理解他人。语言还具有丰富的情感表达功能,人们可以通过语言来表达喜怒哀乐、思念之情、感激之情等各种情感。例如,一个人可以用温柔的语气表达爱意,也可以用愤怒的词语表达不满。语言还有助于传达深层次的观念和价值观。通过语言,人们可以探讨抽象的概念,如正义、自由、公平等,能够进行伦理和政治等复杂话题讨论。例如,人们可以通过阅读萨特的《存在与虚无》,了解存在主义运动;在一场辩论中,辩手可以使用语言来阐述他们的观点等。由此可以看到,基于语言的信息功能,人们能够传递和共享知识、情感和观念,加强人际交流、文化传承,从而促进社会发展。语言的信息功能使其成为人类社会中不可或缺的工具。

2. 文化传承功能

语言不仅是沟通的桥梁,还是文化内涵的传递者,具有深刻的文化传承性。这种传承性不仅仅体现为语言本身的信息传递,还在于其所承载文化的延续,通过它可以窥见一个民族的历史、文化和精神面貌。例如，汉字不仅仅是一种书写符号，它还承载着中国几千年的历史文化，每一个字都有其独特的形成过程和文化内涵，通过学习和使用汉语，人们可以更深入地了解和体验中华文化的精髓。语言是一种文化记忆的储存方式。每种语言都有其独特的表达方式和语言结构，这些特性也在一定程度上塑造了其使用者的思维方式和世界观。

3. 艺术功能

语言作为信息载体，还可以提供一定的艺术价值，多样的形式和内容可以将语言的使用提升到艺术层面。审美功能是语言艺术性的一种体现，而诗歌和文学作品就是语言审美功能的最佳例证。在这些作品中，语言不只是信息的载体，作者通过精心选择的词语、韵律、象征，以及修辞技巧和叙述结构，创造出能够触动人心的艺术作品，这些作品中的语言使用不仅满足了人们对美的追求，还深化了文化的表达和体验。语言的艺术性还表现为乐趣的呈现与传递。日常生活中，人们通过讲故事、玩语言游戏等方式来寻求乐趣和放松。讲故事，特别是口头叙述，不仅是一种娱乐方式，还是文化传承的重要形式。语言游戏，如成语接龙、猜谜等，挑战人们的智力和创造力，提供娱乐途径，促进人们语言和思维能力的发展。语言艺术性的另一方面是其在文化传承中的作用。通过语言，文化知识、传统和价值观得以传递和保存。每种语言都承载着文化特色和历史背景，且这些都通过语言的艺术性得以展现和传承。语言不仅记录了过去，还影响着现在和未来。它是连接过去、现在和未来的纽带，是文化传承的关键。

二、文化

（一）文化的定义

在中国，"文化"二字自古就有，最早的使用出现在古代典籍《周易》中："观乎天文、以察时变；观乎人文，以化成天下。"这时的"文""化"二字虽是分开出现的，但是句中"人文"与"化成天下"相结合,意思上已经具备了"文化"一词的基本含义,即要观察人文,理解社会的道德秩序,以确保所有人都能遵守文明礼仪,并将这种影响扩展至整个社会,以获取最大效益。"文"与"化"这时已具有明确的"文治"与"教化"的含义。《说文解字》中有"文,错画也,象交文","文"的释义为"错画",指各种交错的纹理,后来逐渐引申为包括语言文字在内的各种象征符号。① 另外,"化"的释义为"化生、化育、造化",由相反的两个"人"字组成,指两物接触后一方或双方发生改变,形态或性质有所转化,其后来进一步引申为改变人的观点、思想等义。② 英语中的"culture"一词来源于拉丁语 cultura,由词根 cult(耕耘)加上名词后缀 -ure 构成,原意为"栽培植物或耕种土地"。后来到 18 世纪,法国启蒙思想家和文学家伏尔泰等人开始使用 culture 一词来表示智力耕耘、修炼心智、道德培养等含义。③

然而,尽管文化一词出现比较早,但对其准确定义却经历了漫长的讨论过程。根据《大英百科全书》(*Encyclopedia Britannia*)的数据,关于文化的正式定义在世界各国的出版物中有多达 160 种④,有些学者甚至提到可能高达 250 种。⑤ 这一多样性反映了文化作为一个复杂概念的深度和广度。在众多定义中,较为权威的是英国文化人类学家爱德华·泰勒(E.B.Tylor)1871 年在《原始文化》中的释义,他认为文化或文明,在广泛的民族学意义下,是"一个复合整体,包括知识、信仰、艺术道德、法律、习惯、风俗以及其他社会上学到的技能和惯例",这个定义被认为是最早具有科学意义的文化定义。到了 1963 年,人类学家阿尔弗雷德(Afred)在总结前人研究的基础上,提出了一个更为全面的文

---

① 郑春兰.精彩汉字[M].成都:四川辞书出版社,2018:537.
② 陈炯.中国文化修辞学[M].南京:江苏古籍出版社,2001:13.
③ 程文华,张恒权,崔久军.英汉修辞与文化[M].青岛:中国海洋大学出版社,2020:1.
④ 郭莲.文化的定义与综述[J].中共中央党校学报,2002(1):115-118.
⑤ 张政,刘晗.意义与翻译[M].北京:中译出版社,2021:132.

化定义。他在与克莱德（Clyde）合著的《文化：关于概念和定义评述》中给出了文化的定义，即文化由外层和内隐的行为模式构成，这种模式通过象征符号而获得和传递。阿尔弗雷德所提定义不仅指出了文化的符号性质，还强调了其产生过程，以及文化对人类生活的反作用。在他的观点中，文化代表了人类群体的显著成就。文化的核心部分是传统的观念，尤其是这些观念所蕴含价值。此外，文化体系既是行为的产物，又是进一步行为的决定因素。这一定义为理解文化的多维性提供了更为深入的视角。我国20世纪70年代出版的《辞海》中，广义文化的概念是人类社会历史实践过程中所创造的物质财富和精神财富的总和，而狭义上的文化则是指社会的意识形态以及与之相适应的制度和组织机构。随着20世纪80年代"文化热"的兴起，中国大地上文化一词的使用变得更为频繁。无论是讨论企业文化、饮食文化、影视文化、茶文化，还是非物质文化，人们都在试图探寻和理解文化的真正含义，这时对文化的定义存在两种不同趋向。一种广义观点认为文化包括了人类创造的一切成果，它是人类创造的物质财富和精神财富的综合体，且广义含义之下，文化的内容被分为三个层次：第一是物质文化，即人类通过主观努力创造的物质财富；第二是政治、经济体系、法律、文学艺术、人际关系和行为习惯等；第三是精神层面，包括了人们的价值观念、思维方式、审美情趣、道德情感、宗教信仰和民族心理等。与之相对，狭义观点将文化界定为人类所创造的精神成果，如文学、艺术、哲学、宗教等，物质财富、政治体系等内涵被排除在外。这两种趋向反映了对文化范畴的不同理解，一种更加广泛，将文化视为综合性的人类创造，而另一种更加狭窄，将文化限定为精神领域的创造。2001年，联合国教科文组织在《世界维护文化多样性宣言》中也对文化作了定义。在这个定义中，文化被视为某个社会或社会群体特有的精神、物质、智力与情感等方面一系列特质之总和。这不仅包括艺术和文学，还包括生活方式、共同生活准则、价值观念体系、传统和信仰。这一定义更加强调了文化的多样性和包容性，涵盖了从物质到精神各个层面的人类活动和成就。在这种定义下，可以看到"文化"与"文明"两词含义非常相近，甚至可以视为同义词。但是，一些学者对二者进行了区分，认为二者之间存在层级关系，"文明"是最高层次，广泛的"文化"实体构成了"文明"。

中国学者对文化定义的研究主要集中在三个不同的角度。从人类角度看，文化被认为与人类的本质紧密相关，是人类与其他动物相区别的基本特征之一，是人类创造的与自然界中一切自然物质有所区别的人造物，文化的本质在于创造。从社会功能的角度看，文化被认为是生产力的关键，特别强调了文化的信息和知识方面，将文化的内涵定义为一种文化心态和符号系统。从传播学的角度看，文化的定义强调了传播的重要性，认为传播是文化的本质，没有传播就没有文化。这个视角突出了文化的传播属性。

正是由于文化的内涵和外延极其丰富，其界定变得十分多样。但是对上述论述进行归纳总结不难看出，"文化"一词主要可以从两种角度去进行定义，一种是广义角度，一种是狭义角度。并且大多数情况下，一提到"文化"，人们往往可能先联想到其狭义方面，即文化的精神层面。

（二）文化的特征

文化的特征主要包括五点：非遗传性、动态变化性、复杂性、约定性、多样性（图1-4）。

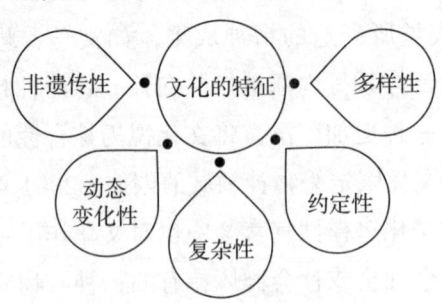

图1-4 文化的特征

1. 非遗传性

文化不是人类与生俱来的特质，也不是通过人类的种族遗传所获得。它是在人类社会后天的生产实践过程中逐渐产生的。这意味着文化不受基因遗传的影响，需要通过教育和文化传承等方式一代又一代地传递给后代。文化的非遗传性特征强调了文化的独特性和社会性。非遗传性也决定了传承是文化的重要特征之一，它确保了文化的延续和发展。

2. 动态变化性

文化并不是静态的、一成不变的，而是动态的，但文化的动态变化并不意味着完全摒弃过去，而是在传承中不断发展变化。尽管一些变化可能较难触及文化的深层结构或本质结构，但文化随着社会的演变和变革动态变化这一点是确定的。科技的快速发展，特别是通信技术和互联网的普及，很大地改变了文化的传播方式，不同文化之间的交流变得日益频繁，这种交流促进了文化元素的相互借鉴和融合，催生了新的文化形态，从而加速了文化的变革和更新。

3. 复杂性

文化实际上是一个社会在漫长的发展过程中积淀下来的物质文化、社会生活方式与思维习性的综合体，具体包括社会的价值观念、习惯、信仰、艺术、道德等各个方面。文化的复杂性反映在其多样性和多层次性中，它由社会的历史、环境和互动影响所塑造。

4. 约定性

从本质上来说，文化是一个社会或群体共同创造、维护并传承的共享系统。这一系统不仅包括语言、风俗习惯、规范和制度，还涵盖了社会价值观念、艺术、宗教信仰，以及其他一系列的集体认知和行为模式。既是共同创造，就一定有约定的存在。文化的约定性体现在其共享性上。一个群体或社会的文化，是由该社会的所有成员共同创造和认可的。这意味着文化不仅仅是个体的行为模式或习惯，还是一个社会共同认可的行为和价值观念的集合。文化的约定性还体现在其对个体的约束上。个别人的特殊习惯和行为模式,如果不被社会广泛认可,通常不会成为这个社会的文化。这是因为文化是基于一定社会共识的,它反映的是一个社会的普遍规范和价值观念。因此,文化具有一定的排他性,不是所有个体的行为模式都能成为社会文化的一部分,一种特定的语言或风俗习惯,只有在被一个社会的多数人接受和使用时,才能成为该社会的文化。最后,文化的约定性还意味着文化是动态的。随着时间的推移和社会条件的变化,一个社会的约定也会跟随环境发生变化,新的思想、技术和交流方式等都会影响集体约定,而同时,由约定产生的文化也会发生变化,导致文化的逐渐演变。

5. 多样性

文化的多样性是文化的一个显著特征。从纵向历史角度看,随着时间的推移,由于不同文明的兴衰更替、技术的发展和社会结构的变化,文化也随之演变。例如,中国的文化历史悠久,跨度大,而且历史上朝代众多,不仅不同时期、不同朝代文化不同,同一文化在不同时期也有不同的体现。秦朝时期,秦始皇统一六国后,为了巩固中央集权和实现社会稳定,采纳了法家的政治思想,使法家思想占据主导地位。而在汉朝,汉武帝认为儒家思想中的忠诚、孝道和社会和谐的教义有助于维护皇权和社会稳定,将儒家思想提升为官方意识形态。自此以后,儒学思想成为中国传统文化和教育的核心,影响深远。不同时期的社会风俗、服装、建筑风格也截然不同,这些都是受各自时代背景、地理环境、经济条件和社会结构等多种因素共同影响的。从横向空间角度看,地理位置的不同导致了文化的多样性。不同地区的自然环境、资源条件、气候特征等都对当地文化、当地民族产生了深远的影响。比如,热带地区的民族可能发展出丰富的雨林文化,而寒冷地区的民族则可能形成以狩猎和渔业为主的文化。这种地理环境对文化的影响,不仅体现在物质文化层面,如建筑风格、饮食习惯,还体现在非物质文化层面,如宗教信仰、艺术表现形式等。人类学家和社会学家通过对世界各地不同文化的研究,记录下了这些文化的独特性。例如,非洲的部落文化、亚洲的古典文化、拉丁美洲的原住民文化等，它们都有各自独特的语言、宗教、艺术和社会组织形式。文化多样性的研究不仅帮助人们理解文化的丰富性、理解和尊重文化间的差异，还促进了对文化平等性的保护和多样性的传承。

（三）文化适应的影响因素

1. 文化距离

文化距离是指学习者自身母语文化与目的语文化之间的差异程度，涵盖了文化价值观、行为规范、语言、交际风格，以及宗教、政治、经济制度等多个方面。文化距离的大小将直接影响个体的文化适应过程。具体而言，文化距离越大，个体需要更长的时间和更多的精力深入了解和适应新文化，需要投入更多的努力和资源来跨越这些文化差异。除此之外，在文化距离较大的情况下，个体通常会经历更显著的生活变化，经受较大的文化冲击，因为他们需要适应新的社会规范、价值观念和行为方式。这些变化可能会导致文化适应过程中心理焦虑和紧张情绪增加，个体需要不断调整自己的思维和行为，以适应新的文化环境。相反，当个体前往一个与自己文化相似的国家时或者学习与母语文化比较相近的第二语言时，他们通常会感受到较小程度的文化冲击，因为文化距离较小，个体更容易快速适应当地文化，存在较少的文化差异需要克服。举例来说，英语母语学习者如果习得第二语言法语，就会比较轻松，因为二者在很多方面同源，存在相似之处，同时中国学生前往新加坡留学也可能会相对容易适应当地文化，因为两国之间存在的文化差异较小。然而，当一个人从集体主义文化环境转移到一个个体主义文化环境或者从强调平等的文化环境转移到强调等级观念的文化环境时，个体通常需要经历较长的文化适应过程，需要更多的时间努力适应和理解。

2. 性格特点

在文化适应过程中，个人的性格特点扮演着至关重要的角色，会很大程度上影响新文化环境适应情况。个体对模糊性的容忍程度展现其重要性格特点。模糊性容忍度指的是个体对于不确定性和模糊性情境的接受程度。在文化适应的过程中，个体经常会面对不熟悉的情境和文化差异，这就需要他们具备较高的模糊性容忍度，能够从模糊和不确定的情况中获取信息并做出适应性的反应。相反，如果个体的模糊性容忍度较低，他们可能会感到焦虑和不安，难以适应新文化的复杂性。个体的内在动机也在文化适应中起着重要作用。内在动机是指个体内部驱动的动力，他们出于兴趣、个人成长或内在满足感而积极参与文化适应过程。具有积极内在动机的个体通常更加乐观，能够积极面对困难和挑战，将文化适应视为一种机会来拓宽自己的视野，丰富自身经验。相反，仅仅受到外部奖励驱动的个体，在面对不熟悉的环境或困难时，可能更容易感到失望和沮丧，因为他们缺乏内在动力来应对挑战。个体性格特点中的灵活性也对文化适应能力产生影响。灵活性指的是个体适应不同情境和变化的能力。那些具有较高灵活性的人更容易适应新文化，因为他们能够快速调整自己的思维和行为方式，以适应新的社会规范和文化价值观。相反，缺乏灵活性的人可能会在文化适应过程中遇到困难，因为他们难以改变自己的习惯和观念。个体的性格特点还包括内向与外向。内向的人可能更加独立和自我，更容易适应个体主义文化，其中个人独立性受到重视。而外向的人可能更倾向于与他人合作，他们可能在集体主义文化中感到更加舒适，因为这种文化强调互相依赖和协作。

3. 期望值

期望值在文化适应过程中扮演着重要的角色，其可以对个体在目的文化中的思维、态度和行为产生深远的影响。期望值对文化适应的影响在于其能够塑造个体的态度和情感。拥有合乎现实的期望值有助于个体更好地适应新文化，因为他们能够更准确地预期可能遇到的情况，并做好心理准备。当个体的期望与实际情况相符时，他们更有可能保持积极的态度，减少焦虑和失落感。相反，如果个体对目的文化抱有过高的期望，而现实与期望不符，可能会导致情感上的负面反应，如失望和沮丧。例如，一些教师在国际教育领域工作时，可能期望学生在行为规范方面与自己的文化相符，如果不相符可能会感到困惑和不满。除此之外，期望值还可以影响个体对新文化环境的适应程度。当个体的期望值与实际情况相符或现实好于期望时,他们更有可能在新文化环境中获得满足感和幸福感。这种情况下,个体对新环境的生活满意度更高,心理焦虑较少。相反,如果个体的期望值高于实际情况,他们的适应度可能会降低,文化适应更加困难。因此,适当管理和调整期望值对于减轻文化适应过程中的心理压力和焦虑非常重要。个体应该努力保持合理的、基于现实的期望,认识到文化差异可能导致一些挑战。教育者和辅导者也可以在跨文化教学和辅导过程中,帮助学生树立适当的期望,教导他们如何处理期望与现实之间的落差,以更好地适应新文化环境。对期望值的管理和调整是文化适应过程中的重要策略,可以帮助个体更好地融入目标文化,并减少适应过程中的负面情感和压力。

4. 社交支持

社交支持在文化适应的过程中扮演着至关重要的角色。它包括来自家人、朋友以及认识的人的支持,这些社会网络的支持对于个体的文化适应能力具有显著影响。第一,社交支持在文化适应的初期阶段扮演着情感上的支持角色。在一个陌生的文化环境中或者接触新的文化初期,个体可能会感到孤独和焦虑。此时,家人和来自同一文化背景的朋友的支持尤为重要。他们可以提供情感上的支持,让文化适应者在陌生环境中并不感到孤单。这种情感上的支持有助于缓解文化适应过程中可能出现的焦虑和不适感。例如,国际学生在初次抵达目的地时,通常会感到孤独和不安,此时来自同胞和家人的社交支持可以使他们更好地适应新的文化环境。社交支持还可以推进文化适应的过程。在文化适应的早期,与当地人的互动可能有限,此时来自同一文化背景的社交网络的支持对于文化适应者来说至关重要。然而,在文化适应过程中,与当地人的互动至关重要。通过与当地人的交往,文化适应者可以更深入地了解目的文化,逐渐融入当地社会,减轻文化适应中的心理不适。因此,广泛地与当地人交往是文化适应的必要条件,这有助于个体更好地适应新文化环境,提高对文化的理解和满意度。

三、语言与文化

从上面的论述中可以看到,语言作为文化的一个组成部分,是人类沟通、表达思想和情感的主要工具。语言不仅是信息传递的媒介,还是一种文化符号系统,反映和塑造了一个群体的文化特征和社会结构。语言与文化的关系可以概括如下。第一,语言是文化传承的工具。通过语言,一代又一代的人们传递着传统、习俗和知识,这种传递不仅仅是内容上的,还包含了文化价值观和世界观的传递。例如,许多原住民群体通过口头传说,将他们的历史、信仰和生活方式代代相传下去。第二,语言反映文化特征。不同文化背景下的语言有着自己的特点,这些特点反映了相应文化的价值观和社会结构。例如,语言中的礼貌形式、称呼以及对特定概念的表达方式,都反映出深深植根于社会背景之后的文化。第三,文化影响语言发展。文化的变迁和社会的发展直接影响语言的演变。随着新的技术、观念和生活方式的出现,语言也相应地发展出新的词汇和表达方式,以描述新现象。这种发展不仅仅是词汇层面的,还包括语法和语音的变化,是语言适应文化环境和满足沟通需求的一种表现。

第二节 跨文化交际

一、交际

(一)交际的定义

交际是一个复杂且多维的概念,它涉及信息、情感以及行为的交换。"交际"最初的起源,可以追溯到中国古典文献《孟子》,当时孟子的高足万章求问孟子交际时应是一种怎样的心态,孟子认为应该谦虚有礼貌。南宋朱熹在作注的时候认为"际"为"接"之意,"交际"是"人以礼仪币帛相交接也"。由此可以看到,"交际"实质上包含两部分,即"交"和"接"两部分,是一项动态、双向性的活动。从现代角度来看,交际主要包括两个方面:一是其社会性,强调交际过程是人与人之间互动和社会关系建立的过程;二是其通信性,突出信息和意义的传递。[①] 从微观角度分析,交际由信息发出者、接收者组成,涉及信息的编码、传输、接收和解码,以及接收者对信息的反馈。具体而言,信息的发送者负责产生并发出信息。而且在发送信息之前,发送者需要对其想要传达的内容进行编码,因为人类无法直接与他人分享内心想法,编码过程其实是将内在的思想、意图转换为可理解的外在符号(包括言语和非言语符号)的过程。信息到达接收者后,他们需要解码并理解这些信息,对发送者进行响应或反馈。在跨文化语言交流中,编码和解码过程尤为重要。信息的发出者必须考虑到不同文化的语言编码规则,选择恰当的编码对目的语进行编码,接收者也需要了解目标语的编码规则,进行合适的解码,否则很容易导致误解、交流障碍,甚至交流冲突。

从交际的过程可以看到,交际与文化密切相关。有效的交际需要交际双方有共同的文化理解或至少对彼此的文化有所理解、掌握,这一点尤为重要,因为不同的文化背景可能会对交际的过程和效果产生很大影响。

(二)交际的特点

交际的特点包括四个方面即动态性、符号性、交互性、文化性(图1-5)。

[①] 赵素君. 英语跨文化交际能力培养研究[M]. 长春:吉林出版集团股份有限公司, 2022:6.

图 1-5 交际的特点

1. 动态性

交际不是一个静态的实体,而是一个流动、变化的过程。这种动态性不仅体现在交际的实施过程中,还在于它对参与者的影响上。在交际过程中,参与者之间信息、情感和态度的交流是动态的、持续发生的。参与者通过言语、肢体语言、表情和其他非言语方式表达自己的想法和情感,同时接收和解读他人的信息。这种信息的交换和处理是交际动态性的核心。另外,每次交际都可能改变参与者的思想、情感和行为。例如,一次愉快的对话可能改善人们的心情,增进彼此的关系,而一次争论可能导致交际参与者之间产生误解,进而疏远。交际不仅仅意味着信息的传递,它还能影响人际关系和个人的内心世界。交际的动态性还体现在它随环境和情境的变化而变化。同样的话语,在不同的文化、社会背景或情境中可能有着截然不同的含义和影响。因此,有效的交际不仅需要考虑言语本身,还需要考虑言语发生的环境和情境。

2. 符号性

交际的符号性是其基本和本质的特征。符号在交际中扮演着至关重要的角色,它们是人类思想和感情传递的主要载体,这些符号可以是语言形式的,如语音、词语、句子,也可以是非语言形式的,如肢体语言、面部表情,甚至是某些特定的物体或图像等。符号的多样性和广泛性使得交际变得更为丰富和深刻。发明和使用符号是人类独特的能力,这与动物的交际方式有显著的不同。虽然动物也有交际行为,但它们的交际大多只能依靠简单的肢体语言或声音,依赖直观的行为和本能反应，并不能像人类这样使用复杂的符号系统。人类使用符号还可以进行更复杂的思想交流和情感表达，这是人类与其他生物最根本的区别之一。符号的使用在不同文化中具有很大的差异。每种文化都有其独特的符号系统，这些符号在不同文化中可能具有截然不同的含义。例如，大拇指竖起这一手势在西方文化中是一种积极的手势，表示赞成、夸奖等，而在一些中东国家，这个手势可能被视为侮辱、挑衅。[①] 这种差异有时不仅存在于不同文化之间，还可能在同一文化内的不同社会群体中或历史时期发生。此外，符号与它们所代表的含义之间的关系往往是任意的。符号本身并不含有固定的意义，它的意义是由人们在社会交往过程中共同赋予的。因此，正确理解和使用符号是有效交际的关键，尤其是在多元文化融合的全球化背景下，对符号的敏感性和适应性成为跨文化交际的重要技能。

3. 交互性

交际的交互性体现为交际参与者在共同参与交际过程中角色的交替变换，这种角色的转换是交际互动性的核心，每个参与者不仅是信息的发送者，还是接收者，他们之间不断地进行编码和解码，双向的交流确保了信息的有效传递和理解。例如，当一个人在讲述一个故事时，听众通过面部表情、肢体语言和口头反馈等方式，不断给出反馈，这些反馈又影响着讲述者的叙述方式和内容。交际的交互性还体现在其动态性上。交际不是一个静态的事件，而是一个随时间变化的过程。它包括了过去的交流经历、当前的互动，以及对未来交流的预期。这三个方面相互影响，共同塑造了交际的全貌。例如，与朋友交流时，人们的过往经历会影响当前的交流方式，同时对未来关系的期望也会影响人们现在的交际行为。交际中的每个参与者都带有自己的背景、经验、情绪和期望。这些因素也深刻地影响着交际过程和效果。参与者的反应不仅仅是对当前信息的直接响应，还是综合了个人所有过往经历的对目前信息的

---

① 刘戈. 当代跨文化交际发展研究[M]. 长春：吉林大学出版社，2020：10.

复杂反应。例如,对于相同的信息,不同经历的两个人可能会有完全不同的解读,一个人在不同情绪状态下,对同一信息也可能会有完全不同的解读。了解和掌握这些互动特性,对于提高交际效率和质量具有重要意义。

4. 文化性

交际的文化性体现为交际过程中固有的文化元素和文化背景对沟通方式、信息解读和交流效果的影响。先来看文化对交际沟通方式的影响。不同的文化背景塑造了人们在交流时的行为模式和表达习惯。例如,在一些文化中,直接的言语表达和肢体动作被视为交流的重要部分,而在另一些文化中,则更倾向于间接和含蓄的表达方式。文化性也影响着交际中的信息解读。同一信息在不同文化背景下可能被解读为不同的意义。这是因为每种文化都有自己的价值观、信仰和社会规范,这些因素共同影响着人们对信息的理解。例如,某些文化可能更注重字面意义,而其他文化可能更多地关注言外之意或上下文。交际的文化性还体现在对交际效果的影响上。文化背景不仅影响沟通的方式,还一定程度上决定沟通成功与否。当交际双方来自不同的文化背景时,交流习惯和信息解读方式的差异可能会导致误解或沟通障碍。因此,了解和适应不同文化的交际习惯对于跨文化沟通至关重要。交际的文化性也在于它反映并传递了特定文化的价值观和社会规范。这样不仅可帮助社会成员内化规范,还可推动文传承和发展。

二、跨文化交际

(一)跨文化交际的定义

在普遍的理解中,交际泛指发生在相同或类似文化背景下的沟通、交流,参与者往往共享相似的语言、价值观和行为规范,而跨文化交际特指跨越不同国别、不同地域、不同种族等有文化差别的交流。对于交际而言,由于文化共性,沟通策略和方式往往是预先设定的,人们理解对方的意图和信息通常较为直接，这使得交流相对顺畅。而跨文化交际则涉及不同文化背景的人，这些文化背景包括语言、信仰、习俗、沟通方式等，在有差别的文化背景下，这些因素可能导致误解和沟通障碍。因此，跨文化交际中，参与者需要具备更高的跨文化意识和文化敏感性，了解并尊重对方的文化背景，而且沟通时需要通过特定的策略来克服文化差异带来的挑战，如使用共通语言或者借助文化中介、调整沟通风格等。文化差异，从广义上来说也可能发生在同一文化背景下，因为地区方言、年龄、性别、社会经济状态、个人经历、生活方式等因素都将产生一定影响，但是在同一种大范围文化内部，人们往往有着共同的文化参照框架，文化变量对交际活动的影响程度不是很突出，而且相比于跨文化交际，其造成的障碍和困难要小得多。例如，民族中心主义在跨文化交际中可能是一个重要的影响因素，而在同一文化内部的交际中，它的影响可能就不那么显著。

其实无论是文化内部交际还是跨文化交际，根本目的都是传达信息、分享思想和感情，以及建立和维护关系，这也是人类所有交际最核心、最基本的目标。就过程而言，跨文化交际与文化内部交际过程一致，也是信息的发送和接收过程，即发信人表达信息，接收人理解信息，而且二者在这个过程中还会进行角色互换，动态交互进行编码和解码。这种互动性在本质上也是任何交际活动的基本特征，不受文化界限的限制。跨文化交际也需依赖口头、书面等语言元素，以及肢体语言、面部表情、声音音调、节奏等非语言元素，只是在跨文化交际中，对非语言元素的理解尤为重要，因为它们在不同文化中可能具有不同的含义。

在对比文化内部交际和跨文化交际的基础上可以总结出跨文化交际的一些核心组成要素。第一，不同文化背景下的人们相互交流构成了跨文化交际的特定范围。第二，这种交流主要通过符号和象征来实现。第三，跨文化交际是一个动态的、双向互动的过程，旨在促成交流。因此，跨文化交际可以定义为：不同文化背景的人们之间通过象征符号进行的双向互动动态过程，其目的是交换信息、建立和维护社会关系等。这种交际既包括不同国家和民族间的交流（横向跨文化交际），也涵盖同一国家或民族内部不同群体间的交流（纵向跨文化交际）。

（二）跨文化交际的特点

跨文化交际的特点包括五方面：异文化性、同语言性、实践性、复杂性、文化性（图1-6）。

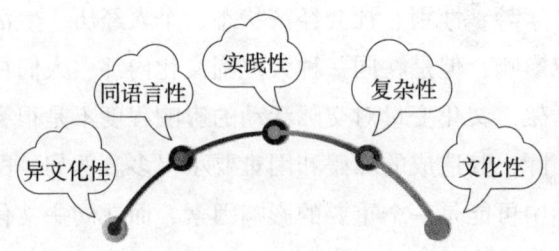

图1-6　跨文化交际的特点

1. 异文化性

跨文化交际的异文化性是其最显著的特点之一。异文化性即参与跨文化交际的双方来自不同的文化背景，他们的价值观、信仰、习惯和遵循的社会规范可能存在显著的差异。这种差异性会影响交际参与者的语言表达方式和思维习惯，使得交际双方在交际过程中需要一定的时间去适应和磨合，并且需要在交往中不断地调整，以实现有效沟通。例如，在一些东方文化中，直接表达需求和意见可能被视为失礼，而在一些西方文化中则可能被视为坦诚。异文化性也增加了误解和文化冲突的风险，因此跨文化交际需要更强的文化敏感性和适应能力。

2. 同语言性

跨文化交际涉及不同文化背景的参与者，但他们通常需要使用共同的语言来进行交流。共同的语言可以是交际双方任何一方的母语，也可以是第三方中介语，语言的选择在跨文化交际中至关重要，只有选择合适的语言，并且交际双方都可以熟练运用，才能使不同文化背景的人能够相互理解和沟通。然而，即使使用相同的语言，仍然可能存在语言和语用的差异，因此需要跨文化交际者具备跨文化语言能力，以避免误解和交际障碍。

3. 实践性

跨文化交际是一种实践活动，它需要交际双方通过一定的文化交际活动形式，如会谈、协商、演示、谈判等，进行口头或书面的交流，只有这种沟通交流实际发生，才能够算是有效的跨文化交际。换言之，跨文化理论知识需要与实际情境相结合，并被付诸实践，如果跨文化交际只停留在理论层面，只能算是跨文化知识学习，交际并没有实际发生。这在另一个角度说明，跨文化交际者需要具备实际应用的能力和经验，即具备跨文化交际能力、目的语语言使用和表达能力，才是合格的跨文化交际者。再者，跨文化交际也是一种动态的过程，人们需要不断地实践和反思，并在实践中汲取和总结经验，而不能只停留在理论层面。

4. 复杂性

在实际的交际过程中，交际双方受到母语和目的语双重文化的影响和限制，因此跨文化交际呈现出不同程度的复杂性。由于双方在多个文化维度存在差异，因此交际过程中可能出现各种无法预料的复杂情况。例如，由于文化差异，一些亚洲国家可能认为用手指指向别人是不礼貌的，而在其他地区这可能是普通的沟通方式，因此常常因一些无意识的行为产生误解现象。因此，跨文化交际者需要熟练了解文化之间的差异，具备文化洞察力以及灵活解决问题能力，以解决潜在的问题和挑战。

5. 文化性

跨文化交际具有鲜明的文化性。语言是文化的载体，因此交际不只是语言的交际，也是两种文化的交际。在跨文化交际中，参与者不仅仅是编码和解码了单纯的语言元素，还是在编码和解码不同的文化元素，交际者需要了解和尊重对方的文化，包括价值观、信仰、社会规范等，更要在交际时通过语言的使用体现出对于不同文化的理解和尊重，只有这样才能进行有效的跨文化沟通,减少误解和文化冲突,促进交际的成功。

(三)跨文化交际的分类

跨文化交际根据载体的不同,可以分为跨文化言语交际和跨文化非言语交际两大类。

1. 跨文化言语交际

跨文化言语交际是跨文化交际研究的核心,因为语言不仅是文化的一部分,还是人们交际的主要方式。言语交际表现形式可以是口头和书面交流,包括对话、写作、演讲等,涵盖了语音、词汇、语用等多方面的内容。语言的使用受到特定文化背景的影响,不同的语境和文化背景下,语言的表达方式、词汇的选择、语法结构等都可能有差异。就语音角度来说,不同文化和语言背景中的语言发音存在差异。学习者需要了解并适应不同语言的发音规则,以确保清晰的交际,避免发音误解。例如,英语中的 /r/ 音在某些语言中可能不存在,学习者需要练习正确的 /r/ 发音。语音的语调和节奏也因文化而异。一些文化可能更加重视语调的变化,而另一些可能更注重语速和节奏。了解不同文化的语音特点有助于更好地了解他人的语音表达和交流意图。就语义来说,不同文化中,相同的词语可能会有不同的含义或情感色彩。学习者需要注意词语的语义差异,以确保信息的准确传达,避免使用不当或冒犯性的词语。语义中的隐喻和比喻在不同文化中可能有不同的解读。一些隐喻和比喻在某些文化中可能是常见的表达方式,但在其他文化中可能不太常见或有不同的解释。学习者需要了解不同文化中的隐喻和比喻,以避免误解和混淆。多义词和歧义的存在也是语义交际的挑战。同一个词语可能有多个不同的含义,具体的含义取决于上下文和文化背景。学习者需要根据语境来正确理解词语的含义,以确保交际的准确性。还有敬语、谦辞、委婉语等,这些知识比较细碎但是很重要,都是需要学习者深入学习和了解的。

2. 跨文化非言语交际

非言语交际与语言交际一样,都是人类交际的重要方式,但它不依赖语言文字或口头表达,而是通过一系列非言语元素,如肢体语言、面部表情、眼神交流、手势、姿势、身体接触等进行信息传递。跨文化非言语交际是跨文化交际的一个关键组成部分,而这些非言语元素在不同文化和语境中可能具有不同的含义和解读方式,如果使用得当可以为跨文化言语交际增色,例如,一个微笑可以强调说话者的友好态度,一个眼神交流可以传达信任感。因此,非言语交际可以增强交流的清晰度和效果,增强交流的情感共鸣,实现有效的沟通。但如果使用不当,也可能会造成交际误解和冲突。

3. 跨文化言语交际与跨文化非言语交际的关系

言语交际和非言语交际作为跨文化交际的两大主要渠道,不是彼此孤立的,而在实际应用中相辅相成,相互交织。具体而言,非言语交际可以通过补充、代替和重复等方式,强化言语信息的传递和理解,使跨文化交际更加顺畅和有效,共同促进信息的传递和理解。第一,非言语交际对言语信息起着补充的作用。在很多情况下,语言表达无法完全传达说话者的意图和情感。这时,非言语交际通过身体语言、面部表情、姿势等,对言语信息进行补充。例如,当一个人向朋友道歉时,如果由于文化差异,语言上不会表达"对不起"或者使用了错误的语言,表达错误,但伴随着一种不好意思的面部表情,强调说话者的诚意和歉意,那么对方也会立刻领会道歉者想要表达的真实意思,避免了误会和冲突的产生。第二,非言语交际还能够代替语言的表达。例如,在跨文化商谈会议中,交际一方通过手势示意与会者安静下来,可能会起到比言语更好的作用。特别是在跨文化交际中,当语言障碍存在时,非言语交际就成了重要的沟通方式。第三,非言语交际可以起到重复强调言语信息的作用,有助于增强信息的清晰度和传达效果。例如,在跨文化洽谈中,协商一致或观点一致时,回答者不只口头回答表示肯定,而是一边微笑点头一边回答,这种双重强调方式可使对方可以更加明显地感觉到回答者的肯定、赞许，表达效果更好。

（四）跨文化交际的原则

跨文化交际原则包括五个方面，即礼貌性、经济性、有效性、包容性、灵活性等（图1-7）。

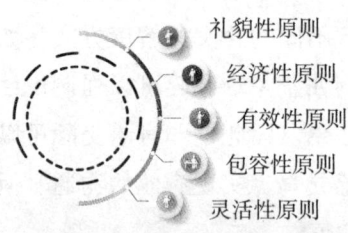

图1-7 跨文化交际的原则

1. 礼貌性原则

跨文化交际中，礼貌性原则是确保有效、文明、和谐交际的基础，体现在语言因素以及非语言因素方方面面，如措辞、行为举止、服装着装等。不同文化之间存在着不同的礼仪和习惯，如在中国，异性在进行交往时往往需要保持一定的距离，通常以握手、点头等方式表示礼貌，但在西方文化中，往往通过拥抱、亲吻脸颊等较为亲密的方式，虽然随着国际化的加深，越来越多的中国人了解到文化的不同，接受了这种方式，但是如果初次见面就进行拥抱，还是会给很多中国人带来不自在的感受。餐饮礼仪也是文化交际中的重要方面，如"东家不请，西家不饮"，这表示在用餐时需要客随主便，遵循主人的安排和规定，以示礼貌。在欧美国家，注重服饰与着装也是礼貌性原则的一部分。男士通常需要穿着西装打领带，女士则可能穿着裙子或礼服，以显示对正式场合的尊重和礼貌。这些服饰规范反映了文化差异，但在跨文化交际中，了解并尊重这些规范是至关重要的，以避免造成不必要的误解和冲突。

除了行为举止，礼貌性原则还包括语言交流方面的要求。语言是跨文化交际的核心，俗话说"良言一句三冬暖，恶语伤人六月寒"，如果在语言或措辞上不注意，不仅会伤人心，还可能造成冲突。至关重要的要求是一定要避免使用冒犯性或侮辱性的语言，具体不仅指不文明用语，还包括敏感话题和禁忌用语，如宗教、政治或种族问题。在交际中，应该尊重对方的信仰和价值观，避免触碰到可能引发冲突的话题。例如，在回族人面前谈论国际猪肉价格走势就是一种很不文明的行为，而在印度教文化中牛被视为神圣的动物，不宜食用。不同文化区域有各种各样的节日和庆祝活动，而这些活动通常伴随着特定的规范和礼仪。了解并尊重对方的节日习惯是十分重要的，避免在不适当的时候提出或干扰他们的庆祝活动。例如，在中国，春节是一个重要的节日，家庭聚会和互赠礼物是传统的习惯，因此应该尊重这些习惯，不要在春节期间提出商务交流或要求。另外，一些基本的沟通原则也是礼貌性的体现，如耐心倾听和尊重对方的观点，不论是否同意对方的观点，都应该给予足够的时间和空间，让对方完整表达思想，而不是急于争论或打断对方的话语。这种尊重和倾听有助于建立起互信良好人际关系，更好地理解对方的文化和观点。

礼貌性原则涵盖了行为举止、语言交流、节日禁忌和饮食禁忌等众多方面的内容，遵循这些规则和风俗有助于建立积极的人际关系，促进文化之间的理解和尊重，从而实现更有效的跨文化交际。只有在尊重和礼貌的基础上进行交际，才能避免不必要的误解和冲突，进而建立持久的合作关系，推动文化交流的进一步发展。

2. 经济性原则

跨文化交际的经济性原则即有效地利用时间和资源，确保信息传达的准确性和效率，以降低误解和冲突的风险。在跨文化交际中，经济性原则具有重要意义。经济性原则倡导避免冗长和不必要的信息。在跨文化交际中，过多的细节和无关信息可能会使交流变得混乱和低效。人们的注意力有限，况且由于文化背景不同，过多的信息可能会使接收者感到不知所措，从而降低交流的效率。因此，在交流过程中要注意筛选和精简信息，只传达与主题相关的内容。这样不仅有助于确保信息的清晰传达，还可以节省时间和精力，提高交流的效率。经济性原则强调信息的准确传达。不同文化之间存在语言差异和交流障碍，因此确保信息准确传达至关重要。清晰、简洁的表达有助于避免歧义和误解。在跨文化交际中，信息的误解可能导致严重的问题，如商务谈判中的合同纠纷或文化冲突。因此，遵循经济性原则，确保信息的准确性和清晰度，可以帮助双方更好地理解对方的意图和期望，降低交流失败的风险。经济性原则也强调考虑不同文化的语言和习惯。在跨文化交际中，不同文化可能对语言的使用和交际方式有不同的偏好和规范。因此，了解并尊重对方的文化背景是非常重要的。遵循对方的语言和习惯有助于建立信任和良好的关系，减少误解和冲突的可能性。

3. 有效性原则

有效性原则要求跨文化交际者在进行交际之前明确目标。无论是商务谈判、文化交流还是其他类型的交际，目标明确是确保有效性的关键。有效性原则还涉及信息传递的准确性和完整性，以及双方对交际结果的满意程度。如果交际不能达到预期的效果或者交际信息传递不准确，就无法称其为有效交际。因此，交际双方需要共同努力确保高质量跨文化交际。高质量交际要求保证信息传递的准确性、充分性，避免误解的产生。另外，高质量交际也要求信息的充分性，即提供足够的信息，以确保双方能够相互理解，达成共识。如果信息不足或不准确，就会影响交际的质量，可能导致误解，甚至交际的失败。

4. 包容性原则

包容性原则强调了在不同文化背景下，积极接纳、尊重和适应对方的文化很重要，它是确保和谐交流的基石。包容性原则要求跨文化交际者尊重不同文化的价值观和信仰。不同文化拥有各自的价值观念、宗教信仰和伦理准则，而这些元素在塑造个体和社会行为方面起着至关重要的作用。尊重他人的文化背景意味着不仅仅要接受这些差异，还要理解它们，并在交流中表现出尊重。这样的尊重有助于构建互相信任的关系，为进一步的交流奠定坚实的基础。即使不理解，也要避免刻板印象和偏见，刻板印象是对某一文化或群体的过于简化和刻板化的看法，通常伴随着偏见和误解。在跨文化交际中，持有刻板印象和偏见可能会导致严重的交流问题和文化冲突。因此，要以开放的心态去了解和接触不同文化，不轻易做出主观评价，不带主观色彩，降低误解和冲突的风险，促进跨文化交际的成功。包容性原则鼓励跨文化交际者接纳多样性。世界上有数不清的文化，每一种文化都具有其独特之处。接纳多样性是一种积极的态度，能够帮助跨文化交际者更广泛地了解不同文化之间的共通之处和差异之处。这样不仅可以拓宽交际者的视野，还能够为创新和共同发展创造机会。

5. 灵活性原则

灵活性原则是指在跨文化交际过程中，根据实际交际情况灵活调整以适应不同文化的社交规范和期望，以及在不同情境下灵活应对，确保有效的交流和良好关系的建立。灵活性原则强调交际参与者要观察对方的非语言信号，理解其含义，进而灵活调整自己的语言沟通。不同文化可能有不同的非语言因素，如不同的肢体语言、面部表情和眼神接触的习惯。一些文化中，可能面部表情比较丰富，而其他文化可能倾向含蓄表达，不会有明显的非语言信号释放，这时候就需要灵活、及时进行语言询问，以得到反馈。灵活性还表现在灵活处理文化冲突的能力上。文化冲突在跨文化交际中是常见的，如文化误解、语言障碍或不可预测的情况，灵活性原则要求交际者能够在文化冲突出现时保持冷静和理智，迅速做出反应，处理冲突，而不是将其视为障碍，死板搁置，导致升级冲突。

灵活性是确保有效跨文化交际和建立良好关系的关键，它能够使跨文化交际者更好地理解不同文化，减少误解和冲突，并促进积极的交流和合作。在今天的全球化世界中，这种能力对于个人和组织在国际舞台上取得成功非常关键。

三、跨文化交际能力

(一)跨文化交际能力的定义

要定义"跨文化交际能力",先要定义"交际能力"。交际能力即与他人沟通、交流的能力,通常包括两个关键概念:有效性和得体性。[①]有效性是指在交往和沟通过程中能够达到预期的目标和效果,具体包括确保信息被准确表达、被正确理解,达到预期的影响效果等。具备有效的交际能力意味着交际者能够成功地传达自己的意图、满足特定情境下的需求,以及与他人建立有效的互动关系。得体性是指在特定的社交情境中,个体的言行举止符合社会文化规范和对方期望,这包括使用的语言和词汇、社交礼仪、文化习惯、风俗传统,以及个人形象和仪态等,它关乎个体的社交适应性、亲和力和人际关系的建立。在交际中,个体需要根据不同情境和社交要求来调整自己的言行举止。得体性还涉及个体的情感管理和社交智慧,要求个体能够把握和控制情感,避免过于情绪化或冷漠,在不同情境下尽量保持冷静、自信。个体还需要具备洞察力,具备同理心,能够理解他人的情感和需求,以便更好地建立亲密的人际关系。

跨文化交际能力是一种高度复杂的社交技能,要求个体具备足够的文化敏感度,能够理解不同文化之间的差异,包括语言、价值观念、信仰、社会礼仪等方面的差异。这种敏感性有助于避免文化冲突、误解和冒犯,从而保持良好的跨文化关系。在不同文化背景下,个体需要能够建立文化认同,即在与他人互动时,能够在尊重对方的文化价值观念的基础上维护自身的文化认同。在全球化时代,个体常常具有多重文化身份,他们可能同时属于不同文化群体。跨文化交际能力还要求个体能够处理这种多重文化认同,不仅要能够在不同文化情境之间切换自如,还

---

① 张冬梅.跨文化交际与外语教学研究[M].长春:吉林出版集团股份有限公司,2022:104.

要能够在不同文化之间建立有意义的桥梁。在当今多元化社会和全球化环境中,这一项能力至关重要,并且这种能力并非与生俱来,而是需要逐渐培养习得的。

(二)跨文化交际能力的构成要素

跨文化交际能力包括三方面,即跨文化敏觉力、跨文化认知能力、跨文化行为力(图1-8)。

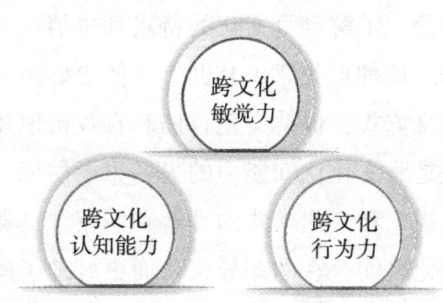

图1-8 跨文化交际能力的构成要素

1. 跨文化敏觉力

跨文化敏觉力涵盖了情感积极性、对文化差异的理解和接受,以及情感连接的建立。这一要素有助于个体更好地适应、理解和融入不同文化背景,从而实现更成功、更有意义的跨文化交际。第一,跨文化敏觉力要求个体能够欣赏和尊重不同文化的独特性,减少负面情感的产生,从而保持情感方面的积极性。个体应该能够在交际前、交际中和交际后,投射和接收正面的情感反应。这种积极性有助于营造友好、信任和开放的交际氛围,有助于减少文化冲突和误解的发生。第二,跨文化敏觉力强调了对文化差异的理解和接受。个体需要能够理解不同文化之间的差异并且接受这些差异的存在。这种理解和接受不仅体现在言辞上,还体现在情感和态度上。跨文化敏觉力要求个体能够展现宽容、开放和尊重的态度,不以自己的文化为中心,而是以对方的文化为参照,从而更好地适应不同文化背景下的交际情境。第三,跨文化敏觉力还涉及与不同文化背景的人建立情感连接的能力。个体需要在跨文化交际中与他人建立情感上的联系和共鸣，以促进更深入的交流和理解。这种情感连接可以帮助个体更好地适应跨文化环境，更好地理解对方的情感和需求，从而实现更有效的跨文化交际。

2. 跨文化认知能力

跨文化认知能力包括自我意识和文化意识两个方面，即个体对自身文化身份和不同文化的理解与洞察。具备自我意识的个体能够意识到自己所属的文化身份，了解自身文化的特点和价值观念，以及是否受到了其他文化的影响。这种自我意识有助于个体更好地了解自己的文化偏好、行为模式和思维方式，保持文化自信和自我价值体系，不被文化因素左右。文化意识是跨文化认知能力的另一重要层面。它涉及个体对不同文化规约、价值观念和文化模式的理解和洞察。具备文化意识的个体能够认识到不同文化之间存在的差异，从而更好地了解跨文化交际中可能出现的误解和冲突，并采取适当的措施来避免或解决这些问题。跨文化认知能力不仅要求对言语因素进行认知，还要求个体具备对非言语因素的敏感性，包括体态语、环境语、客体语等，从而更好地应对跨文化交际中的挑战。

3. 跨文化行为力

跨文化行为力具体包括传递信息的技巧、自我表露技巧、交际行为的灵活性、互动管理和社交技巧等。这些有助于交际者在跨文化情境中顺利达到目标。先来看传递信息的技巧。这要求交际者具备熟练的语言技能和深厚的文化背景知识，使用合适的交际策略和技巧，有效地传达信息给对方。自我表露技巧指的是交际者在与他人交往时，以适当的方式表露自己的情感和态度。交际行为的灵活性指根据交际对象和情境的不同进行调整和适应。具有良好交际灵活性的交际者能够迅速选择合适的交际策略，以满足交际的需求，克服语言和文化差异所带来的挑战。互动管理涉及交际者对互动过程的把握和控制。交际者需要适当地管理交际的节奏、话题和互动方式，以确保交际的顺利进行。社交技巧是跨文化行为能力的关键组成部分，包括了移情和身份的维护两个层面。移情是指交际者能够超越自己的文化背景，理解和感受对方的文化，从而建立情感和文化的桥梁，促进有效沟通。另外，身份的维护是指交际者在交际中能够维护自己的个人和民族身份，确保交际是平等和相互尊重的，避免失去尊严的交际状态。

第三节 英语教学

一、英语教学的本质

英语教学，从本质上来说，既是语言教育，又是文化教育。在这个信息爆炸的时代，英语作为一门全球通用的语言，扮演着举足轻重的角色。通常，语言教育的目标是培养学生运用语言的能力。这意味着学生需要具备听、说、读、写四项基本语言技能，以便能够在实际生活和工作中有效地交流。然而，仅仅掌握这些语言技能是不够的。事实上，英语教育应该更深入地涉及语言背后的文化因素。在英语教育中，文化教育也占有重要地位。英语不仅仅是一种语言，还是一种文化的载体。通过学习英语，学生可以了解英语国家的历史、习俗、价值观念和社会结构。这不仅有助于他们更好地理解和尊重其他文化，还能够提高他们的跨文化交际能力。因此，英语教育的本质也包括了文化教育的要素。因此，英语教学的本质既是一场语言教育，又是一场文化教育。

对于中国学生来说，英语通常是一门外语，因此英语教育也可以被看作外语教育。外语教育的目标是让学生具备使用外语的能力，这在全球化时代变得尤为重要。中国作为世界上人口最多的国家之一，其在国际舞台上的地位不断上升。因此，中国学生需要具备良好的英语能力，以便能够更好地与国际社会互动和合作。然而，要想培养出英语能力较好的学生，仅仅传授语言知识是远远不够的。英语教育还应包括文化教育的成分，因为文化是语言的一部分。了解英语国家的文化，可以帮助学生更好地理解和运用英语，避免因文化差异而产生误解和沟通障碍。英语教育的本质是培养学生既能够流利运用英语，又能够理解和尊重英语文化的能力。这需要一种综合性的教育方法，既注重语言技能的培养，又注重文化背景的传授。只有这样，学生才能够真正具备跨文化交际的能力，不仅能够在国际舞台上自信地表现自己，还能够促进跨文化理解和合作，为世界的和平与繁荣做出贡献。因此，英语教育的本质是培养具备语言和文化双重素养的全球化人才，这对于中国社会经济发展具有重要的战略意义。

二、英语教学的构成

（一）教学主体

教学是"教"与"学"相统一的复杂的、多层次的动态过程，在教学中，有两种参与角色，即教师和学生，关于哪个角色更为重要、哪个角色扮演主体角色，一直以来都备受教育界和学者的热议。根据这两个主体，涌现出了两大核心理论观点，即"教师中心说"和"学生中心说"。这两种理论旨在回答在教学活动中哪种角色更应该占据主体地位，哪种角色应该发挥主导作用的问题。本节只从"教"与"学"的活动执行者角度进行讨论，不涉及理论和学术观点的站位和偏倚，即将"教"的主体定为教师，"学"的主体定位学生。在英语教学中，教师扮演着教学主体的角色，他们的素质和特质对于教育质量和学生发展至关重要。教师应该具备的素质和特质有：第一，思想道德素质和文化素质。英语教师应该拥有良好的思想道德素质，这不仅包括师德，还包括对文化的尊重和理解。他们需要具备对学生进行道德教育的能力，并在此过程中传递文化价值观。文化素质对于教师的观察、判断和教育决策也至关重要。第二，先进的教育思想与教学理念。教师的教育思想和教学理念直接影响教育的质量和效果。他们需要不断更新自己的教育思想，以适应不断变化的教育环境和学生需求。这包括理解并实践现代教育理念，如素质教育和可持续发展教育观。第三，积极的情感态度和坚定的信念。由于英语学科的特殊性，英语教师需要保持积极的情感态度，鼓励学生对英语语言和文化产生浓厚的兴趣。坚定社会主义立场和积极吸收英语国家先进文化也是必要的。第四，英语语言知识和技能。英语教师应该具备丰富的英语语言知识和高水平的英语语言技能，因为他们需要为学生树立语言的榜样。他们的语言知识和技能应该远远超出学生的需求，以确保高质量的英语教育。第五，不断完善教学策略。终身学习是教师的觉悟，他们应该不断提高自己的学科知识，发展并改进教学策略。这包括不断学习和适应新的教育技术和方法，以提供更好的教育。第六，科学精神和创新精神。教师应该具备科学精神，引导学生进入科学的殿堂，培养他们的科学思维和方法。同时，他们还应该不断进行教育科研和创新，以提高教育质量和效果。在不断变化的教育环境中，教师的角色至关重要，他们的不断发展和提高将直接影响学生的未来。这些素质和特质共同构成了一名合格的英语教师应具备的基本要素，有助于他们成功地组织并推动英语教育，培养出具有全面素质的学生。

（二）教学客体

一些理论认为学生是教学活动的主体，这里不作详细讨论。学生在英语课堂中扮演的角色是多重的，他们不仅是知识的接受者，还是知识的构建者，通过积极参与和实践，逐渐建立自己的知识体系。学生在教学过程中还扮演参与者、合作者和反馈者等角色。学生是教学活动的参与者，应该积极主动表达自己的观点，展示自己的才能。英语学习是团队合作的过程，学生作为合作者，应积极合作，互相学习，共同提高。学生可以根据自己的学习经验向教师提出建议和意见，协助教师改进教学内容和方法，以提高教学效果。

学生之间的个体差异较大，会对教学产生一定的影响。学生的个体差异涵盖了多个方面，包括语言潜能、认知风格和情感因素等。语言潜能是学生学习外语的潜在能力，涵盖了对语言的掌握和灵活运用能力。不同学生的语言潜能不同，这会影响他们学习英语的速度和效果。一些学生可能天生具有更强的语言天赋，他们能够更快地掌握新的语言知识和技能，而另一些学生可能需要更多的时间和努力才能达到相同的水平。因此，教师在教学中应考虑到学生的语言潜能差异，提供个性化的支持和指导，以满足每个学生的学习需求。认知风格是学生在信息加工过程中表现出来的认知组织和认知功能方面的风格。不同学生具有不同的认知风格，包括个体知觉、记忆、思维等认知过程方面的差异，以及个体态度、动机等方面的差异。这些认知风格差异会影响学生对教学内容的理解和吸收速度。例如，一些学生可能更擅长通过视觉方式学习，而另一些学生可能更倾向于通过听觉方式学习。教师需要了解学生的认知风格，采用多样化的教学方法和资源，以满足不同风格的学习者的需求。最后，情感因素也会造成学生之间的差异。学生的性格、态度和情感状态都会对英语学习产生影响。例如，外向型的学生可能更善于交际和参与课堂活动，而内向型的学生可能更适合独立学习和深度思考。积极的态度有助于提高学习动力和兴趣，而消极的态度可能阻碍学习进展。情感状态，如自信、焦虑和兴奋，也会导致不同学生之间产生差异，并影响学生的学习体验和表现。学生之间的个体差异是不可避免的，但教师可以通过个性化的教育方法来帮助每个学生充分发挥潜力。了解学生的语言潜能、认知风格和情感因素有助于教师更好地满足他们的学习需求，提高英语教学的效果。

（三）教学内容

教学内容是英语教学的核心，它包括语言知识、语言技能、学习策略、文化意识和情感态度等五个方面。语言知识是英语学习的基础，没有扎实的语法、词汇和语言结构知识，学生将难以进行有效的英语交流和表达。语言技能是英语学习的关键，而听、说、读、写是学生必备的四项基本技能，它们共同构成了学生的语言运用能力。通过大量的实践和练习，学生可以逐渐提高这些技能，为真实的英语交际打下坚实的基础。除了语言知识和语言技能，学习策略也是教学内容的一部分。学习策略包括认知策略、调控策略、交际策略等，它们帮助学生更有效地学习和发展。教授学习策略不仅有助于学生提高英语学习效果，还能够使他们具备终身学习的能力，因为他们知道如何根据不同的学习任务和情境来选择适当的策略。文化意识是英语教学中不可或缺的一部分。学习一门外语不仅仅是学习语言知识和语言技能，还包括了解和理解该语言所属国家的文化背景。这有助于学生更深入地理解语言的含义和使用方式，进而增强人文素养和世界意识。最后，情感态度也是教学内容的一部分，它包括兴趣、动机、自信心、意志力和合作精神等因素。这些情感态度可以影响学生的学习过程和学习效果。激发学生的兴趣和动机，培养他们的自信心和意志力，以及鼓励他们积极合作，都有助于提高学生英语学习质量。

（四）教学方法

英语教学方法多种多样，一些著名教育家和语言学家提出了许多的英语教学方法和理论。例如，俄国心理学家乔姆斯基提出的社交文化理论强调社会互动和文化环境对语言习得的影响。根据这一理论，教师应该提供有意义的社交互动机会，以帮助学生发展语言能力。语言学家斯蒂芬·克拉申（Stephen Krasher）提出了自然法强调通过自然、愉快的方式学习语言，类似于儿童习得母语的过程。这一方法鼓励教师创造轻松的学习环境，避免过于强调语法规则。心理学家斯金纳（Skinner）的行为主义理论认为语言是通过刺激和响应来习得的。教育家杰罗姆·布鲁纳（Jerome Bruner）提出的建构主义理论强调学生通过积极参与学习来建构知识。在英语教学中，这意味着学生应该参与有意义的任务和项目，以促进语言习得。心理学家阿尔伯特·班杜拉（Albert Bandura）的社会认知理论强调学习是通过观察他人行为和经验来实现的。在英语教学中，学生可以通过模仿和观察母语人士来提高语言能力。语言学家斯蒂芬·克拉申提出的语言习得理论认为学习和习得是两个不同的过程。这些著名教育家和语言学家的理论和方法对英语教育产生了深远的影响,并为教师提供了有价值的指导原则。教育者可以根据这些理论原则来制定和改进自己的英语教学策略,以更有效地帮助学生学习和掌握英语。

(五)教学环境

英语教学环境是英语教学的关键要素之一,它包括社会环境、学校环境和个人环境等多个方面。这些共同影响着英语教学的效果和学生的学习体验。

1. 社会环境

社会环境包括社会制度、教育政策、经济发展状况等因素。社会对英语的需求程度和对外语教育的政策导向都会直接影响英语教学的发展方向。例如,在全球化的今天,英语成为国际通用语言,社会对英语学习的需求越来越高,这促使英语教育更加普及。另外,教育政策的支持和社会资源的投入也对英语教学的质量和水平产生重要影响。

2. 学校环境

学校环境包括课堂教学、教学设施、教材资源、教师队伍等因素。而且,教师在课堂上的教学方法和态度也是学校环境的一部分,直接影响学生的学习效果和兴趣。此外,学校还可以组织各种英语课外活动和竞赛,丰富学生的英语学习体验。

3. 个人环境

个人环境是学生的家庭、社交圈子和个人特点等因素的综合体现。不同学生的个人环境差异很大,包括家庭背景、学习方式、学习习惯等方面的差异。这些会影响学生对英语学习的态度和动力,以及他们的学习方式和效果。因此,教师需要了解学生的个人环境,根据不同学生的需求和特点,采用个性化的教学方法和策略,以改善他们的英语学习实践。

三、英语教学与文化适应

英语教学是指导学生习得英语这一第二语言的过程，而文化与第二语言习得之间的关系一直是第二语言教学领域的重要研究课题。早在1986年，美国应用语言学家约翰·舒曼（J. Schumann）就提出了"文化适应假说"，强调了文化在第二语言习得过程中的关键作用。他认为，只有在适应了第二文化之后，学习者才能够有效地习得第二语言，并且文化适应的程度将直接影响第二语言学习的成效。[①] 衡量文化适应程度的高低参考"社会距离"，"社会距离"是一个复杂而多维的概念，指的是学习者的原有文化与目的语文化之间的差异程度，它涵盖了多个关键要素。第一，原有文化与目的语文化之间的相对地位要素。学习者的原有文化是强势、弱势还是与目的语文化对等，将决定他们在文化适应中的角色和地位。如果原有文化处于较弱势地位，学习者可能更容易接受目的语文化的影响，因为他们可能会感到文化适应是一种生存和融入的必然。相反，如果原有文化与目的语文化地位对等，学习者可能更有自主选择的权利，可以更灵活地选择文化适应的方式。如果学习者的原有文化具有很强的内聚力，即成员之间的文化认同程度高，那么文化适应可能会更具挑战性，因为学习者可能会面临来自原有文化的强烈压力，要求他们保持文化纯粹性。而如果原有文化规模较小，学习者可能更容易融入目的语文化，因为他们可能会在新文化中寻求更多的社交支持和认同感。第二，学习者对于目的语文化的态度要素，可分为开放和封闭两种。开放的态度意味着学习者对目的语文化持积极、包容的看法，愿意接受新文化的价值观和信仰，愿意与新文化互动和交流。封闭的态度则表明学习者对于目的语文化持保守、排斥的看法，不愿意融入新文化，坚守原有文化的立场。态度的开放程度将影响学习者在文化适应过程中的主动性和积极性。第三，学习者的文化适应模式要素，具体包括

---

① SCHUMANN J H. Second Language Acquisition: the Pidginizaltion Hypothesis[J]. Language Learning, 2010, 26（2）: 39-408.

融合、同化、分离和边缘化四种。融合意味着学习者试图将原有文化与目的语文化融为一体，寻求文化的共融。同化则表明学习者更倾向于放弃原有文化，完全融入目的语文化，追求文化一致。分离意味着学习者将原有文化与目的语文化严格分隔，不进行交叉。边缘化则表示学习者既不完全融入目的语文化，也不保持原有文化的纯粹性。这些模式反映了学习者的文化适应态度和策略，会直接影响学习者在文化交流中的行为。第四，两种文化相似性要素。这尤其体现在文化价值观和信仰方面。如果学习者的原有文化与目的语文化在这些方面存在较大差异，文化适应可能会更具挑战性，因为学习者可能需要面对不同的价值观和信仰体系，可能会感受到文化冲突和困惑。第五，社会距离，包括学习者在目的语文化中的居住时间。学习者在新文化环境中的居住时间越长，他们的文化适应可能会更加深入和全面。因为长时间的文化接触和互动可以让学习者更好地理解和融入新文化，也更容易习得新语言。

中华文化与英语国家文化的内聚力都很强大，可以说二者社会距离较远。因此，在英语教学中，不管是教育者还是学生，都要关注社会距离的不同要素，深刻认识到文化之间的差异。教师要采用积极的方法，为语言习得创造更有利的条件，减小不利条件的影响，给学生提供有针对性的支持和指导，促进跨文化交流和了解，帮助学生更好地适应和理解英语文化，提高英语学习效果。

第二章　跨文化视野下英语教学

第一节　跨文化视野下英语教学的必要性

一、跨文化英语教学是中英文化差异的要求

跨文化英语教学的必要性在于中英文化之间存在很大的差异。例如，中华文化强调集体主义、家庭价值和孝道，而说英语国家文化更加强调个人主义和个人权利，这对学生的文化价值和认同会构成挑战。跨文化英语教学中，教师的科学性引导，有助于学生避免在学习过程中出现文化休克，帮助他们更好地适应和理解说英语国家文化，避免不利的文化适应模式出现，如同化、分离和边缘化等。同化模式是指学生放弃原有文化传统，试图完全融入新的文化环境。在英语学习、与说英语国家人交往或在英国留学时，中国学生可能会面临同化的压力，希望迅速融入，以避免文化隔阂。然而，这种适应模式可能导致学生失去自己的文化身份和传统，产生文化冲突和认同危机。通过跨文化英语教学，学生可以更好地理解和尊重说英语国家文化，同时树立文化自信和立场，保持自己的文化传统，避免同化的不利影响。分离模式是指学生保持自己原有

的文化身份，避免与目的文化国家的人们进行接触和交流。说英语国家和中国的历史、传统和文化习惯存在巨大差异，了解说英语国家的历史和文化传统有助于学生更好地理解说英语国家人的思维方式和文化价值观。跨文化英语教学可以提供关于说英语国家的文化、历史和社会信息，为学生提供更多接触说英语国家文化的机会，帮助学生更好地理解说英语国家文化的背景和特点，培养他们的文化鉴赏能力。学生更好地理解说英语国家文化，理解相应社交和文化习惯，就能避免抵触态度的产生和过于封闭的分离模式的出现。边缘化模式是指学生对保持自己的文化传统没有兴趣，也不认同目的文化的价值观和行为方式，这种适应模式可能导致学生价值观混乱，逐渐边缘化，与社会脱节，甚至感到孤立和不满。例如，中国文化强调集体主义、家庭价值和孝道，而说英语国家文化更加注重个人主义和个人权利，这种差异可能导致学生对伦理、道德和社会规范的理解差异。通过跨文化英语教学，可以为学生提供更广泛的文化背景知识，帮助他们更好地理解不同文化之间的联系和差异，并使学生辩证地看待和尊重不同文化的价值观和社会规范，树立自身的价值体系和评判体系，避免边缘化的不利影响，也避免冲突和误解。

二、跨文化英语教学是促进大学生全面社会性发展的要求

大学英语跨文化教学，作为一门综合性的教育科目，不仅仅传授语言知识和技能，还是满足当代大学生社会性发展需求的必然选择。每个个体都是社会的一部分，具备一定的社会属性，这决定了他们在社会中扮演着特定的角色，承担相应的社会责任。因此，教育的使命之一就是引导学生不断地认知和理解社会各个层面的真实情况，使他们能够更好地融入社会、发展个人潜力。跨文化教育在这一过程中发挥了积极作用。在当今社会，大学生面临着复杂多变的社会交往关系和现象，这要求他们具备多样化和复杂化的社交技能。跨文化英语教学有助于培养学生应对不同社交情境的交际能力，培养学生正确的社交态度和意识，提高他们的跨文化交际能力和素养。通过跨文化英语教学，学生能够更好

地了解和适应社会中的不同人群和语言群体，为未来的社会交往打下坚实基础。跨文化教育促进了大学生的社会性发展。加强跨文化英语教学，有助于培养学生对不同文化的认同感和包容性，塑造应对异域文化的包容意识和精神。这些能力和素质将使大学生更好地适应当代社会的发展，建立起平等、尊重差异和相互合作的价值观念和意识。在这个过程中，大学生可拥有更广阔的视野，也可更好地理解不同文化背景下的社会现实和问题。通过参与跨文化英语教学活动，他们可以更好地认知社会多样性，培养开放、包容、合作的思维方式，为未来的职业和社会生活奠定坚实基础。跨文化英语教学是引导学生更好地融入社会、参与社会、推动社会进步的有效途径。以上可以看出，大学英语跨文化教学满足了大学生社会性发展的需求。它有助于培养学生的社会认知、交际技能和社交素养，使他们更好地适应复杂多变的社会环境。通过跨文化交际教育，学生不仅可以更好地了解不同文化，还可以形成开放、包容、合作的思维方式，为未来的职业和社会生活奠定坚实基础。

三、跨文化英语教学是学校国际化建设的需要

跨文化英语教学在学校国际化建设中扮演着关键的角色。通过跨文化教学的实施，学校能够更好地融入国际教育的潮流，吸收先进的办学和建校模式，实现国际化发展。第一，跨文化教学有助于学校吸纳先进教学理念与办学模式。国际教育界不断涌现出新的教学方法和理念，这些理念在促进学生跨文化交际能力和综合素养提升方面具有独特的优势。通过引入跨文化教学，学校可以与国际教育界保持紧密的联系，及时了解和吸收最新的教育理念和方法。这有助于提高教学质量，使学校的教育水平与国际先进水平保持一致。第二，跨文化教学为学校提供了与国际教育机构合作的机会。国际合作是学校国际化发展的重要途径之一。通过跨文化教学项目，学校可以积极寻求与国际教育机构的合作，共同开设课程、开展研究项目，甚至建立联合办学项目。这有助于学校融入国际教育网络，扩大国际影响力，提升国际声誉。第三，跨文化教

学有助于培养具备国际视野的教师队伍。在跨文化教学中，教师需要具备丰富的国际经验和跨文化交际能力，才能更好地指导学生。因此，学校需要为教师提供相关培训和机会，使他们拥有国际化的教育理念和教育方法。这不仅有助于提高教师的教育水平，还有助于吸引更多具有国际背景和国际视野的教师加入学校。第四，跨文化教学有助于学校吸引国际学生和学者。这不仅有助于学校的国际化发展，还能够增加学校的国际交流和合作机会，促进学校学科建设和科研水平的提高。

四、跨文化英语教学是中国社会经济发展的需要

跨文化英语教学活动的开展是当前中国社会经济发展的客观需求，这一观点在多个层面都得到了充分的支持和论证。第一，随着中国社会经济的飞速发展，国际事务交流日益频繁，中国已经成为全球贸易和合作的重要参与者。这就需要中国拥有更多具备跨文化交际能力的人才，以应对国际贸易、外交事务等领域的需求。跨文化交际能力不仅包括语言沟通能力，还包括对不同文化背景和价值观的理解和尊重。只有具备这些能力的人才才能够更好地代表中国参与国际事务，推动中国与其他国家的合作。第二，中国的国际影响力在不断扩大，中国已经成为全球经济和政治格局中的重要一员。这就需要中国在国际舞台上有更多的发言权和影响力。具备跨文化交际能力的人才可以更好地代表中国，与其他国家的政要和商界领袖进行交流，推动国际合作和谈判。跨文化交际能力有助于更好地维护国家利益，参与国际事务的决策和制定。第三，中国的社会结构和人口构成也在发生变化，中国已经成为一个多元化和多民族的国家。这就需要中国培养更多具备跨文化交际能力的人才，能够更好地处理不同民族和文化背景的人群之间的关系。跨文化交际能力可以帮助中国在国内维护社会稳定，处理民族和地区之间的矛盾和冲突。这对于中国社会的和谐发展至关重要。第四，中国的国际合作也在不断增加，中国与其他国家之间的交流越来越密切。这就需要中国在国际合作中能够更好地理解和尊重其他国家的文化和价值观，避免因文

化差异而产生误解和冲突。具备跨文化交际能力的人才可以更好地推动国际合作项目的顺利进行,为中国的国际发展做出更大的贡献。以上可以看出,跨文化英语教学是当前中国社会经济发展的客观需求,因为它有助于培养具备跨文化交际能力的人才,满足中国参与国际事务、提升国际影响力、维护社会稳定和推动国际合作的需求。通过跨文化英语教学,中国可以更好地适应全球化的挑战和机遇,为中国的社会经济发展提供有力的支持。因此,跨文化英语教学不只是学生的需要,也是中国社会经济发展的需要,具有重要的战略意义。

第二节　跨文化视野下英语教学的原则

跨文化视野下英语教学原则如图 2-1 所示。

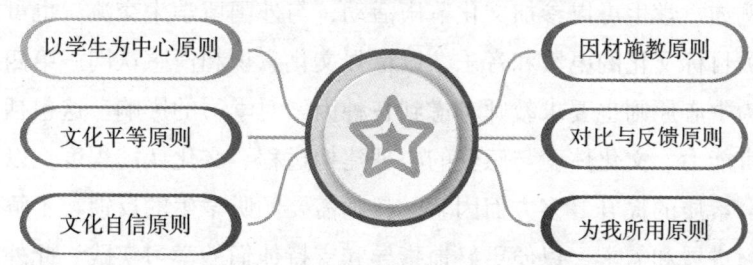

图 2-1　跨文化视野下英语教学的原则

一、以学生为中心原则

跨文化英语教学中的"以学生为中心原则"强调将学生置于教学的核心位置,一切教学活动需以学生的需求和学习能力的培养为出发点和落脚点,教师应更注重学生的参与和体验。

第一,以学生为中心原则意味着将学生的需求置于课堂设计和内容传授的前沿。在跨文化教学中,学生的背景、兴趣和目标可能差异很大,因此教师需要灵活地调整教学内容,以满足不同学生的需求,具体可以通过个性化的学习计划、灵活的教材选择,以及根据学生的反馈进行调整来实现。例如，教师可以邀请学生分享他们的跨文化经验，从而激发学生的兴趣，并将他们的经验纳入教学内容中，使课堂更加生动。第二，以学生为中心原则强调了自主学习能力的培养。在跨文化教学中，不仅仅要传授语言知识和技能，还要培养学生自主学习能力，使他们能够在不同文化背景下独立学习和适应。为了实现这一目标，教师可以采用启发式教学方法，鼓励学生提出问题、独立思考和主动探索。此外，教师还可以引导学生寻找和利用跨文化学习资源，如跨文化交流平台、文化体验活动等，以提高他们的自主学习能力。第三，以学生为中心原则强调了跨文化体验和文化意识的培养。在跨文化教学中，学生需要更深入地了解目标语言的文化，而不仅仅是语言知识和技能。教师应该创造机会让学生亲身体验和感受不同文化，帮助他们建构对英语民族文化和语言的深刻理解。这可以通过文化活动、实地考察等方式来实现。例如，学生可以参加文化节庆活动，与外国留学生交流，也可以观看有关目标文化的电影和音乐，以增强文化意识和情感认同。第四，以学生为中心原则也要求教师考虑到各种因素对学习的影响。这包括学生的语言能力、文化体验与感受的心理建构过程、文化认同程度，以及个人综合素质的提升等多方面因素。教师需要倾听学生的反馈，了解他们的学习进展和需求，以便更好地指导和支持他们的学习实践。此外，教师还应鼓励学生积极参与课堂讨论和合作活动，以促进他们跨文化交际能力的提升。

在跨文化英语教学中，以学生为中心原则的实施有助于满足学生的需求，培养其自主学习能力，使其加深对文化的理解和体验。通过将学生置于教学的核心位置，教师可以更好地实现跨文化教学的目标，培养具备跨文化能力的全球公民。这不仅有助于学生在跨文化环境中取得成功，还可为他们的未来发展增添机会和挑战。

二、文化平等原则

世界上存在着众多不同的文化，每种文化都是特定社会、社群或民族发展到一定程度的产物，用以满足其独特的生活和精神需求，反映其历史、传统、经验、价值观、信仰和习惯等。这些文化都有各自的特征，有存在的权利，并且每个社群也都有权利决定自己的文化方向，有权维护、传承、评判自己的文化传统。某种文化的实践或价值观在本社群内部可能被认为是有益的，但在其他文化中可能被视为不同寻常。因此，文化是相对的，其评价标准通常依赖特定社群的观点和价值观，无法用一个单一的标准来衡量或判断不同文化的好坏，每种文化都对人类社会文化多样性有着重要贡献，应该受到平等对待和尊重。平等看待文化意味着尊重每个社群的文化自主权，不干涉或强加自己的文化价值观于他人。秉承文化平等性原则，尊重不同的文化，还可以保护文化多样性，丰富人类的生活体验。不同文化带来了不同的价值观、传统、习惯和艺术形式，丰富了人类的文化生活。保护文化多样性还有助于激发创新和发展。不同文化背景的人带来了不同的视角和思考方式，这有助于推动社会、科学、艺术和技术的发展。文化多样性还鼓励人们从不同角度思考问题，从而创新解决问题。保护文化多样性有助于文化传承，使文化得以延续。文化多样性促进了跨文化理解和和谐。了解不同文化的价值观和习惯有助于减少误解和冲突。通过对话和合作，人们可以更好地理解和尊重其他文化，建立跨文化的和谐关系。文化多样性还有助于个人身份和认同的形成，使每个人都可以从自己的文化背景中汲取力量和认同感。接触和学习其他文化也可以拓宽个人的视野和认同。文化平等原则有助于减少误解、偏见和歧视，增进不同文化之间的相互理解，从而有助于跨文化对话和合作。只有在平等的基础上，文化之间的交流和合作才能真正实现，从而促进共同繁荣和进步。

在教学中，教师应该采取无歧视、无偏见的态度来对待其他文化。这包括了避免使用贬低或刻薄的言辞来描述其他文化，以及避免将自己的文化标准强加于学生，教师需要做的是将世界各种不同的文化客观、公正地呈现在学生面前，引导学生进行理解和学习，只论异同，不论褒贬。这时，教师需要培养学生包容、开放的文化态度。引导学生学会以中立的态度来看待不同文化，理解每种文化背后的价值，理解文化多样性的意义。另外，教师应该鼓励学生在学习外语时传播和分享自己的文化，学会用英语或其他目标语言来描述自己文化的特点和价值，促进跨文化对话、文化输出，实现文化的多元性和共同繁荣。

三、文化自信原则

在当今多元文化社会中，文化自信的建立愈发重要。第一，树立文化自信有助于学生的个人认同和自尊心的发展。通过了解和珍惜自己的文化背景，学生能够更好地理解自己的身份，建立积极的自我认同感，从而提高自尊心和自信心，更好地应对来自其他文化的挑战和压力，在其他文化价值输入时能够进行辨别和取舍，进而为他们的学习以及以后的工作奠定坚实的基础。第二，树立文化自信有助于学生人生发展取得成功。全球化时代，跨文化交流已成为常态。具备文化自信的学生更容易适应多元文化的社会环境，更容易与其他文化的人进行对话和合作，因为他们不仅尊重自己的文化，还能够理解并尊重其他文化。这有助于减少文化歧视、误解和冲突，促进更深层次的跨文化交流，并取得成功。第三，帮助学生建立文化自信可以提高文化教育的效果。学生要深入理解自己的文化，以更全面地把握自己的文化，更好地理解文化的复杂性和多样性。通过对自己文化的深入了解，学生可以更好地与其他文化进行对话，从而获得更深刻的文化教育。当对自己的文化感到自信和骄傲时，学生更有信心、更有动力去探索、学习，以及参与相关的文化活动，也更有信心去学习和传承自己的文化。这种积极的学习体验可以提高他们在文化教育课程中的参与度和投入程度，使学习更富有乐趣和动力。第四，帮助学生建立文化自信可以培养学生全球公民意识。教师可使学生明白尊重和理解其他文化的重要性，以及坚守自己文化价值观的必要性，这种平衡有助于减少文化误解和冲突，为文化之间的互相尊重和共存创造条件，从而为全球的和谐互动做出贡献。

教师要鼓励学生深入探索自己的文化背景，而这这可以通过引导学生回顾家庭、传统、价值观、习惯和语言等方面的经验来实现。教师可以提供反思的问题，帮助学生思考自己的文化身份和背景，并在课堂上分享和讨论他们的发现。这有助于学生更深刻地理解自己的文化，增强文化自信。教师应该设计多元化的课程，包括多种文化内容和视角。这样的课程可以帮助学生了解不同文化，也加深对自己文化的理解。通过文学、历史、艺术、传统、风俗等多样化的内容，教师能够确保学生获得全面的文化教育。此外，教师还可以邀请不同文化背景的客座讲师，为学生提供更多的文化视角。教师可以鼓励学生分享自己文化的元素，如食物、音乐、服饰、传统技艺等。学生的文化分享有助于他们展示并传播自己的文化，也能够让其他学生更深入地了解不同文化的特点。这种互相分享的过程可以促进文化交流和尊重。教师可以组织跨文化体验活动，让学生亲身感受不同文化的生活方式和价值观，具体形式可以是参观其他文化社区、参与文化活动、实地考察等。通过亲身经历，学生可以更深入地了解其他文化，培养对其他文化的兴趣，也更加自信地展示自己的文化。教师应该培养学生的开放思维，使他们能够接受不同文化的观点和观念。教师可以鼓励学生主动提问，探讨文化差异，并引导他们思考文化多样性的重要性。通过鼓励开放思维，教师可以帮助学生更好地理解和尊重其他文化，并提高自己的文化自信。教师可以组织文化项目和研究，让学生深入研究自己的文化和其他文化，从而更深刻地了解自己的文化，加强文化交流。教师可以鼓励学生参与跨文化对话和合作，具体可以通过小组讨论、合作项目、文化交流活动等方式来实现。学生的跨文化对话和合作有助于他们理解其他文化，并提高文化自信，因为他们能够以平等的态度与其他文化的人互动。

四、因材施教原则

个体差异理论认为学生的文化背景、语言水平、学习动机等各方面存在差异，每个学生都是独特的，统一的教学方法和内容往往无法满足所有学生的需求，因此跨文化英语教学必须以学习者已有的文化经验为基础，在本民族母语文化与英语民族文化的比较中增强学习者的跨文化意识。不仅如此，跨文化英语教学中的学生通常需要适应新的文化环境和学习方式，文化适应理论强调了学生在文化适应过程中的心理和情感体验，以及这些体验对学习的影响。不同学生可能对文化适应有不同的反应，采取不同的文化学习模式。因此，教师还需要在教学过程中，根据每个个体的情感和文化适应状态来调整教学方法和支持措施，以促使他们更好地适应新文化，顺利进行学习。还需要注意的是，跨文化英语教学与其他学科存在明显不同，只因跨文化英语学习具有一定的社会性，即学生需要通过与他人互动和交流来加深对文化差异的认识。基于以上原因，在跨文化英语教学中，要遵循因材施教原则，根据学生的个体差异来制定教学策略，提供更个性化的学习支持，从而提高学生学习和教师教学的效果。

五、对比与反馈原则

文化对比与反馈是跨文化英语教学中的一项关键原则，有助于学生深刻理解不同文化之间的差异和共通点。这一原则强调学生在学习英语语言和文化时，应该积极比较和对照本民族文化与目标语文化，以便更全面地理解和运用所学知识。文化对比与反馈还有助于学生培养处理文化差异和冲突的能力。在全球化背景下，跨文化交际变得越来越常见，因此学生需要具备处理不同文化之间挑战和问题的能力。通过对比和思考不同文化之间的差异，学生能够更好地理解和尊重他人的文化观点和实践，也能够更好地应对在跨文化交际中可能出现的文化冲突和误解，从而更成功地与不同文化背景的人进行沟通和合作。此外，文化对比与反馈有助于学生消除民族中心主义思想。通常情况下，人们习惯性地接受自己的文化，很少对其进行特别的思考和反思。然而，通过反思本民族母语文化，学生可以更客观地认识自己的文化，了解其价值观和思维方式，以及与其他文化之间的差异。这有助于他们形成更开放和灵活的思维习惯，更好地适应多元文化世界。最后，文化对比与反馈还有助于学生更全面地理解英语语言和文化。在学习英语的过程中，学生不仅要掌握语言知识和技能，还要理解语言背后的文化内涵和社会背景。通过与本民族文化进行对照，学生能够更深入地理解英语民族的文化，包括价值观念、社会习惯、历史背景等，从而更准确地运用英语语言和文化顺利进行跨文化交际。

六、为我所用原则

每种文化都有其独特性、先进性和局限性。通过吸收其他文化的精华，可以弥补本民族文化的不足之处，丰富本民族文化内容，提升文化的竞争力。在吸收其他文化时，要注意到，任何文化中都存在着糟粕和过时的元素，有些内容甚至是有悖科学发展的，"为我所用原则"提倡"取其精华，去其糟粕"，即摒弃文化中不健康、过时、不正确或负面的部分，保留和吸收有价值的文化元素，对于本民族传统文化亦是这种态度，这有助于提高文化质量和价值，使文化更有吸引力和影响力。

基于为我所用原则，在跨文化英语教学中要教会学生不能以本民族的文化标准来衡量或判断对方的言行与想法，教师需要引导学生在相互尊重的基础上，以学习的心态认识不同文化之间存在的差异。例如，在中国文化中，红色通常被视为吉祥和幸运的颜色，而在一些西方文化中，红色可能与危险或愤怒相关联。如果学生只根据自己的文化观念来评判，就会误解或忽视其他文化中与颜色相关的重要价值和象征意义。教师可以通过开放性的讨论、案例分析和文化对比等教学方法，让学生意识到不同文化之间的差异，以及如何避免将自己的文化标准强加于他人，这样才能看到其他文化的优点和特长，从而进行吸收和借鉴。吸收借鉴其他文化时应该保持平和、谦逊的态度，要认识到自己的文化并不是唯一的、最优越的，要善意倾听和学习来自其他文化的观点和经验，以谦逊、平和的态度进行文化交流。教师还需要帮助学生拥有批判性思维的能力。为我所用并不是全盘吸收，盲目地接受所有文化元素，要判断哪些对本民族文化有益，哪些不适合或有害，能够理性地评估和分析不同文化元素的优点和缺点。这种批判性思维有助于做出明智的选择，保留有价值的文化元素，摒弃那些不利于文化提升的部分。为我所用原则还要求培养学生的文化敏感性。文化敏感性是指对不同文化之间的差异和共同点有敏锐的感知和理解能力，这有助于快速抓取文化优点，并分析其适应性，从而更好地提高自身文化素质和跨文化交际质量。

第三节 跨文化视野下英语教学的目标

跨文化视野下英语教学目标如下图2-2所示。

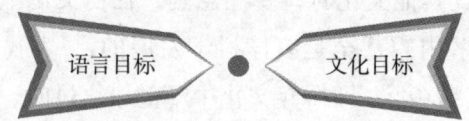

图2-2 跨文化视野下英语教学的目标

一、语言目标

跨文化视野下英语教学的语言目标如图2-3所示。

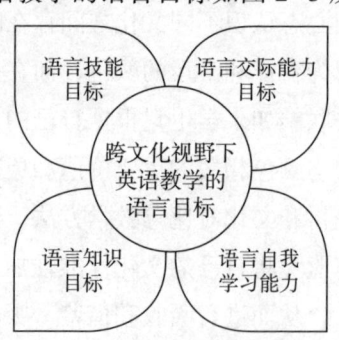

图2-3 跨文化视野下英语教学的语言目标

（一）语言技能目标

语言技能的培养是英语教学的核心任务之一，具体包括听、说、读、写四大语言技能的全面发展。输入假设理论强调了语言学习对输入的依赖性，认为学习者通过接触和暴露于大量的语言输入才能逐渐习得一门语言，这一理论在听力技能的培养中具有重要的指引性。学生在英语听力能力的习得中，需要接触各种各样足量的英语听力和阅读材料，保证足够量的输入，同时教师需要提供多样化的听力练习材料，包括听力讲座、英语电影、英语新闻、英语小说等，让学生能够听懂各种不同口音和语速的英语。另外，教师还可以通过提供有挑战性的听力和阅读任务来激励学生。通过反复有针对性的输入练习，学生可以提高听力技能。口语表达能力也是英语教育的重要目标之一。学生需要能够流利地表达自己的思想和观点，参与口头交流和讨论。教师可以通过组织口语练习、角色扮演、小组讨论等方式来培养学生的口头表达能力。这种实践性的活动有助于学生提高口语流利度，减少语言障碍。阅读和写作也是语言培养工作中的重要组成部分。阅读不仅是获取信息的途径，还是进行批判性思考和分析的基础。教师可以通过提供学术文献、研究论文和文学作品等不同类型的阅读材料来培养学生的阅读能力。学生应该学会如何识别主题和主要论点，提取关键信息，进行综合思考，分析作者的观点和证据，评估不同来源的可靠性和可信度。写作不仅涉及语法和拼写，还要求有组织思想、提出论点和支持论据的能力。学生需要学会撰写各种类型的文本，如研究论文、学术报告、评论和论文摘要、便签、邮件等。教师可以通过教授写作策略、提供写作任务和反馈，帮助学生发展他们的写作技能。整体而言，语言技能培养是一个循环过程。学生先接触语言输入，通过听力和阅读理解语言的结构和用法。然后，他们通过口语和书写输出语言，将其运用到实际情境中。教师在语言技能培养过程中应该关注各种教学模式和指导方法，不断探索适合自己学生的语言技能培养方法，更好地帮助学生提高语言技能。

（二）语言知识目标

词汇和语法知识是语言的基础，对于学生掌握英语语言至关重要。词汇是语言的基本单位，是构成句子和表达意思的关键基石，丰富的词汇积累可以让学生选择更恰当的词汇更准确地表达自己的意图,减少误解和沟通障碍。词汇知识的丰富度也会直接影响阅读的流畅性和写作的表达能力。学生需要通过大量的词汇积累和应用来提高他们的语言能力。词汇知识的积累不仅涉及对词汇的记忆,还涉及对词汇的理解和运用。学生需要学会识别不同词汇的含义和用法,以便能够在不同的语境中正确地使用它们。语法是语言的骨架,语法规则规定了句子的结构和组织方式。在英语教学中,教师要教会学生分析句子的结构,理解语法规则,以便能够举一反三,构建出无数其他同类型句子。只有掌握了语法知识,学生才能够正确地构造句子,表达自己的思想。

(三)语言交际能力目标

语言是一种沟通交流的工具,其主要在社交中使用。语言学习的终极目标也不是获取语言知识,而是实际交际。因此,培养学生的语言交际能力是英语教育的自然延伸。教师和学生在教与学的过程中都要明确这一目标,不要仅仅把英语知识的学习当作核心目标和考核内容,使学生能在社交、职业和学术等环境中有效地与人交流才是英语教学的终极目标。在全球化时代,跨文化交流和国际合作日益增多,不论是在国际商务、学术研究还是国际政治领域,具备良好的语言交际能力的个体更容易适应社会需求,为个人的生活和职业发展带来更多机会。培养语言交际能力的最有效方法是实际语言运用。学生应该积极参与口语交流,如学生可以通过模拟情境,在真实的语言环境中练习交际技能,从而更好地理解和运用语言。培养学生的书面交流能力同样重要。教师可以鼓励学生写作文、邮件等,以提高他们的书面表达能力。此外,提供书面反馈和修正也是必要的。教师应该创造积极的学习氛围,鼓励学生参与课堂讨论,更好地发展语言交际能力,并进行语言输出。不同学生有不同的语言水平和学习速度。教师需要采用个性化的教学方法,满足学生的需求,确保每个学生都有机会发展语言交际能力。利用多媒体和技术工具可以增强语言教育的吸引力和效果。虚拟沟通工具、在线语言学习平台和语音识别技术都可以用于培养语言交际能力。学生应该被鼓励自主学习,积极寻找语言交际的机会,如参加语言俱乐部、交流活动或志愿者工作。

(四)语言自我学习能力目标

当今社会,知识和技能的更新速度非常快,包括语言在内。自我学习和终身学习已经成为一种必要的生存技能。学生需要具备自我学习的能力和意识,保证以后即便走出校区,也可以不断适应新的语言知识和应用领域。在英语教学中,教师的职责之一就是帮助学生培养自主学习的能力和终身学习的意识,使他们能够持续适应知识和技能的变化。教师可以与学生一起制定明确的学习目标,帮助他们明白为何学习语言,以及要学到什么程度,进而确定学习方向和计划。教师需要引导学生学会主动寻找学习资源,包括教材、在线课程、语言应用程序、语言交流伙伴等。他们应该知道如何评估资源的质量和适用性。教师需教授学生各种学习策略,如阅读技巧、听力训练方法、记忆技巧等,以帮助他们更好地自主学习,并使学生学会反思,更好地学习。

二、文化目标

跨文化视野下英语教学的文化目标如图2-4所示。

图2-4 跨文化视野下英语教学的文化目标

（一）文化态度目标

文化态度目标即强化学生开放、包容地理解和尊重其他文化的态度。这一目标的实现涉及学生的文化意识、文化敏感性和跨文化交际能力的培养。第一，文化意识是学生理解文化差异和共通之处的基础。教师在英语教学中应引导学生思考文化是如何塑造人们的信仰、价值观和行为的，以及如何在跨文化交际中影响语言使用。学生需要明白文化不是孤立存在的，而是相互联系的，不同文化之间存在着相似性和差异性。例如，教师可以通过讨论全球化对文化的影响，使学生认识到文化交流和互动的重要性，并使其了解如何在文化冲突的情境中保持理解和尊重。第二，文化敏感性是培养学生尊重其他文化意识的关键。学生需要了解文化敏感点，避免在跨文化交际中冒犯他人。教师可以通过案例分析和角色扮演等活动，模拟不同文化背景下的交际挑战，帮助学生理解文化差异如何影响语言使用和行为。这有助于学生更加细致地考虑在不同文化背景下如何适应和表达自己，从而增强文化敏感性。第三，跨文化交际能力是学生开放态度的体现。教师可以通过组织文化交流活动、邀请外国嘉宾参与教学等方式，让学生亲身体验不同文化的魅力。学生需要学会克服刻板印象和偏见，积极参与跨文化交流，以形成更加包容和开放的态度。在这一过程中，学生还可以发展更多的交际技能，如跨文化沟通、文化解读和文化适应等，从而更好地理解和尊重其他文化。

（二）文化知识目标

文化知识目标即为学生提供关于不同文化的知识，以便他们更深入地了解其他文化。这一目标的实现需要教师提供多样化的文化素材和信息，涵盖历史、传统、风俗、宗教、文学等多个方面。教师可以通过教授文化背景知识来帮助学生更好地理解其他文化。例如，学生可以学习不同国家的历史和发展过程，了解文化形成的背景和演变过程。教师还可以介绍其他国家的传统节日、仪式和庆典，让学生了解不同文化中的日常生活和价值观念。文化知识目标还包括了解其他文化的艺术、文学和媒体表现形式。教师可以引导学生阅读外国文学作品、观看外国电影和电视剧，以及欣赏其他国家的艺术作品。通过与文学、艺术和媒体的互动，学生可以更深入地了解其他文化的审美观和文化特点。文化知识目标还包括了解其他文化的价值观和社会制度。教师可以介绍其他国家的价值观念、社会结构和政治体制，让学生了解不同文化的社会背景和价值导向。这也有助于学生更好地理解其他文化的思维方式和行为准则。通过对不同文化的价值观的比较和分析，学生可以培养批判性思维，更好地理解文化差异的根本原因。

（三）文化自信目标

文化自信目标即培养学生既能尊重其他文化，又能自信地展示自己文化的态度。

文化自信是学生理解和珍视自己母语文化的基础。学生需要认识到自己文化的独特性和重要性，也要尊重其他文化。教师可以通过教授本国文化的历史、传统和价值观，帮助学生更好地认知自己的文化身份。学生还可以通过参与本国的传统庆典和活动，深化对自己文化的理解和体验。文化自信还包括学生能够自信地展示自己的文化。学生需要学会在跨文化交流中积极表达自己的文化观点和价值观念，也要倾听和尊重其他文化的声音。教师可以通过组织文化交流和讨论活动，鼓励学生分享自己文化的故事。这有助于学生更好地代表自己的文化，促进文化的交流和互动。文化自信还包括学生能够在跨文化环境中适应和应对文化差异。学生需要具备文化适应能力，能够在不同文化背景下与他人建立积极的关系。教师可以通过角色扮演和模拟跨文化情境的活动，帮助学生获取文化适应技能。这包括了解不同文化的礼仪和行为规范，以确保在跨文化交流中表现得体。

第四节 跨文化视野下英语教学模式

一、跨文化英语教学模式概述

国际上,有关跨文化交际的研究可以追溯到 20 世纪 50 年代。美国的文化学者和人类学家爱德华·霍尔(Edward Hall)在 1959 年的经典著作《无声的语言》中首次使用了"跨文化交际"一词。跨文化交际学经过半个世纪的演化,逐渐发展成为一个成熟而完备的学科体系。相比之下,我国国内对跨文化交际学的研究历史较短,仅有 20 多年的发展历程。20 世纪 80 年代末,国外跨文化交际学的研究成果被引入了我国[1],引发了我国外语教育界对这一领域的浓厚兴趣。随后,在 20 世纪 90 年代,跨文化交际研究在我国取得快速进展,涌现了一系列重要论著和观点,为我国跨文化交际学成为独立学科奠定了坚实的基础。下面分别对学者们提出的几种跨文化英语教学模式进行简单介绍。

(一)动机—知识—技能模式

美国学者斯莫瓦(Samovar)和波特(Porter)将跨文化交际能力归纳为动机—知识—技能模式,动机指的是个体参与跨文化交际的动力,包括与不同文化背景的人交往的兴趣、意愿和愿望;知识关注个体对不同文化的了解程度,包括文化差异、文化价值观和文化背景知识;技能是指个体在跨文化交际中表现出来的实际能力,包括跨文化沟通、适应和解决问题的技能,这种模式被国内外学者普遍接受和采纳。

---

[1] 李芳萍. 浅议市民跨文化交际能力的培养[J]. 企业导报,2014 (5): 183-184.

（二）评估等级模式

古狄昆斯特（Gudykunst）是美国的一位跨文化交际学者，他在跨文化交际领域有许多重要的观点和贡献。他提出了评估等级模式，模式包括显示尊重、求知倾向、移情能力、交际驾驭能力、事件行为能力、关系行为能力、模糊性容忍和交际性态度等要素。[①] 陈国明提出将跨文化交际能力分为四个大层面、十六大要素模式，每个层面包括多个要素。[②]

（三）里萨格尔（Risager）四种模式

里萨格尔（Risager）建构和归纳出起四种有关跨文化交际教学的模式[③]，这四种模式包括外国文化模式、跨文化模式、多文化模式和超文化模式。

在四种文化教学模式中，外国文化模式将一种文化、一个民族、一门语言或具体地理坐标作为教学的基础。简而言之，这种模式侧重在大学英语教学中传授目标语言及其相关文化知识，而不涉及目标语言文化与本国母语文化或其他文化之间的关系。它不关注目标语言文化内部的不同子文化以及这些子文化之间的差异。外国文化模式在外语教育领域长期占据主导地位，尽管在20世纪80年代，欧美等地开始出现一些新的教育理念和模式，对这种语言与文化模式进行了质疑。然而，在中国以及许多其他国家和地区，外国文化模式仍然占主导地位，被广泛采用。

---

① GUDYKUNST W B. The potential for intercultural competence [C] // 杜瑞清, 田德新, 李本现. 跨文化交际学选读. 西安：西安交通大学出版社，2004：68.
② 陈月明. 跨文化交际学 [M]. 上海：华东师范大学出版社，2009：219.
③ RISAGER K. Language teaching and the process of European integration [C]// BYRAM M, FLEMING M. Language learning in Intercultural Perspectiwve . Cambridge: Cambridge University Press , 1998: 242-254.

跨文化模式的理论基础建立在一项核心观念之上，即"不同民族文化之间存在一定的相互联系"。这种教学模式强调不仅在大学英语教学中要重视目标语言民族文化的重要性和作用，还要将目标语言民族文化与本国母语文化之间的相互关系纳入文化教学的范畴。它主张通过比较目标语言民族文化、本国母语文化以及其他民族文化，以消除文化中心主义思想的影响，帮助学习者形成一种文化相对主义的思维方式。然而，在实际教学中，目标语言和目标语言民族文化仍然是教学的关键内容。这一教学模式自20世纪80年代以来逐渐被多个国家和学者所接受，被广泛应用于外语教育领域。① 特别是在欧美等一些国家，外语教学大纲明确规定了基于这一教学模式的外语跨文化教学，强调学习者必须有意识地增强对目标语言民族文化与本国母语文化的认知和理解。

多文化模式着眼于培养学生对多元文化的认知和理解。在任何国家和时期，都存在不同的语言文化群体，这是无法忽视的现实。特别是在当前全球一体化的背景下，跨文化交流频繁发生，全球人口流动不断增加。因此，不论身在何地，无论身处何种社会群体，人们都不可避免要与使用不同语言、拥有不同文化背景的人群互动。多文化模式强调不仅要认识和理解目标语言民族文化，还要理解和掌握本国母语文化，以及本国母语文化中各种亚文化（例如，各个少数民族的文化）。此外，对于那些有跨文化交际需求的外语学习者来说，除了掌握母语文化和目标语文化的特点之外，还需要认识、理解和掌握世界上其他主要语言群体和文化群体的特征。需要明确的是，外语教学的最终目标是培养具备跨文化交际能力的人才，而母语及其文化只是外语跨文化教学中的一部分内容。

超文化模式是一种新兴的外语教学模式，旨在应对复杂的语言与文化现象。随着全球化和经济发展，不同语言和文化群体之间的接触和交流变得频繁，导致了文化的碰撞与渗透。在面对这种越来越复杂的语言与文化现象时，超文化模式将个人生活和跨文化交际需求作为基础，提

---

① 谷萍. 跨文化视野下英语教学研究[M]. 北京：现代出版社，2019：160.

出了一种新的观点：在国际性交流中，可采用第二语言和第二文化身份进行文化交流，即使用一种被广泛接受和应用的中介语进行跨文化交流。这一教学模式在外语教育领域以及跨文化交际学界得到了广泛响应和认可，被许多专家和学者所支持。它被视为应对当今复杂的跨文化交际需求的一种创新教学方式。

（四）"四合一"模式

杨盈和庄恩平 2007 年提出了跨文化交际能力培养的"四合一"模式①，该模式以跨文化交际能力框架为基础，包括意识发展、文化调适能力培养、知识传授和交际技能培养四个方面。

（五）"4+2+1"模式

基于我国目前的大学英语教学情况，任丽在 2012 年提出了"4+2+1"大学英语文化教学模式。② 这一模式的核心理念包括"4"个步骤和阶段的课内文化教学建设、进行课内外文化教学的"2"个层面，并在教学过程中充分利用网络多媒体技术，赋予文化教学以鲜活的生命力，这被称为"1"。具体来说，模式中的"4"代表了分为四个步骤和阶段的课内文化教学模式和方法。而"2"则强调了文化教学应该同时在课内和课外进行，以创造有利于文化学习的环境。最后的"1"则强调了充分利用网络多媒体技术来丰富文化教学内容，使其更具生动性和吸引力。这个大学英语文化教学模式的主要目标是促进大学生文化意识和文化能力的发展，以提高文化教学的效果。为了验证这一模式的有效性，笔者进行了教学实验。实验结果表明，在"4+2+1"的文化教学模式下，学生的文化能力得到了提高，增强了学习英语的积极性，从而提高了英语整体水平。

---

① 杨盈，庄恩平.构建外语教学跨文化交际能力框架[J].外语界，2007(4)：13-21，43.
② 任丽.构建"4+2+1"大学英语文化教学模式的探索[J].中国外语，2012，9(4)：71-76，81.

这表明这种文化教学模式是可行的。然而，笔者也指出，要科学有效地进行文化教学，需要教学体系中各个环节有机结合，需要学校相关部门的协作和支持，特别是需要网络和多媒体设备等硬件设施的辅助。

（六）赵爱国和姜雅明模式

赵爱国和姜雅明在 2003 年为外语教学提出了一个跨文化交际能力模式[1]，该模式包括语言能力、语用能力和行为能力三个主要方面，强调语言、语用和行为能力的重要性。在这个模式中，语言能力涵盖了语音、语法、词义和词汇等四个要素。语用能力包含了语境能力、语篇能力、社会语言学能力，以及对社会文化的领悟力。而行为能力则包括社交能力、非语言交际能力，以及文化适应能力。然而，需要指出的是，尽管这一模式提供了有关跨文化交际能力重要方面的概述，但并没有详细阐述这些能力的层次或顺序，因此该模式可能显得相对抽象。为了更好地将这一模式应用于实际教学，可能需要进一步细化和明确各种能力之间的关系，以及其在不同学习阶段的发展情况。这样的细化和明确可以帮助教育者更有效地培养学生的跨文化交际能力。

（七）结构模式和实践模式

以上所述各个模式提供了多个理解角度，但它们在理论和实证方面存在一些不足。它们强调了"是什么"和"怎么样"的问题，但没有真正解决"为什么"和"怎么做"的问题。此外，一些模式过于复杂和抽象，缺乏实际操作性。[2]在国内，只有张红玲、付天军和陈凤然[3]明确提

---

[1] 赵爱国，姜雅明.应用语言文化学视角之浅议[J].天津外国语学院学报，2002(4)：70-74.

[2] 王珊，马玉红.大学英语教学的跨文化教育及教学模式研究[M].武汉：武汉大学出版社，2018：165.

[3] 付天军，陈凤然.单一文化背景下跨文化交际能力模式的构建[J].东岳论丛，2010，31(8)：138-140.

出了构建外语跨文化能力培养实践模式，但大多数实践研究仍然只是简单罗列策略或方法，导致理论和实践之间存在脱节。跨文化英语教学研究需要更加重视理论研究和实践研究的结合，特别强调实践性研究，并坚持实践导向的方法。

基于以上原因，孔德亮、栾述文在分析已有文献基础上，对这些理论的优缺点进行了分析，提出了结构模式和实践模式。①

1. 结构模式

结构模式认为学生的跨文化交际能力结构可被描述为一个综合性的框架，这个框架由意识、知识和实践能力三个主要要素组成。这三个要素之间相互支持和相互促进，其中意识是前提，知识是基础，实践能力是关键（图2-5）。

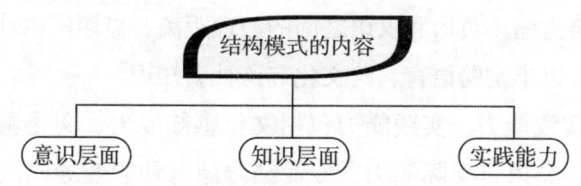

图 2-5 孔德亮、栾述文结构模式的内容

第一，意识层面。意识层面涵盖了跨文化意识、文化相对意识和现实关注意识三个要素。跨文化意识表示大学生对不同文化的敏感性，涉及对目标文化和本土文化因素以及它们之间差异的感知；文化相对意识强调了在跨文化交际中文化态度的重要性，也强调要秉承公平和包容的态度，消除民族中心主义和文化相对主义，理解文化之间只存在差异，没有优劣，不应根据主观想法进行价值评判，而且文化相对意识是确立跨文化意识和成功进行跨文化交际的关键前提之一；现实关注意识强调大学生应积极关注文化现实，亲身体验文化生活。只有在真实的生活环境中参与跨文化学习和实践，才能真正领悟跨文化知识的价值，并摆脱

---

① 孔德亮，栾述文. 大学英语跨文化教学的模式构建：研究现状与理论思考 [J]. 外语界，2012(2): 17-26.

单一的英语学习方式，增强学习动力。

第二，知识层面。知识层面包含了跨语言知识、跨文化知识和跨社会知识这三个要素。知识本身是静态的，而跨语言、跨文化和跨社会知识则具有动态性，可用于跨越不同领域、语言、文化和社会之间的障碍，以实现双向沟通。具体而言，跨语言知识涵盖了母语和目的语言知识，而跨文化知识则包括文化相关的知识，强调大学生在学习英语的过程中不仅要全面掌握汉语和英语语言知识，还要了解中国及说英语国家文化知识，以避免过于偏向一方而忽视另一方。另外，特别需要克服过分强调英语语言和文化，而边缘化汉语语言和文化的倾向，因为了解自己文化的知识有助于更好地理解其他文化。此外，社会是语言和文化发展的重要环境，也是跨语言、跨文化实践活动的舞台。大学生需要深入了解中国和西方国家的社会背景，努力缩小英语和汉语之间的心理距离，克服国内社会环境相对单一的限制，以丰富跨语言、跨文化和跨社会知识。

第三，实践能力。实践能力包括文化感知能力、文化调适能力、文化比较能力、非语言交际能力、专业结合能力和职业导向能力这六个要素。其中，文化感知能力的培养需要跨文化交际者在提高自我意识的基础上，对自己原有的感知方式和习惯进行适度的监控和调整，以摆脱固有的感知限制，逐步发展出适应跨文化交际需求的更加灵活和有效的感知素质和技能。文化调适能力是指跨文化交际者为了适应具体的跨文化环境，能够调整自己的文化行为。这一能力直接影响跨文化交际结果。大学生需要加强文化调适能力，尽快从冲突期过渡到恢复期和适应期，以提高跨文化交际的效果。文化比较能力是跨文化交际者比较不同文化之间异同之处的能力。通过系统的文化比较，大学生能够更充分地认识到两种截然不同文化在思维方式、价值观、社会习惯等方面的差异，深刻领会母语文化和目的语文化的精髓，这也有助于教师明确跨文化教学的重点和目标，提高教学效率。非语言交际能力是指跨文化交际者知觉、理解和运用非语言行为的能力。大学生需要提高这方面的能力，改善交际风格，以成功进行跨文化交际。最后，专业知识和正确的职业选择对大学生成才至关重要。跨文化交际实践能力的培养必须与专业知识学习和未来职业选择紧密结合。大学英语跨文化教学应该以宏观视角为基础，形成合力，避免偏向某一方面或分割为碎片。跨文化交际能力与社会发展和教育改革密切相关，因此跨文化交际者需要具备整体和动态的意识，避免孤立和静止的思维方式，使自身跨文化能力得以实质性提高，从而提升跨文化交际效果。

2. 实践模式

实践模式与结构模式不同，提出了跨文化英语教学的关键原则和方法，专注于解答"怎么做"的问题，旨在解决如何有效地增强大学生跨文化交际能力，以及如何弥补目前跨文化交际及理论中存在的实践缺失问题。实践模式包括实施师资培训、平衡语言文化、比较中西文化、融入新闻知识、进行文化测试等（图2-6）。

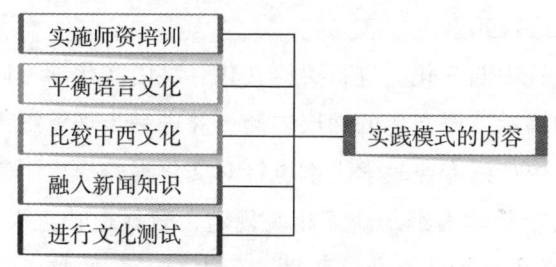

图2-6　孔德亮、栾述文实践模式的内容

第一，实施师资培训。实施教师跨文化能力培训工程的主要目的是提高教师的综合能力，以更好地引导、组织和协调跨文化外语教学，确保教学的有效性和质量。在跨文化英语教学中，教师的角色非常关键，他们需要融合中西文化，引领学生参与任务驱动的学习过程。然而，绝大多数教师更倾向于担任"语言讲解者"和"语言示范者"的角色，而忽略了学生的主体地位。因此，提高教师的跨文化素质成为实现跨文化教育目标的基础。教师跨文化能力培训不仅涉及跨文化教学思想的贯彻，还包括跨文化教学方法的实施、跨文化教学活动的组织和跨文化教学目标的达成。另外，大学和教育学院应培养具备多元文化知识和能力的教师队伍，这推动了师范教育的多元文化进程。然而，国内教师所进行跨文化培训研究和实践相对较少，教师评价仍然主要基于语言功底，导致教师缺乏系统的跨文化知识和明确的跨文化教学目标。

第二，平衡语言文化。平衡语言文化的强调突显了文化元素在教学中的关键作用，它不是语言教学的附加内容，而与教学总目标密切相连，在语言学习的各个阶段都扮演着不可或缺的角色，所以不应该因为教学时间的限制或考试方便而忽略文化要素。如果不了解文化的规则和模式，就无法真正地掌握语言。比如，在英语俚语中的表达"rain cats and dogs"意指倾盆大雨，如果不熟悉这一文化背景，可能会误解为"天上下猫和狗"的意思。然而，目前中国大学英语教学中存在着语言和文化比例失衡的问题，教学大纲中缺乏明确定义的跨文化内容，教材中的课文和习题主要侧重于纯粹的语言知识，而且教师在授课中更强调词汇和语法等语言元素。

第三，比较中西文化。进行英语文化、汉语文化学习以及汉英文化比较可以帮助揭示英语文化的深层内涵，并进一步理解汉语文化的本质特征。高等学校英语专业教学大纲也针对文化素养提出了教学要求，但大学跨文化教育教学大纲却缺乏相关规定，教材也缺乏汉语文化信息。例如，"中国文化是大陆文化，强调"天人合一"的整体性和和谐，崇尚集体主义，具有螺旋形象思维，这决定了汉语的意合性和重归纳性；而西方文化是海洋文化，强调"天人分离"的分析性和个性，崇尚自由主义，具有直线型理性思维，这决定了英语的形合性和重演绎性。文化差异的制约并不仅仅来自对目标语文化的不了解，还来自对目标语文化和母语文化之间差异的不了解。因此，大学英语教学需要注重中西文化比较，以克服跨文化交际中可能出现的障碍。

第四，融入新闻知识。现代社会英语教育面临着一个重要的挑战，即如何保持与时俱进，确保教材能够反映当今不断变化的现实世界。这就凸显出了教材结合英语新闻的重要性。英语新闻具有多样的来源渠道，呈现及时新性、广泛性、显著性和趣味性等特点，这些特质超越了传统文化的局限，能够帮助学生建立起新知识与已有知识之间的联系。

在一个信息快速传播的时代，了解当下国际上发生的重要事件和趋势至关重要。再者，大学生通常对新鲜事物充满兴趣，对国际事务有敏感性，并愿意探讨这些话题。英语新闻因此成了一个理想的工具，能够促进学生与课本知识对话，建立与现实世界的联系，从而增强学习动力。英语新闻还具有独特的语言风格和文体特点，这为教师提供了灵活的选择余地。教师可以根据学生的认知水平，选取合适的新闻材料，并运用不同的教学策略，如音频和视频结合，以及课堂典型讲解，来进行教学。这样的教学方式可以激发学生的兴趣，帮助他们更好地理解和参与跨文化交流。最重要的是，以教材结合英语新闻，不仅有助于学生掌握课内的基础知识，还有助于学生获得与语言文化相关的课外知识。这种教学方法使英语学习更加生动和有趣，有助于学生更好地理解和应用所学知识，从而实现从传统的考试型语言学习向应用型语言学习的转变。因此，教材结合英语新闻不仅能够弥补教材滞后性的问题，还能够使英语学习变得更具活力和吸引力。

  第五，进行文化测试。引入文化测试是为了构建一个常规的、完善的跨文化评价体系，以确保跨文化教学的有效性和教学质量。文化测试在大学英语跨文化教学模式中扮演着至关重要的角色，因为它有助于提高教师和学生对跨文化能力的认识，并确保对教学过程和效果的正确评估。文化测试内容的确定是文化测试的核心问题。在这方面，学者们进行了不懈的探索，其中语言测试学者瓦莱特（Valette）的文化测试模式被广泛认可。这个模式包括文化知识、情感态度和交际技能三个层面，并确定了不同层面的测试方法。文化知识测试通常采用客观题形式，如填空、选择和正误判断，以全面、系统地评估学习者对文化知识的掌握水平。情感态度测试方面较为复杂，需要采用社会距离等级法、语义级差法和跨文化发展模式等方法。而交际技能（文化行为）评价可以通过笔试或直接观察学习者的行为表现来完成。此外，作品集评价法也被认为是一种综合性、人性化的评价方法，有助于综合考察学习者在文化学习过程中知识、情感和技能的发展情况。跨文化教学的测试和评价必须与语言测试和评价相结合,以适应语言和文化教学的不断变化。另外,还必须考虑到大学生文化学习的阶段性特点,并制定符合中国大学英语教学特点的文化测试内容、测试程序、测试标准和测试评价体系。这样的常规化和综合化评价体系将有助于确保跨文化教学的质量和效果,避免理论与实践脱节。

除了以上学者观点,国内学者贾玉新[①]将跨文化交际能力看作系统模式,应包括基本交际能力系统、情感和关系能力系统、情节能力系统和交际策略系统等部分。学者张红玲也提出了自己的观点,认为跨文化教育是以外语教学为导向的一种教育方法,其主要目标在于培养学生的跨文化意识和敏感性。这意味着帮助学生以跨文化的视角来看待、分析和解决问题。此外,她认为,跨文化教育旨在培养学生对不同文化和个体的尊重、包容、理解和欣赏的态度,需要借鉴欧美相关研究成果,但也需要进行本土化研究,以明确定制符合我国国情的跨文化教育目标。[②]还有很多学者针对跨文化英语教学模式提出了自己的观点,此处不再一一陈述。

二、跨文化视野下英语教学模式构建的几点建议

跨文化视野下英语教学模式构建的建议如图 2-7 所示。

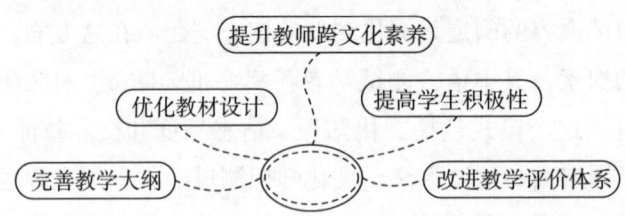

图 2-7　跨文化视野下英语教学模式构建的建议

---

① 贾玉新.跨文化交际学[M].上海:上海外语教育出版社,1997:480.
② 张红玲.跨文化外语教学[M].上海:上海外语教育出版社,2007:131.

（一）完善教学大纲

制定和完善教学大纲是构建跨文化英语教学模式的关键步骤。目前，教学大纲中缺乏明确的跨文化交际实践内容指导，主要侧重于传授纯粹的语言知识。此外，教师在授课中也往往过于强调词汇和语法等语言元素，而忽视了文化方面的教育，这一失衡现象在跨文化交际教育中比较显著。有效的跨文化交际不仅需要语言技能，还需要深刻的文化理解和跨文化交际能力，尤其是在当今社会，跨文化交际日益增多，对人才培养机制也提出了新要求。跨文化英语教学的大纲需要根据时代要求进行完善，更加明确教学目标，以便为教学实践提供清晰的指导，促进跨文化教育的发展。文化教育应被视为与语言教育同等重要的一部分，而不是附带的内容。大纲应明确要求教师将文化教育融入课堂教学中，包括文化背景、文化差异、文化敏感性等方面的内容。这有助于学生更好地理解文化与语言之间的关系，并提升文化素养。大纲还应引入跨文化交际实践模块。这一模块可以包括模拟演练、与外国留学生的互动、跨文化项目等，以帮助学生将课堂中学到的知识应用到实际交际中。跨文化交际实践模块的引入有助于提高学生的跨文化交际能力，让他们能够在实际生活中更好地应对跨文化交际挑战。大纲还应鼓励教师根据实际情况更新教材和课程设计，以更加多元化的方式引入文化背景、文化差异、文化敏感性等方面的内容，完成学生文化意识培养目标。

（二）优化教材设计

教材在英语教学中的重要性不言而喻，它是知识传递和文化沟通的媒介，对于培养学生的文化意识和实践能力至关重要。然而，当前的教材存在一些不足之处，为了满足培养学生文化意识和实践能力的要求，需要对教材设计进行优化，丰富其跨文化内涵，纠正过于侧重语言的趋势，以满足培养学生文化意识和实践能力的要求。第一，教材应更加注重文化内容。文化是语言的重要组成部分，它赋予了语言以深刻的内涵和意义。因此，在教材中加入更多的文化元素可以帮助学生更好地理解语言背后的文化，提高他们的文化意识。例如，教材可以包括不同文化背景下的习惯、价值观、社会结构等方面内容，以便学生更全面地了解目标语言文化。这些文化内容不仅可以作为语言教学的补充，还可以帮助学生更好地融入目标语言社区，提高他们的跨文化交际能力。第二，教材中应结合文化背景知识和跨文化交际技巧来设计课后练习题。课后练习是学生巩固知识和提高技能的重要途径。因此，在课后练习中引入文化背景知识和跨文化交际技巧可以帮助学生将课堂学习与实际应用结合起来。例如，可以设计一些情景对话练习，让学生在不同文化背景下模拟真实的交际情境，以提高他们的跨文化交际能力。此外，还可以设计一些文化敏感性的练习题，让学生思考文化差异对交际的影响，以提高他们的文化意识。第三，教材的编排应遵循由易到难、由表到里的原则。由于文化具有复杂性和多元性的特点，学生可能会面临文化理解的难题。因此，在教材的编排中，应该从简单的文化内容开始，逐渐引导学生深入理解文化的内涵。这可以通过逐步增加文化元素的复杂性和深度来实现。此外，应该从表面的文化差异开始，逐渐引导学生思考文化的深层次差异，以培养他们的文化分析能力。第四，教材的设计应高度重视学生人文素质的提高。在当前中国素质教育改革的背景下，培养学生的人文素质已经成为一项重要任务。因此，教材的内容设计应以中国素质教育改革大纲为基点，以培养学生的人文素质为目标。这可以通过引入一些与中国文化相关的内容，让学生更好地了解和传承中国传统文化，以及通过培养学生的文化敏感性和跨文化交际能力来实现。

（三）提升教师跨文化素养

教师在跨文化交际教学中担当着十分重要的角色，他们不仅是知识的传授者，还是学生跨文化交际能力培养活动中的引导者和促进者。跨文化交际教学要求教师不仅要具备扎实的语言教育知识，还需要深入了解不同文化之间的差异和相似之处，以便有效地引导学生掌握交际技能，这些要求决定了教师不仅要在课堂内传授学生知识，激发学生的文化兴趣，还需要在课堂外引导学生进行跨文化思考，提升综合素质。然而，尽管教师在跨文化交际教学中扮演的角色至关重要，但目前教师在跨文化交际教学领域仍存在一些不足之处。这些不足之处可能会对学生的跨文化交际能力培养产生潜在的负面影响。主要表现在以下几个方面：第一，教师理论知识往往多于实践经验。换言之，教师可能具备丰富的跨文化理论知识，但在实际跨文化交际中的经验相对较少。这种不平衡可能导致教学过于理论化，缺乏实际应用指导，从而难以提高学生的实际跨文化交际能力。因此，教师需要不断提升自己的实践经验，积极参与跨文化交际活动，将理论知识与实际经验结合起来，以更好地指导学生。第二，一些教师的教学理念可能相对陈旧，过于注重语言目标而忽视文化目标。虽然教师们普遍认识到了跨文化交际的重要性，但在实际教学中，仍然存在过分强调语言知识的趋势，而对文化方面的教育不够重视。这可能导致学生仅仅关注语法和词汇，而忽视了文化差异和交际技巧。为了解决这一问题，教师需要转变教学理念，将跨文化教育视为不可或缺的一部分，注重培养学生的文化意识和实践能力。这可以通过引入更多与文化相关的内容、设计与文化背景有关的练习题、倡导学生参与文化活动等方式来实现。针对以上问题，教师应积极提升自身跨文化素养，具体可参与跨文化交际活动、了解不同文化背景下的习惯和价值观、积累跨文化实践经验等。通过这些方式，教师可以更好地将跨文化理论知识与实际经验结合起来，提高自己的教学水平。此外，教师还可以不断更新教材，确保其中包含丰富的文化元素，以便更好地满足跨文化英语教学的需求。教师只有在跨文化英语教学中不断提升自己的素养和实践经验，转变教学理念，注重培养学生的文化意识和实践能力，才能更好地满足跨文化英语教学的要求，培养出跨文化交际能力较高的学生。

要对教师跨文化素养培养和继续教育的内容和方式进行改革，理论方面可以增开相关课程，包括人类学、民俗学等跨文化教育相关课程，以及历史、地理、文学等领域知识课程。这些课程有助于教师更深入地了解不同文化之间的差异和相似之处，增强跨文化意识。同时，要强化英语教学专业课程，增加"多元文化教育"和"跨文化教育"的内容。这有助于培养教师的多元文化视野，使他们能够更好地理解和尊重不同文化的差异，避免教学中出现文化歧视和偏见。教师继续教育的内容应丰富多样，包括英语专业知识、语言学基础知识、本民族的语言知识、英语教学法知识，以及与跨文化教育相关的知识。这样，教师才能够更好地履行跨文化教育的责任。另外，在继续教育方面，可以采取灵活多样的方式，如短期培训计划和长期培训、进修学习和访问学者、常规交流和专题跨文化教育研究、国内学习和国外进修、脱产教育和远程网络教育等。这样可以满足不同教师的需求和时间安排。通过这些改革措施，教师将更好地获得跨文化教育知识和技能，提高跨文化素养。

（四）提高学生积极性

通常情况下，教育决策者等负责制订教学计划，进行教材设计，以及确定评估标准等。在此过程中，学生作为教学重要角色之一，其参与和反馈至关重要，且这种参与和反馈不可替代和不容忽视，是跨文化教学模式构建、制定、优化必须考虑的因素。学生可以通过提供反馈意见、参与教材选择、参与跨文化活动等方式影响跨文化教学模式。他们的需求、兴趣和反馈可以帮助教育决策者和教师调整和改进教学方法和内容，以更好地满足学生的需求。因此，要在跨文化教学模式构建过程中积极引导学生参与进来。第一，教师可以解释跨文化交际知识和能力对个人和职业发展的重要性，激发学生参与的内驱力，然后介绍如何通过学习不同文化来增强这一知识能力，成功激发学生的好奇心和探索精神，让他们更积极地主动学习和探索不同文化，为跨文化教学模式构建提供更多有益反馈。第二，创造积极的学习环境是关键。教师可以通过设立小组项目、组织跨文化实践活动、鼓励学生分享自己的跨文化经验等方式，营造一个积极的学习氛围。这样的活动可以增加学生的参与度，让他们更积极地学习和参与。教师还可以提供实际的跨文化经验和机会，具体包括参与国际交流项目、文化交流实习、国际志愿者服务等。这些实际体验可以激发学生的兴趣，让他们更深入地了解不同文化，提高实践积极性。此外，个性化学习也是很重要的。因此，可了解每个学生的兴趣和需求，根据他们的个性化学习风格来设计课程和教学活动，以提高学生的积极性。第三，鼓励学生参与到教学资源的筛选和开发中。具体而言，可让他们提供有关跨文化教材、案例研究、实践活动等方面的建议，帮助丰富教学资源。这样的参与不仅可以增强学生的责任感和归属感，还可使教学模式更具实际应用性和可操作性。第四，建立学生社群和学习团队也很重要，教师应该给予学生足够的自主权和决策权。学生可以在小组内相互学习，共同探讨跨文化问题，分享各自的文化视角和经验，进而根据自己的兴趣和需求选择学习路径和项目。这样可以激发学生的主动性和创造性，也为跨文化教学模式的构建提供更多创新思路。

（五）改进教学评价体系

教学评价在跨文化英语教学中具积极的反馈作用。通过教学评价，教师可以了解教学的具体效果，为再次的教学实践提供针对性的指导和支持，从而促进教育教学体系不断改进、教育教学质量逐步提高。因此，可以说教学评价不仅仅是一种测量教学成果的手段，还是培养具备跨文化交际能力的英语人才的重要途径。然而，目前的教学评价方式存在一些潜在的不足，如目前的教学评价主要以纸质考试为主，这种考试形式偏重英语基础知识的考查，而较少涵盖英语实际运用和跨文化交际能力评估。这导致学生可能过于专注应付考试，而忽略了英语在实际跨文化交际中的应用。因此，有必要改进教学评价方式，使之更加贴近跨文化教学的要求。第一，引入跨文化交际实践评价。教学评价不应仅仅依赖传统的纸质考试，还应纳入跨文化交际实践考核，以科学评估学生的英语能力。通过组织学生参与跨文化交际活动，如模拟国际会议、文化交流活动等实时观察和评估学生在真实交际场景中的表现。这种评价方式更贴近实际需求，能够全面考查学生的语言技能和跨文化交际能力。第二，采用多元化评估方法。教学评价应该多元化，除了传统的笔试和口试，还可以采用项目作业、小组讨论、演讲、情景模拟等多种评估方式。这样多元化的评估方法可以激发学生的学习兴趣，培养他们的创新思维和批判性思维，使他们在跨文化教学中更具活力和积极性。甚至可以在教学评价中加入学生自我评价这一指标，它可以帮助学生反思自己在跨文化交际中的不足，更全面地了解自己的学习情况。为了评价的客观公正，教师可以事先为跨文化交际能力设定明确的评价标准，帮助他们系统性地思考自己在跨文化交际中的表现。另外，还可以设置开放性评价问题，如可以问学生他们在文化交流中遇到的挑战是什么，他们在解决跨文化冲突时的策略是什么，以及他们如何改进自己的交际技巧，等等，以学生的自我评价促进整体教学评价。第三，评价标准要明确化。为了更准确地评估学生的跨文化交际能力，需要明确评价标准和指标，具体包括语言运用的准确性、流利度、文化意识的表现、跨文化交际技巧的运用等方面。通过明确的评价标准，可以使评价更加客观和公正，有助于学生了解自己的不足之处，有针对性地改进提升。第四，不断培训和提升教师评价技能。改进教学评价还需要培训教师的评价技能。教师应该了解如何有效地设计和实施多元化评估活动，以及如何根据评价结果来指导学生的学习。提高教师的评价技能可以确保评价的有效性和准确性。

第三章 跨文化视野下英语教学方法

第一节 传统英语文化教学方法

一、文化讲座

文化讲座作为传统的文化教学方法之一，主要以讲授的方式传递文化知识。讲座内容通常涵盖了某种文化的基本特征、核心价值观、习俗、社会规范等，可以为学生提供一个全面了解不同文化的平台。在这种教学模式下，教师或专家将他们对特定文化的理解和知识系统地传达给学生。而讲座的内容往往是经过提前策划和组织的，旨在确保信息的准确性和系统性。通过专业的讲解，学生可以快速获得关于不同文化的基本知识和理论框架，为他们日后的深入学习和实践交流打下坚实的基础。

文化讲座在文化教学中起着不可忽视的作用，但其优缺点也非常明显。第一，其优势在于能够系统地、全面地提供关于特定文化的详细信息，帮助学生构建起对不同文化的基本认知框架。一场文化讲座的内容可能涉及历史、语言、艺术、宗教、社会学和人类学等多个领域。例如，一场关于中国文化的讲座可能会涵盖从古代哲学到现代社会习惯的各个方面，包括儒家思想的影响、中国节日的庆祝方式，以及日常生活中的礼仪规则，信息非常概括、非常全面。第二，由于是专业讲师、专业人士或学者进行的讲座，基本可以确保所传达的文化信息的准确性和权威性。第三，文化讲座具有高效性，能在较短时间内向学生传授大量的知识，这对于时间有限的学习环境非常有效。然而，文化讲座也存在一些局限性。最主要的问题是其单向的信息传递模式缺乏师生间的互动，可能导致学生参与度和学习兴趣不高，并且学生在听讲座的过程中通常是被动接受信息，难以激发学生的主动学习和深入思考兴趣，限制了他们批判性思维和创造性思考的发展。虽然为了提升讲座的教学效果，讲师可能会在讲座中穿插一些互动环节，如问答环节，让学生提出问题并参与讨论。然而，这种互动通常是有限的，整体上主要还是侧重讲师的单向传授。此外，由于讲座通常重点在理论讲解，可能会忽视文化知识在实际跨文化交流中的应用，学生听取了很多知识，记了很多笔记，但是讲座之后很可能还不知道怎么运用。因此，为了提高文化讲座的教学效果，建议将其与更互动性和实践性教学方法相结合，如案例研究或小组讨论，以促进学生对文化知识的深入理解和应用。文化讲座也可以涉及对文化差异的分析，讲解在不同文化背景下人们的行为和思维方式如何受到他们文化的影响，带领学生与自己母语进行对比分析，增强学习效果。由于讲座文化信息涵盖比较全面，讲座内容显得不够精练和生动，而有些枯燥，难以激发学生学习兴趣。因此，讲座人应努力使讲座内容更加生动有趣，以提高学生的学习兴趣和参与度。例如，使用幻灯片、视频片段等多媒体工具来辅助讲解并增强信息的传递效果。这些辅助材料不仅可以帮助学生更好地理解和记忆文化知识，还能使讲座内容更加生动有趣。整体来看，文化讲座是传授文化知识的有效工具，但为了实现最佳教学效果，需要与其他教学方法、教学工具相结合。

二、关键事件法

关键事件法在文化教学中是一种通过分析真实的、具有代表性的跨文化交流失败案例来教授学生文化的方法。这些案例通常涉及在不同文化背景下，文化差异导致的误解或冲突。教学通常涉及两个主要步骤：案例呈现和深入分析。在案例呈现阶段，教师会详细呈现和描述跨文化交际中的特定事件，这些事件由教师精心挑选，以体现文化差异在实际交流中的影响，往往涉及比较实用或常见的情境，如工作场所的沟通冲突、商务谈判中的文化误解，以及旅游过程中的文化碰撞。在深入分析阶段，学生会被要求探讨和分析事件中的文化冲突和误解，并经过思考和讨论各种可能的原因后，尝试选出最合理的解释，如果学生一开始选择错误，他们会被鼓励再次尝试，直到找到正确答案。

关键事件法是一个比较有效的教学方法，它使用真实的交际案例进行文化教学，直接展示了文化差异如何在实际沟通中产生影响，使得学习内容更具实践性。通过直接让学生面对文化冲突的真实情境，学生会有一个深入观察和思考的过程，可以直观地看到某些文化知识或理论在实际情境中的应用，感受到不同文化之间的差异和相似之处的具体体现，更加切身体会到提高对文化差异的认识的重要性，以及培养敏感的跨文化思维的重要性，这对于学生在真实世界中的跨文化交流能力的培养是非常重要的。在选择阶段，学生要分析和思考鲜活案例，学会识别文化差异，这促使他们更加深入地理解两种文化在沟通方式、价值观念和行为规范上的差异，从而促进学生批判性思维和问题解决能力发展。此外，关键事件法有助于学生文化情感能力的培养，案件分析过程要求他们不仅要理解不同文化的特点，基于自己的知识和理解进行判断，还要能够在具体的、复杂的情境中学会考虑不同文化背景下人们的行为和反应，以及他们如何妥善处理这些差异，这个过程要求学生具备较高的文化意识和同理心，能够跨越自身文化，从另一文化的视角看待问题。然而，这种方法也有其局限性。选择合适的案例就是一个挑战，案例选择成功与否直接决定了这种教学方法实施的成败，不恰当或不具代表性的案例可能会导致混淆。教师在此过程中，不仅需要确保案例的真实性和代表性，还需要确保案例与教学目标的相关性，确保通过案例达到既定的教学效果，这对教师的案例搜集、整理以及选择能力都提出了要求。选择合适的案例也并非一时之功，相对耗时，教师备课付出的时间与精力都需要相应增加。此外，该方法的使用难点在于如何避免对文化进行简化或刻板化的描述，确保案例的真实性和多样性。

三、文化包

文化包这种方法的核心在于通过对比分析母语文化和目的语文化，帮助学生更清晰地理解和认识他们所学习的语言文化。在这种教学模式下，教师可挑选一篇介绍目的语文化某个方面的文章，然后围绕这篇文章组织文化对比讨论。文化包的一个主要特点是有效地将文化教学与语言教学紧密结合起来，确保语言学习和文化学习同步进行。这种方法不仅仅让学生了解语言文字和语法，还让他们深入了解使用这种语言的人们的文化背景，从而更全面地掌握目的语言，使语言学习过程更加全面和深入。文化包在选材上具有很大的灵活性，便于教师根据不同的课时安排和教学内容来设计课堂活动。教师可以根据学生的兴趣和所学内容，进行文化对比讲解或引导学生参与文化对比讨论。这种方法的灵活性使得课堂更加生动有趣，有助于提高学生的学习兴趣。由于文化包鼓励学生积极参与和讨论，因此它也有效地将学习从被动接收转变为主动探索。学生在参与文化对比讨论的过程中，不仅能够加深对文化差异的理解，还能够培养自己的文化意识和批判性思维能力。

多个围绕相同主题的文化包可以构成所谓的文化丛或文化群。通常，每个文化包的活动时长约为十分钟，这使得在一堂课内可以通过几个不同的文化包来深入探讨一个主题，并在课程的最后通过综合性讨论来整合和消化这些信息。例如，在探讨西方饮食文化的文化丛中，可以设置涵盖饮食观念、饮食对象、饮食方式等的三个独立文化包。在学习这些文化包之后，学生可以参与一个综合讨论，对比并深入理解东西方饮食文化之间的相似之处和差异。通过这种方式，文化丛不仅提供了针对特定文化主题的多个视角，还促进了学生对跨文化差异的深入理解。这种方法的灵活性和互动性使其成为一种有效的教学工具，有效促进了学生对目的语言文化的全面理解。

四、提问法

传统的以教师讲授为主的教学模式下，教师主要聚焦于理解词义和句法，而较少涉及语言的实际应用。这种教学方式虽然在一定程度上帮助学生掌握了基础知识，但学生在课堂上往往扮演被动的角色，忙于记录笔记，缺乏参与和动脑思考的机会，没有主动参与的感受，导致他们"惰性"心理的产生，虽然偶尔回答教师的一些问题，但很难真正参与到语言学习的过程中，更无从谈英语文化的输入和思维培养。基于这些缺陷，教育界开始思考如何提高学生的主体地位和英语综合技能课的教学效果。教学的最终目的是培养学生提出和回答问题的能力，通过引导学生积极地提问，教师能够激发学生的问题意识，从而对他们的终身学习产生深远的影响。于是，越来越多的教师开始尝试将提问法融入跨文化英语教学中，将其视为提高课堂互动和交际能力的有效途径。

提问问题可以根据程度的深浅，分为导入型问题、基础性问题、深入探索型问题。导入型问题是在教学初期使用的。类似于情境导入或热身部分（warm-up），提出这类问题的目的是吸引学生的注意力，并为新课程的学习做准备。例如，在跨文化英语教学中，教师可能会提供一张图片或视频短片，提出与即将学习的文化背景相关的问题，激发学生的好奇心和学习兴趣。通过这样的问题，学生可以提前知晓要学习什么背景的知识和语言信息，从而进行热身，更好地进行过渡，接受即将学习的内容。基础性问题主要集中于课程的具体细节。这类问题可以包括重复信息、判断正误、特殊疑问词问题以及完形填空等，旨在帮助学生获取和理解事实、数据和故事情节等。例如，在跨文化教学中，教师可能会询问特定文化的具体习俗或历史事件,促使学生关注课文细节,提高理解和记忆能力。深入探索型问题鼓励学生进行更深层次的思考和分析。这包括思考型、总结型和评论型问题,目的是促使学生从整体上把握语篇,并结合自己的经验提出见解。在跨文化英语教学中,这类问题可以帮助学生深入理解不同文化背景下的语言和文学作品,如分析一篇文学作品中的象征意义或评论一个文化现象的社会影响,针对文章发表自己的观点等。

提问法教学要求教师具备良好的引导技巧、提问技巧和跨文化知识储备,教师通过设置不同程度的问题,激发学生运用所学知识进行交际,从而提高课堂的互动性和学生的参与度。例如,当学生的答案偏离题目要求时,教师应及时进行提问,引导学生沿着正确的方向思考,减少不必要的迂回。在学生的回答基本正确但表述不够精确时,教师应通过引导,帮助他们使用更准确的语言来表达自己的观点。恰当的提问方法不仅会提高学生的思考和表达能力,还会促进他们对跨知识的深入理解,教师要问出特色、问出新意。这种教师提问—学生回答方式,相比于传统课堂变得生动有趣,为学生提供了一个相对更加积极、互动的学习环境,有助于提高学生的学习兴趣和学习效果。但提问法中,教师通常是问题的提出者和解答者,学生则是问题的回答者,教师还是占据课堂的主导地位,学生还是变相处于被动的地位。此外,尤其是在公共场合回答问题时,一些学生可能会因为怕回答问题而感到紧张或害羞,甚至焦虑,这种情绪可能会影响他们的学习表现,甚至降低他们的积极性。而且在有限的课堂时间内,可能无法让每个学生都有机会回答问题,得到锻炼。

五、交际教学法

交际教学法(communicative language teaching, CLT)起源于20世纪60年代末,由英国的语言学家克里斯托夫·坎德林(Christopher Candlin)和亨利·威多森(Henry Widdowson)等人共同创立。这是一种基于社会语言学、心理语言学及转换生成语法理念的语言教学方法。这种方法强调，学生不仅要学习语言知识，还应学会如何在真实场景中有效地运用这些知识进行交际。因此在实际的教学中，教学活动应全部围绕提升学生交际能力这一点展开，教师也不再是课堂的唯一主导者，而成为引导者和组织者，他们的角色和作用更多地体现在激发和引导学生主动参与语言学习的过程中。而学生被鼓励积极参与课堂活动，通过实际的语言使用情境来学习和练习语言。交际法还特别强调师生间的互动性。课堂上的交流和讨论不仅仅是学习语言的手段，还是检验学习成果的重要方式。通过师生和生生之间的实际交流，学生能够不断提高语言能力。这种互动性的教学方式使语言学习更接近真实的交际，提高了学生的学习兴趣和动力。交际法被运用于课堂，将文章视为讨论的素材，以实现整个教学过程的交互性。教师在这里扮演着引导者的角色，类似于心理学家，组织课堂活动，激发学生学习语言的积极性。通过优化教学组织形式，教师创造了一种潜移默化的学习环境，鼓励学生主动学习。此外，教师还引导学生从整体角度看待文章，帮助他们理解文章的主题和结构。交际教学方法之所以受欢迎，是因为它有助于激发学生思考意识，培养学生逻辑思维能力，促使他们主动学习，自主获取知识，提高问题分析和解决能力。这种方法还有助于提高课堂效率，避免了逐词逐句地讲授，确保所教内容符合学生需求。它从整体出发，强调语篇分析，使学生能够全面感知和理解文章，克服了传统教学方法中进展缓慢、过于细节、缺乏整体视野的缺点。最重要的是，这种方法保持了英语教学原则，确保课堂中教师和学生之间积极的双向互动，提供更多即兴发言的机会，有助于实现英语教学的宗旨。

六、逆向教学法

逆向教学法（reverse teaching）与传统的教学模式相反，它颠倒了教师和学生在课堂中的角色和职责。逆向教学法的核心思想是，学生先预习课程内容，获取基本的知识和概念，并准备好问题。然后，教师重点解答学生提出的问题，组织学生进行深度讨论。这种方法的目标是提高学生的批判性思维能力、问题解决能力和深层次的理解能力。

逆向教学法强调学生的自主学习，要求他们在课前独立掌握基础知识。具体而言，可以鼓励学生主动参与学习过程，培养他们的学习动力和自我管理能力。课堂时间成了讨论、互动和应用知识的时间，而不再是传统的知识传授时间。教师可以更好地指导学生，回答他们的问题，引导深入思考，促进学生之间的合作和讨论。逆向教学法允许学生按照自己的学习节奏和需求学习。学生可以根据自己的理解程度来准备问题，寻找适合自己的学习资源，从而更好地适应不同的学习风格和速度。由于学生在准备问题和参与课堂讨论时需要深入思考，逆向教学法有助于培养学生的批判性思维和解决复杂问题的能力。逆向教学法需要教师精心规划课程，提供清晰的学习资源，以及在课堂上有效地引导学生。此外，学生也需要提前进行预习，适应这种不同的学习方式，并积极参与预习和课堂互动。逆向教学法虽然具有许多优点，但也存在一些不利方面和缺点。逆向教学法要求学生在课前自主预习和准备问题，然而不是所有学生都具备足够的自主学习能力。有些学生可能因为基础较差或学习习惯不佳而难以有效地进行自主学习，这可能导致他们在课堂上无法充分参与和理解。逆向教学法可能难以满足不同水平的学生需求。对于基础较差的学生，他们可能需要额外的支持和指导，以确保他们能够充分参与课堂活动。因此，教师可能需要花更多的时间和精力来针对化辅导学生。

第二节　跨文化视野下英语教学方法创新的必要性

随着我国各类英语教育教学纲领和指导性文件对跨文化交际的强调，许多高校开始在英语课堂中引入跨文化交际能力训练，也设立了专门的跨文化交际课程。然而，在当前的高校英语教学实践中仍然存在一些不足，需要进一步进行创新和改革。

第一,我国的英语教育一定程度上仍然受到考试成绩的约束,考试成绩往往被视为衡量学生英语水平的重要标准,虽然一些高校加入了实践部分的考核,但是实践往往较为简单。学生跨文化交际能力培养方面也面临一些挑战。教师通常需要在有限的课时内完成大量教学任务,这使得教师和学生将大部分时间和精力放在课本知识传授和提高考试分数方面,而只有比较少的精力用于跨文化交际能力培养。教师可能缺乏足够的培训和教育资源,难以有效地引导学生参与跨文化交际活动。这使得教师往往将更多的精力投入传授语言知识和技能方面,而忽视了跨文化交际的重要性。尽管英语教材已经开始引入跨文化交际训练,但在实际教学中,教师通常更侧重语法、语义和词汇等语言知识的教授,而较少涉及文化背景知识,更不用说有意识地组织学生进行跨文化交际训练活动了。这导致学生的跨文化交际能力无法得到充分锻炼,他们所学知识范围局限于课堂教材和考试科目,因此他们难以全面理解中外历史和世界各种文化。学生对于跨文化交际能力的认识和需求也需要进一步加强。许多学生可能认为英语学习仅仅涉及语法和词汇就足够了,而对于跨文化交际能力缺乏充分的认识。因此,他们可能缺乏积极性,不愿意主动参与跨文化交际活动,导致这一能力的培养受到限制。

第二,中西文化差异。语言是文化的重要组成部分,而文化则深刻地影响着语言的使用和理解。然而,中西文化在本质上存在根本性差异,他们分别代表了两个完全不同的文化系统,在历史、宗教、价值观、社会结构、礼仪习惯等方面存在差异。这种差异不仅表现在语言的结构和词汇上,还体现在人们的思维方式和行为模式方面。举例来说,西方文化强调个人主义、竞争和自我表达,而中国文化则注重集体主义、合作和谦逊。这种价值观上的差异在交际中可能导致误解和冲突。在跨文化英语教学中,教育者需要教导学生如何识别和理解这些根本性差异,以更好地实现跨文化交际。文化是动态变化的,随着时间的推移和社会的进步,文化也在不断演变。跨文化英语教学需要与文化的动态变化保持同步,并进行相应的改革和创新。例如,社交媒体的兴起和全球互联网的普及已经改变了人们的交流方式和文化互动方式。现代年轻一代更容易受到全球文化的影响,他们接受文化的角度和途径更加多样,但是他们的价值观往往处于形成期,还没有完全定型,需要有正确的文化态度加以引导,帮助他们辨别是非,形成正确的文化价值观和交流观念。因此,教育者需要更新教材和教学方法,以反映当今多元化和变化迅速的文化环境。最后,学生通常难以自主系统地学习另一种文化,需要参与专门的跨文化交际课程。跨文化交际课程内容可以包括中西文化差异、文化冲突的解决方法、跨文化沟通技巧等。学生还可以通过模拟跨文化交际场景、参与文化交流项目等方式,实际应用所学知识。这样的课程有助于学生更全面地理解和应对不同文化带来的挑战。

第三,跨文化交际能力培养是一项复杂的综合性任务,它不仅涵盖了英语语言技能,还包括了人文、地理、文学、心理学等多个领域的要素。然而,这一任务的复杂性意味着并不能在短时间内轻松完成,也不能仅仅依赖英语课堂来解决。尽管自 20 世纪 80 年代跨文化交际学引入中国以来,跨文化教学的重要性已得到广泛认可,但在实际教学中,跨文化交际能力的培养仍然面临一些困难和挑战,许多综合性院校管理方面存在一定问题。通常,负责规划学校教学发展方向的领导不一定具备英语专业背景,因此对英语的认识可能相对有限。这可能导致将英语课程视为一门实用课程,采用不正确的教学指导方针,如过度强调学生的英语技能培养,而不关注实际的跨文化英语交际能力和文化素养培养。英语课时的不断缩减也给教师带来了挑战,他们需要在有限的课时内完成教学任务,这使得跨文化教学往往被忽略。并且在高校学生跨文化交际能力培养中,教师的跨文化交际能力发挥着关键作用。然而,部分英语教师没有接受过专业培训,他们凭借自身的感觉和经验来开展教学工作。此外,还有许多英语教师从未接受过跨文化交际或文化培训,从而影响他们在课堂上传授相关知识和技能的效果。理想情况下,英语教师应该具备丰富的国外生活和跨文化交际经验。然而,许多教师对外来文化的了解相对有限,只有少数教师曾在国外生活或有国外经历。这种有限的跨文化体验可能导致教师在课堂上对相关知识的讲解不够自信,甚至在面对真实的跨文化案例时,难以进行深入的剖析和引导。最后,教师的教学目标认知存在偏差。一些教师可能将传统的语言知识传授作为课堂的主要目标,将文化习得作为附带内容。这种传统观念可能使教师更加注重学生的语言能力培养,而忽视跨文化交际能力的培养。这种教学理念可能会限制学生在跨文化交际领域的发展,因为跨文化交际能力需要更多地关注社会文化、交际和语言等多个维度。在高校英语课堂中,学生扮演主要角色,他们的学习动机、积极性、参与程度和能力水平对课堂教学效果产生直接影响。然而,学生的学习动机和行为存在矛盾。大多数学生学习英语的主要目的是通过英语四、六级考试,获得学分。因此,他们期望英语课堂能够帮助他们实现这些具体目标。学生也渴望提高听说能力,特别是口头表达能力,以及增进对国外文化的了解。然而,当课堂内容涉及英语文学、文化时,学生可能会缺乏兴趣,认为这些内容与四、六级考试没有直接关联。这种矛盾的心态可能会影响他们的课堂参与积极性。学生的跨文化意识相对薄弱,自主学习能力不足。而且,即使是对本国文化的了解也局限于知晓而非深刻理解。此外,一些学生的英语水平相对薄弱,这也会影响他们正常的沟通和表达能力。在跨文化交际教学中,学生需要投入更多时间来弥补自身文化知识方面的不足,但他们中很多人在这方面缺乏足够的自觉性,课下准备可能仅仅停留在表面。

第三节 跨文化视野下英语教学方法创新

一、互动教学法

互动教学法强调的是教师和学生之间、学生与学生之间,以及学生与教材之间的动态互动。这种模式下,教学不再是传统意义上的单向传授,而是一种多维度的交流和互动。在这种模式下,教师先通过提出具体的讨论主题和方法，创造一个适合语言实践的环境，激发学生的学习兴趣。例如，可通过辩论、小组讨论、对话练习、问答互动、听写和听力理解等活动，让学生积极思考、表达和实践。活动内容也可以根据教学目的灵活制定，不仅可以是阅读、写作、听说等语言技能方面的训练，还可以是对阅读材料的深入分析，如主题讨论、段落分析、观点和事实辨别、意义推断、词义理解、观点总结等。然后，教师在实施过程中适时进行引导和调节，让学生有机会充分表达自己的观点和思想，从而在交流中提升听说能力和语用技能。可以看到，这种模式下，教师不仅是知识的传递者，还是活动的策划者和协调者，而学生的角色也发生了显著变化，他们不再是被动接受知识的容器，而处于主体地位，是主动学习的参与者。这种模式也促使他们在学习过程中积极思考、主动探究，由被动学习转变为主动学习，然后通过与同学、老师的讨论等进行观点碰撞，从而达到深层次的理解和运用。这种深层次的理解和运用对象不仅仅包括知识层面，如词汇、语法、文章结构和作者观点等，还包括这个互动过程中学生学习的各项技能，如批判性思维和解决问题的能力，尤其是语言表达能力和社交技能。这样，将知识和实践技能关联起来进行培养活动，可促进学生的综合能力发展，也使跨文化教学更加适应跨文化交际的实践性需求。

在互动教学模式中，语言实践环境的创建，即课堂活动的设计和组织至关重要。有效的课堂活动应该能够激发学生的兴趣，促进学生思维发散，并且与课程内容紧密相关。例如，教师可以通过案例研究、实地考察、模拟实验等方法，让学生在模拟国际学术会议晚宴情境中交流观点和经验。学生被分配不同的角色，每个角色代表一个特定的文化背景，如美国、中国、印度、法国等。教师要提前整理每种文化的基本信息和典型特征，也可提前布置任务让学生自己搜集资料，对扮演的角色进行研究。教师设置几个讨论主题，如教育差异、工作与生活平衡、节日庆祝方式等。这些主题既通用又具有文化特色，适合激发跨文化交流。一些学生以他们的角色身份进行对话，尝试从所扮演角色背景文化的视角出发回应不同的话题。其他学生作为观察者,注意记录交流中出现的文化差异、沟通障碍以及有效沟通策略。活动结束后,分小组或者全班进行讨论,分享观察到的文化差异和沟通策略。课后还要布置任务,让学生归纳经验,反思不足,总结在跨文化交际中可能遇到的挑战和应对方法。这种活动可以让学生在安全的课堂环境中直接体验和探索跨文化交际的复杂性。通过参与角色扮演活动,学生能够更好地了解和尊重不同文化的观点和习惯,也能学习到在多元文化环境中有效沟通的技巧,提高知识实际应用能力。此外,这种活动还能提高学生的同理心和批判性思维能力,为他们未来在更广泛的国际背景中交流和工作打下基础。

这种方法对教师的要求也非常高。教师不仅需要具备扎实的专业知识和教学技能,还要有能够激发学生学习热情、积极性的魅力,包括对课程的热情、语言表达语调和情绪、肢体语言、创造积极和活跃学习气氛的能力等。此外,教师还需要具备良好的组织和协调能力,以及有效的课堂管理能力,能够灵活应对课堂上出现的各种情况,引导教学的方向,保证教学目的的实现,具体要控制课堂节奏、维护课堂秩序、鼓励学生积极参与等,这对于保证课堂质量至关重要。

互动教学模式另一个重要方面是评估和反馈。在这种教学模式下,评估不只是对学生学习成果进行检测,重点在于引导学生进行反思。教师可以通过观察学生在课堂上的表现,了解他们的学习进度和问题所在,从而提供个性化的指导和帮助。学生也可以通过互评和自评,增强自我反思和自我调节的能力。

整体来看,互动教学是一种以学生为中心,强调师生互动和学生主动参与的教学方法。这种方法不仅有助于提高学生的学习效率和兴趣,还可促进学生深度理解知识,综合训练技能,进而大幅提升综合素质。在当今这个快速变化的时代,互动教学模式已经成为培养创新能力和终身学习能力的重要途径。

二、提问法创新

在传统的提问法中,由教师提问,学生回答,这种模式可能会导致学生的参与不均衡,积极的学生会自愿回答问题,而其他学生可能因为害怕出错、害怕批评或感到紧张而保持沉默。这种不均衡的参与可能导致一部分学生在课堂中被忽视,而另一部分积极学生占据主导地位。不积极的学生也会面临较大的学习压力,从而感到紧张和担忧。前面也提到,提问法通常是由教师提出问题,因此对教师观察力和提问技巧有一定要求,然而这些问题提出都基于教师的视角和教材,所以问题的范围和角度可能受到限制,不够全面。在实际教学中,可以尝试多种提问方法互相补充,进行教学创新。

(一)结对提问——同桌之间互问互答

结对提问是让作为同桌的学生结成对子,在学习过程中互相提出问题并寻找答案的方法。在这个过程中,互为同桌的学生可交替提问和回答问题,对于不确定的答案要进行讨论,这种形式有利于培养学生的合作精神和创新意识。结对练习巩固方法有助于减轻学生学习压力。相对于在整个班级中回答问题,学生可能更愿意与同桌自由提问和回答问题。在此互问互答中,学生需要基于对方的回答进行判断和评价,寻找证据并进行辩论,因此这种方法有助于培养学生的批判性思维和问题解决能力,而这些也是跨文化教学中需要培养的重要认知技能。

(二)鼓励质疑——学生提问,教师回答

鼓励质疑教学方法强调学生提出问题,以培养其积极思考能力和批判性思维、创新精神。这种方法实施过程中,教师创设质疑氛围、学生提出疑问、教师回答和引导。教师鼓励学生自由提问,创造积极的课堂氛围,使学生感到安全和自信。学生的提问范围可以很广泛,涵盖课程内容、教材观点以及个人疑虑。教师主要回答问题,并引导学生深入思

考，启发他们独立思考和研究。教师还可以鼓励学生提出更多的问题，以延伸课堂讨论，促进知识的共建。

鼓励质疑的创新式提问方法有其优点。第一，有助于培养学生的批判性思维，使他们不再被动接受知识，而是积极参与知识的建构和讨论。第二，这种方法还有助于学生进行个性化学习，满足不同学生的需求。然而，鼓励质疑创新式方法也存在一些局限性。第一，教师需要合理管理时间，以确保课堂不会因为过多的问题而失去控制。如果学生提出的问题需要深入的讨论和研究，也可能会导致课程进度放缓。第二，教师需要具备广泛的知识和能力，以回答各种不同类型的问题，而且需要把控问题的方向不要跑偏，确保教学目的的达成。第三，这种方法可能不适用于所有学生，一些内向的学生可能不太愿意提出问题。因此，教师需要关注并鼓励每位学生参与。

（三）小组合作——集体讨论，班上汇报

这种方法是按照一定的标准将班级学生分成不同的小组，由小组集体进行讨论，然后选出代表在班上汇报的一种教学方法。在这种方法中，教师扮演引导和组织学生讨论的角色，鼓励学生积极思考并给出评价，并在班上作总结性点评发言。教师在此过程中也可以加入小组进行讨论。

这种方法具有多个优点。第一，小组由多个人组成，不同的人看待问题的角度不同，思考的角度也不同，为学生从多个角度思考同一个问题提供了基础和平台。而且，小组氛围活泼，有利于学生发散性思维的培养，更有助于他们寻找不同的解决方案，多维度理解知识。第二，这种方法激发了学生的求异精神。小组内多个人进行讨论，可以实现思想的碰撞，从而使每个人都有勇气提出新观点，尝试不同的思考路径，而不是局限于自己预先思考的内容框架中，从而有效发展创新思维。除此之外，它强调了合作与交流，学生需要共同讨论问题，分享观点，这有助于建立积极的学术社交关系，提高学生的团队合作能力。第三，这种

方法促进了深度学习。学生通过多次讨论和汇报，能够深入思考问题，加深对知识的理解，而不只停留在表面记忆。然而，这种方法也存在一些挑战。第一，它可能需要更多的资源和空间支持，教室内需要有足够的座位和距离来容纳小组进行讨论和汇报活动，而且课堂秩序容易混乱。第二，学生的认知水平和学科背景各不相同，导致在讨论中会出现理解差异，小组内意见可能达不到一致，甚至可能因为小组内成员差异较大，一些学生难以参与到复杂的讨论中，而其他学生则可能已经超越了讨论的内容，从而导致无效讨论。教师在评估学生的讨论和汇报活动时，也需要投入更多的时间和精力，做到随机应变。

三、翻转课堂

翻转课堂（flipped classroom）是一种教育教学模式，它颠覆了传统课堂教学的方式。在翻转课堂中，教学的基本元素被重新安排，主要包括以下几方面特点：第一，学习材料颠倒。翻转课堂将课堂知识传递过程移到了课外，即提供制作好的教育视频、在线课程或其他学习资源，供学生在课前独立学习。第二，课堂时间重塑。翻转课堂的核心思想是利用课堂时间进行实际的问题解决、讨论和应用，而不是传统的知识灌输。这意味着学生在课堂上要更积极地参与互动，与教师和同学共同探讨和解决问题。第三，个性化学习。学生可以根据自己的学习进度和需求在课前自主学习，可以随时回顾和复习学习材料。这种个性化学习方式更有利于满足不同学生的学习需求。第四，增加课堂互动。由于学生在课前已经接触到了相关知识，所以他们在课堂时间可以更多地进行深入讨论、互动，并解决问题。这种互动能够提高学生的参与度和理解程度。

（一）跨文化英语教学应用翻转课堂模式的必要性

培养自主学习能力是进行跨文化英语教学的先决条件，提高学生英语交际和跨文化交际能力在很大程度上依赖学生的主观认知和亲身经验。自主学习能力可确保学习活动、实践体验、深入探索等环节能够顺利进行。在新媒体技术的支持下，翻转课堂将传统的知识传授移至课下，学生在教师提供的辅助材料的帮助下，可不受水平差异的限制，自主安排学习、解决问题和完成任务，充分体现了他们的主体地位，促进了学生自主学习能力增强。同时，在个性化的学习过程中，学生可以轻松进行跨文化英语课堂的准备。心理上可减少学生因基础差异等因素而产生的自卑或自负情绪；在知识准备方面消除语言和文化认知方面的障碍，使学生能够在课堂上畅通无阻地进行深入的跨文化思考、辩证探讨、交流和合作。学生的主观能动性得到提高，变得更自信、更主动，更积极地参与到跨文化英语教学课堂中。

跨文化英语教学内容不仅仅涵盖语言和文学基本知识，还包括了高级社会人文素养等。在大学阶段，学生通过中小学的英语学习已经具备了基本的语言能力，因此理论上应该更专注于人文素养的培养。然而，最近对高校跨文化英语教学的调查显示，教师普遍认为由于有限的课时，难以更好地进行跨文化英语教学。在时间有限的情况下，传统的高校英语课堂更偏向语言教学而不是文化教学。实际上，人文素养和立体思维能力并不适合单向传授，而需要建立在学生的参与、体验、反思和领悟之上。

翻转课堂将基本知识传授的部分移到课外，使教师能够在课堂上组织各种活动、提供个别指导、协调小组合作、解答疑惑等，侧重引导学生主动吸收和内化知识，通过协作互动深入探究，增强跨文化交际能力。这一模式有助于更有效地分配课堂资源，提高跨文化英语教学的有效性。

跨文化英语教学所测试和评价的内容不仅包括具体的语言知识和技能，还包括情感交际、文化意识、批判性思维能力等复杂层面。因此，评价和测试方法应该多样化。翻转课堂的特点之一是多维度、多层次地评估学生的学习成果，包括课前的网络平台自测、课堂内的多向互动和评估、小组合作时的互评，以及教师对学生课堂表现和项目成果的评价,这可以弥补传统教学和考试的局限性。

(二)翻转课堂在跨文化英语教学中的优势

跨文化英语教学旨在使学生能够正确而得体地运用英语语言和非语言行为进行跨文化交际。在教学过程中,除了关注学生的语音、语法和词汇等方面,还应让学生深入了解英语的文化背景、规范用法和沟通习惯等。在跨文化英语教学中,采用翻转课堂的方法可以弥补授课时间有限、学生练习时间不足等问题。在翻转课堂教学中,学生成为知识传递过程的主动参与者,通过课下的自主学习和课上充分的自主交流和讨论,能够更好地掌握交际英语相关知识,积累更多实际经验,最终实现无障碍英语交流目标。

(三)翻转课堂在跨文化英语教学中的创新应用

翻转课堂教学模式在跨文化英语教学中的创新应用涵盖多个方面。这种模式要求教师充分准备教学资源,包括与课程内容相关的微课、慕课资源,以及各种网络语言素材,如视频和音频。跨文化交际课程内容丰富,不仅包括语言知识,还涉及历史、人文、宗教、艺术、节日等多个方面。因此,学生可以通过搜索时事新闻、观看原版电影、阅读原文资料等方式获取相关语言素材。为确保教学的完整性和有效性,可在跨文化英语教学中按照以下步骤创新应用翻转课堂模式。

1. 创建学习清单

为了使学生逐步适应自主学习的方式,教师可以设计一套学习清单,以引导学生按照教学大纲进行有意义的自主学习。学习清单上可以清晰地列出单元教学内容、学生需要在课前自学的内容,以及相关的语言学材料和文化积累材料目录。通过完成学习清单上的任务,学生能够逐渐了解自己已经掌握了哪些知识,还有哪些知识需要学习,以及他们在学习过程中有哪些新的发现。这个过程有助于学生逐渐构建自主学习的能力,并为课堂教学活动顺利推进奠定良好基础。这种学习清单的设计还可以帮助学生自主掌握学习的节奏和方向，培养他们的学习动力和自我管理能力，进而有助于学生更好地理解和掌握课程内容，为未来的学习和应用打下坚实的基础。

2. 建立学前课堂

为了促进学生自主学习，教师可以设置课前预学习课堂，提前将教学内容分解为一系列阶段性和模块化的学习目标。随后，教师可以制作简洁而紧凑的微课材料，每个微课最好不超过10分钟，并将这些材料上传到网络平台上。然后，教师引导学生制订相应的学习计划，以便他们自主完成学习任务，这样的模式称为学前课堂。

在选择学习内容方面，学生需要考虑自己的文化背景知识积累、语言水平等因素。他们应该选择与自己实际需求相关的学习内容，满足吸收新知识的需求。此外，学生还应通过学习，将新知识融入已有的知识体系，并在特定情境下与他人进行交流和分享，最终能够使用目标语言进行有效交际。这种课外第二课堂自主学习方式的应用不仅有助于提高学生的自主学习能力，还能够让他们更好地理解和运用所学知识。通过将新知识应用于实际，学生将能够更好地应对特定情境下的交际挑战，提高语言和文化素养。因此，学前课堂成为培养学生终身学习能力、促进学生自我发展的重要途径。

3. 课堂进行翻转

在学生已经完成自主学习任务的前提下，教师可以将传统的课堂教学方式彻底翻转，从教师主讲、学生被动听讲的模式转变为教师指导学生展示学习成果、相互交流和讨论的课堂教学模式。在这个新的教学模式下，教师不再是课堂的主体，而扮演知识反馈过程中的指导者、支持者和评价者角色。另外，学生也从传统的听讲者和被动知识接受者转变为主动内容设计者和学习参与者。这种课堂教学的内容和形式应该具有多样性。一方面，它为学生提供展示自主语言学习和文化知识积累成果的机会。学生可以展示通过自主学习所得出的中西方文化冲突、文化比较等内容。另一方面，它可为学生提供交流互动的平台，通过组织各种形式的课堂对话活动，如访谈、辩论、讨论、总结、模仿等，使学生有机会相互探讨、补充对西方文化的深层了解，并锻炼使用目标语言进行有效交流的经验和技能。这一教学模式的核心理念在于培养学生的批判性思维、自主学习和合作能力。教师的角色转变为引导学生思考和探索的导师，鼓励他们提出问题、分享观点，并提供反馈和指导。学生则被激发出积极参与课堂活动、合作解决问题的积极性。通过多元化的教学内容和形式，学生能够更全面地理解跨文化交际的复杂性，并在实际交流中运用所学知识，提高语言和文化素养。这种创新教学方式有助于学生更好地应对跨文化交际挑战，为未来的国际合作和交流做好准备。

4. 课后完善评价

评价体系在翻转课堂式跨文化交际课程中具有重要意义。这种教学模式与传统教学模式不同，它要求学生拥有较高的自主学习能力，并涵盖了更广泛的文化知识和跨文化交际技能。为了有效评估学生的学习过程和成果，需要建立一套完善的评价体系。翻转课堂式跨文化交际课程依赖丰富的微课程和慕课资源，学生需要自主完成文化知识的积累。评价体系应考虑到学生在自主学习过程中的积极性和成效。通过跟踪统计学生的学习进展，可以了解他们是否按照学习计划积极参与自主学习，并评估他们在此过程中的文化知识积累情况。跨文化交际课程强调文化对比和文化交际，而不仅仅是语言知识传递。因此，进行评价时应关注学生在文化对比和交际方面的表现。通过各种测试手段，如文化对比分析、跨文化交际能力测试等，可以评估学生对这些领域知识的掌握程度。最后，评价体系应有助于培养学生的自觉性和责任感。通过信息反馈和评价，学生可以了解自己的学习进展和问题所在。这有助于他们养成自行构建学习过程、对整个学习过程负责的好习惯。教师也能实时了解学生在自主学习过程中的困难和需求，以便为教学设计改进提供有力的参考信息。

可以看到，建立一个完善的评价体系对于翻转课堂式跨文化交际课程至关重要。它有助于全面评估学生的自主学习、文化对比和交际能力，培养学生的自觉性和责任感。通过不断优化评价体系，可以提高教学质量，促进学生在跨文化交际领域的综合能力发展。

四、全球理解课程

源自美国的全球理解课程（global understanding classroom）最初是为了帮助美国学生更好地了解世界而设置的一项课程。引入我国英语教育中后，它不仅成了一种新的英语教学方式，还成了一种全新的跨文化教学方法，即利用网络视频会议、聊天室、电子邮件等在线工具，将来自不同国家的学生分成小组，鼓励他们进行实时和非实时的交流。这一方法不仅有助于培养学生英语听说读写译方面的能力，还有助于培养学生的跨文化交际能力，促进我国学生与其他国家学生之间的相互交流和了解，加深中国学生对英语文化的理解，扩展他们的全球视野，是跨文化英语教学领域的一种有益探索和实践。通过这门课程，学生得以更好地丰富自己，以适应全球化的社会和职场需求，提高在国际舞台上的竞争力。

（一）全球理解课程的优点

全球理解课程具备一系列显著优点，这些优点不仅使其成为一门创新性学科，还塑造了其在高等教育领域的独特地位。第一，全球理解课程的学科多样性意味着不仅仅英语专业的学生可以受益，其他学科领域的学生也能够通过这门课程拓宽视野。例如，全球理解课程可以作为大学人文或科学等多种学科的必修或选修课，从而满足不同专业学生的跨学科、跨文化学习需求。第二，全球理解课程完整性是其另一个鲜明特点。为了完成整个课程，学生需要投入45个课时的学习。这种完整性和课程连续性确保学生能够深入研究所选主题，获得全面的、系统性的知识体验。第三，全球理解课程允许学校自主设计和灵活选择。各个学校可以根据自己的教学计划和学分要求，决定是否将全球理解课程纳入学分体系、纳入多少量或将其作为课程补充。这种自主性有助于各所学校根据自身需求进行灵活的教育设计。第四，全球理解课程注重学生的合作性。在全球理解课程中，每个学生都与一个配对伙伴共同完成与话题或专业相关的项目，这些项目包括话题总结、新闻汇报、电影分析等多种形式。这种合作模式有助于学生培养团队合作和沟通能力。第五，全球理解课程创造了沟通情境。通过网络视频，学生能够与来自世界各地的大学生进行实时对话，表达情感，呈现自我。这种情境性的沟通为青年学生提供了更真实的世界体验，满足了他们交往和交流的需求。第六，全球理解课程以英语为通用语言，所有参与学生之间使用英语进行交流，英语成为学生之间相互理解的重要媒介，可以让非英语母语的学生深入了解说英语国家的基本情况，尤其是能够了解同龄人的思想和生活方式，从而开阔视野，激发创新思维，并显著提高语言交际能力。第七，全球理解课程的兴起符合当今全球化的时代特点，满足了全球各地人民对跨文化交流的迫切渴望。通过精心设计，不仅可为美国等说英语国家的学生提供了解世界的平台，还可为非英语母语的学生学习英语和了解不同文化提供宝贵机会。这一教学模式对于高校而言，是在全球化背景下的一项重要教学创新，使学生有机会亲身感受各种文化，促进了跨文化交流，也使学习更加生动有趣。第八，全球理解课程的发展适应信息网络技术的迅猛发展趋势，更加迎合现代人的交流方式。它的出现和存在离不开信息技术，特别是互联网的出现、发展和成熟，这为该课程提供了坚实的物质基础。当今，信息网络技术已深刻渗透年轻人的生活、学习和工作等各个领域。随着技术的不断进步，设备变得越来越先进，课程讨论更加便捷，情境也更加真实，而成本则大幅降低。更为重要的是，对于每位参与者而言，全球理解课程提供了英语学习的机会，这也是全球理解课程迅速扩展的重要原因之一。

（二）全球理解课程对跨文化英语教学的意义

1. 有利于提高学生的交际能力

英语，与其他语言一样，是一种强大的交流工具，也承载和传播着各种文化。英语教学的根本目标是使学生掌握这门语言，以便更好地在工作、学习和生活中运用它，增进对不同文化、世界观、价值观和社会生活的理解。全球理解课程是一种充满活力的课堂教学方式，有助于培养学生的英语语言交际能力，强化学生的交际实践。在这门课程中，学生将面对来自不同国家、拥有不同肤色和口音的同龄人。在老师的引导下，他们围绕特定主题学习英语，可更深入地理解词汇的含义，并将词汇恰当应用于不同文化背景下的情境中。更重要的是，全球理解课程提供了连线课堂的机会，使参与的学生成为一个即时的学习社群。这种互动性的学习方式可让学生在交流中感受到英语学习的乐趣，逐步提高运用英语进行交际和沟通的信心和能力。全球理解课程有助于培养学生真正的语言技能，使他们能够在实际生活中有效地使用英语进行沟通和交流。

2. 有助于学生构建英语文化图式

人类之间的交流不仅受到语言符号的影响，还受到人类大脑中存在的不同文化图式的制约。文化图式（culture schemata）是指一个人或一个社会群体内部嵌入的文化认知模式或思维框架，用于解释和理解各种文化现象、习惯、价值观和行为规范。文化图式是一种心理结构，它影响着个体对世界的感知、思考和反应方式，包括了对特定文化背景下共享知识、信仰、价值观和期望的认知模式。文化图式在个体和社会层面都具有重要作用。对于个体而言，文化图式影响了他们的态度、行为和价值观，帮助个体理解自己所属的文化社会，塑造了他们的身份认同。对于社会而言，文化图式是文化传承和维持的一种方式，它有助于社会成员之间的共享和沟通。理解文化图式对于促进文化之间的理解和有效沟通至关重要。了解不同文化的文化图式可以帮助人们避免误解和冲突，更好地适应不同文化环境，以及提高跨文化交际能力。成功的语言教育需要在学习者的大脑中构建深层次的文化图式，只有这样，学习者才能深刻理解英语、灵活运用英语，真正掌握地道的英语表达。

在不同语言文化之间的交流中，由于交流双方来自不同的文化背景，个人的经历和文化图式都存在着显著差异。这种差异影响了个体对信息的选择、理解、处理，以及行为方式。因此，跨文化英语教学的核心目标在于重新构建英语语境下的意义结构和认知过程。在实际教学中，全球理解课程中的交流、阅读、思考、合作和总结等训练方式可以有效地帮助学生重建其文化图式，使其更好地理解不同文化之间的差异，加深对英语语境的理解，提高对信息的敏感度，以及灵活沟通能力。跨文化英语教学旨在打破文化障碍，促进不同文化之间的交流和理解，帮助学生更好地运用英语语言和文化知识。

3. 有助于扩展学生的国际视野

全球理解课程通过促进不同文化背景的大学生之间进行交流与理解，进一步开拓学生的国际视野。其中一个关键因素在于，该课程的广泛话题选择旨在让参与学生更深入地认识英语的多样性及其应用领域。英语作为全球范围内广泛使用的通用语言，在全球化进程中发挥着越来越重要的作用。全球理解课程通过不同话题的设计，涵盖了社会现象、科技教育、宗教、心理和精神、全球发展等多个领域，可使学生在语言交流中积累丰富的文化知识，深化对世界的认知。这门课程的多重目标包括使学生提高语言和交际能力，了解其他国家的文化和社会经济发展状况，理解其他国家同龄人的思维方式，以及推广自己国家的文化。然而，需要指出的是，在网络语境中实现深度交流有其局限性，要在有限的时间内进行深入的交流具有一定难度。若不做好连线前的准备工作，包括词汇查找、背景信息收集、问题思考等，再加上学生在交流时可能存在非语言交流问题，以及辅助语言使用不当等问题，都可能影响课程的效果。因此，为确保全球理解课程的顺利开展，这些问题需要得到妥善处理，并且学校和教育机构可以提供相应的支持和培训，以帮助学生更好地应对挑战。

（三）全球理解课程对跨文化英语教学的启发

1. 加强人文素养培养，促进文化输出

高校英语教学在我国英语教育中扮演着至关重要的角色，学生在这一阶段开始接受专业训练、提高自身素质以备将来就业。这一时期，学生的学习目标逐渐多元化，英语教学的实际应用性也愈加显著。英语教学的实用性，包括听、说、读、写、译等方面的能力培养一直备受关注，已经形成了相应的课程体系。在追求英语教学的实用性时，也应当更加注重培养学生的人文素养。英语语言是英语文化的载体，所以英语教学中不仅要教授语言知识，还要传递文化。在跨文化英语教学课程中要使学生更深入地了解英语国家的文化、历史、价值观等，也要将语言作为文化传播的工具，充分推介本国的优秀文化，积极输出本土文化，向世界展示中国的文化魅力，从而促进跨文化交流的同时，提高国际社会对中国文化的认知。这种教育方式不仅有助于学生更好地适应全球化时代的国际交往需求，还可以提高他们的综合素质，为他们未来的职业发展打下坚实的人文基础。

2. 充分利用互联网和信息技术

随着全球化的快速发展，互联网和信息技术已经深刻改变了人们的学习方式和跨文化交际方式。因此，在跨文化英语教学中，可充分利用互联网和信息技术进行教学创新，为英语教学注入新的动力。第一，互联网和信息技术可以为跨文化英语教学提供广阔的学习平台和丰富的学习资源。通过在线学习平台和社交媒体，学生可以与来自世界各地的英语学习者进行实时交流。这种互动不仅有助于学生提高英语口语和写作能力，还可以使学生深入了解不同文化的观念和价值观，提高跨文化交际技能。学生可以通过在线图书馆、数字化课程和开放式在线课程（MOOCs）等渠道获取不同国家的英语教育资源。这些资源包括了文学作品、文化材料、新闻报道和学术论文等，有助于学生更好地了解英语国家的文化和社会背景。教育机构应该鼓励学生积极利用这些资源，拓宽他们的视野，增加他们对不同文化的了解。第二，互联网和信息技术可以促进跨文化英语教学中的自主学习。通过在线教育平台和学习应用程序，学生可以根据自己的兴趣和学习进度选择学习内容和学习方式。他们可以自主安排学习时间，反复学习需要提高的领域，这有助于提高他们的学习动力和效果。教育者应该为学生提供指导和建议，帮助他们更好地利用互联网和信息技术进行自主学习。第三，互联网和信息技术可以丰富跨文化英语教学的评估方法。通过传统的考试评估，可能难以全面了解学生的跨文化交际能力。通过在线项目、虚拟文化交流和在线协作，学生可以展示他们的跨文化交际技能。教育者可以采用多种评估方法，包括项目评估、在线讨论评估和学生自我评估，以更准确地评估学生的综合能力。

3. 平衡教师和学生角色

全球理解课程的实施过程对跨文化教学中平衡教师和学生角色具有启发性，全球理解课程强调了学生的学习兴趣和积极性，也强调了教师在课堂中的关键作用。通过合理平衡学生和教师的角色，可以更好地培养学生的跨文化交际能力，提高学生的英语水平，为学生的未来职业发展和国际交流打下坚实的基础，使他们成为具备跨文化敏感性和解决问题能力的全球公民。全球理解课程强调实际交流和跨文化互动，这要求学生积极参与课程，担任课程的主角，展示他们的英语语言能力和跨文化交际技能，并以第一身份，通过参与讨论、项目合作、文化交流等活动更深入地理解和应用所学知识。这种学习方式有利于培养学生的自主学习能力，增强学生的学习动力。教师在跨文化英语教学中扮演的角色也至关重要。教师不仅需要在主题选择和教学设计方面发挥主要作用，还需要在课堂各个环节，如文化解释、问题引导、评估测试等，充当导师、引导者、支持者的角色，这些角色要求教师具备丰富的跨文化背景知识、教育经验和沟通技能，并能灵活进行角色切换，如发现学生具有疑问时，就需化身为文化解释员，为学生答疑解惑，学生无法阐述表达自己观点时，教师又是引导者，要循循善诱，辅助学生顺利表达，实现能力提升。跨文化交际教学需要注重文化碰撞与意识形态差异的处理。此时，教师的主导作用更为重要，他们扮演的角色是裁判员、顾问、问题解决者，在这种情况下，他们需要引导学生认识和理解不同文化的观念和价值观，引导学生解决文化差异引起的问题，确保课程目标顺利实现。教师还应强调正确的意识形态和价值观导向，确保学生以正确的评判标准衡量和解决问题，保证跨文化交际过程中不会出现主观性的误解或冲突。

第四章 跨文化视野下英语知识教学探究

第一节 跨文化视野下英语词汇教学探究

词汇是语言的基础构建材料，是学习语言的支柱。足够的词汇积累是准确而流利地进行英语交际的保障和支撑，有助于更灵活地运用、操控语言，从而真正掌握语言。因此，英语学习的要求之一就是扩大词汇量。然而，仅仅了解词汇的字面含义是不够的。语言和文化紧密相互关联，每个词语都承载着特定文化、历史和社会背景的内涵，因此学习者还需要理解词汇背后的深层文化含义。在跨文化学习中，不同文化背景下的人们可能会使用相同的词汇，但其含义和象征可能完全不同，这种文化差异可能导致误解、不适当的表达，甚至文化冲突。因此，了解词汇的文化内涵对于跨文化交际至关重要，这有助于有效地进行跨文化交际。

在跨文化教学中，注重词汇文化教学变得尤为重要。教育者应将词汇教学与文化教育结合起来，以帮助学生更好地理解词汇的文化内涵。

这将使学生在跨文化交际中更加灵活，减少误解和文化冲突的概率。词汇教学内容不仅仅包括词汇的定义和拼写，还包括了其用法、搭配、惯用表达等，这些也与文化密切相关。因此，跨文化教学中注重词汇文化教学也具有重要意义。

一、跨文化视野下英语词汇教学内容

跨文化视野下英语词汇教学内容如图 4-1 所示。

图 4-1　跨文化视野下英语词汇教学内容

（一）词义

词汇的意义，即词义，是单词所代表的含义。跨文化英语词汇教学内容主要包括两个方面，一个是词义的文化差异，另一个是词义的演变。文化差异影响着词汇的真正含义，因此引导学生了解词义的文化差异可以帮助他们更好地理解和运用英语词汇。词义的演变是语言不断发展的一部分，教授这方面内容可以使学生更深入地了解语言的动态性和历史背景（图 4-2）。

图 4-2　跨文化视野下词义教学的内容

1. 词义方面的文化差异

在跨文化教学中，了解英汉文化差异以及它们对英语词汇教学的潜在影响至关重要。下面基于文化负载词的三种类型，分析文化差异对跨文化英语词汇教学的影响。

（1）冲突词。英汉两种语言中存在着一些特殊的词汇，它们被称为冲突词，即完全相反或相互矛盾的词汇。这些词汇常常扎根于神话、寓言故事，以及特定的民族风俗、历史文化等背景之中。因此，它们的字面意义往往不能准确反映其深层文化内涵。在大学跨文化英语词汇教学中，教师的任务不仅仅是让学生了解词汇的表面意思，还需要引导他们理解这些词汇背后蕴含的文化内涵，避免望文生义。以一个例子来说明，"fire"这个词与"somebody"组合成"fire somebody"意味着解雇或开除某人，与失去工作有关。但是在中国文化中，与"火"相关的词汇通常与好运、闻名、繁荣和庆祝有关。因此，当英语中使用"fire"来表示解雇时，这可能与汉语文化中与"火"相关的积极含义形成词义上的冲突。在听力或者翻译环节时，切不可理解错误，如"最近短视频很火"切不可翻译成"The short videos are fire."。

（2）交叉词。虽然中英文化之间存在差异，但由于共享某些文化元素和概念，两者之间也存在着一些意义相同或相似的表达，但这类词汇的形式表达不同，因此被称为同义异形词。例如，在英语学习中最常遇见的例子"Love me, love my dog."，即"因为爱我而连带我的狗都爱"，汉语中也有同样意思的词语，但是选用的具体意象不同，汉语用"爱屋及乌"，因为爱一个人而连带他屋上的乌鸦都一起爱，表达同样的意思。汉语"如鱼得水"意思是"好像鱼得到水一样，比喻遇见跟自己非常投合的人或处于自己很适合的环境"。在英语中，也有类似的词语表达这一含义，但是与汉语选用的意象并不完全一致，英语用"like a duck to water"（像鸭子到了水中）来形容。再如，中文中有"拦路虎"，一词英语中不用"虎"这一词，而使用"狮子"一词，即"lion in the way"。这些同义异形词不仅存在于日常词汇中，还出现在成语和习惯用语中，增加了跨文化学习的乐趣。再来看同形异义词。同形异义词在英汉语言中具有相同的形式，但却承载着不同的文化含义。究其原因，两种语言有着不同的文化背景，经历了不同的历史演变，导致相同的词汇在不同文化中被赋予了不同的象征和意义。例如，"dragon"（龙）在汉语文化中被视为至高无上的象征，而在英语文化中通常被描绘为一种喷火和凶残的怪物。红色在汉语中表示红火或喜事，偏向积极、正面的含义，而在英语中表示易怒的、潜在的风险或极端主义等负面含义。

（3）空缺词。空缺词是指在一种语言中具有特定文化含义，而在另一种语言中却找不到相应表达的词汇。而由于不同文化背景、生活环境、风俗习惯、世界观等因素影响，词义空缺现象在中西方文化之间尤为常见。例如，中国的"气""道""阴阳""乾坤""饺子"等概念在英语中本不存在；英语中"克隆""布丁""沙龙""高尔夫"等词汇在汉语中也本不存在，而通过音译或假借方式引入汉语，需要被大众接受之后才能被理解。除了音译词，还有直译词汇，如 white collar（白领）、honeymoon（蜜月），以及音译和直译结合的词汇，如 Buckingham Palace（白金汉宫）、domino effect（多米诺效应）、Benz（奔驰）等。

对于学习者来说，理解这些词汇的文化背景和特定含义是很重要的，随着文化的交融和全球化的发展，语言之间的空缺词数量会越来越少，但是学生要明白这些词的来历和成因。如果遇到空缺词，教师可以采用释义法来加以解释，详细阐述它们的含义及使用情况，以帮助学生建立对这些词汇的清晰认识。

2. 词义的演变

词汇的意义并非固定不变，它会受到时间、社会发展、语言环境的影响，从而产生微妙和多样的转变。这种转变体现在多个方面，包括语义拓展、词义缩小以及词义转移。因此，在英语词汇教学中，教师的首要任务是帮助学生理解词汇的实际含义，注重向学生传授词汇的历史背景和文化内涵，以便他们更全面地了解词义演变。词汇的含义往往受到语境的影响，这意味着同一个单词在不同语境中可能具有不同的词义。

第四章　跨文化视野下英语知识教学探究

在这种情况下，教师需要采用适当的教学方法，引导学生学会分析词汇在不同语境中的意义，以帮助学生更深入地理解和掌握英语词汇意义。

（1）词义的扩大。词义的扩大是指一个词语的含义逐渐从原本的狭义范围扩展到更广泛、更一般的范围。这种转变有时也被称为词义的一般化，反映了语言的活力和适应性，使词汇在不同的语境中呈现多重含义。词义的扩大可以分为以下四种类型：第一种，从特定到普遍。这种扩大是将一个词语原本特定的含义扩展到更广泛的一般意义范围。例如，"bird"原来特指幼鸟，现在通常泛指鸟类。词汇"paper"最初指的是纸张，但如今它也可以泛指纸张承载的文件、文章或论文等各种书面材料。"journal"最初指日报，现在则包括一切期刊。第二种，从具体到抽象。这种扩大将一个词原本的具体含义延伸到更为抽象的概念。举例来说，"key"原本表示实际的钥匙，但在信息技术中，它也可用来表示更加抽象和虚拟的"钥匙"。"pain"最初意味着罚款或惩罚，由于惩罚或罚款之后往往会很痛苦，因此后来演变成"痛苦"的抽象含义。第三种，从专业术语到一般词汇。随着社会的发展，一些原本属于特定领域或专业的术语逐渐进入日常用语，并且它们的含义也得到扩大。例如，"virus"原本是生物学和医学领域的专业术语，但现在它也用来指代计算机病毒。同样，"cell"最初是生物学的专业词语，但在电池技术中也有了新的含义，指像细胞一样的一个个组成单元，如电解槽等。第四种，从专有词汇到普通词汇。这种扩大将一个词语原本指代个体或单一实例含义扩展到表示整体或群体概念。例如，"book"最初指的是一本书，但如今它也可以用来表示整个图书馆的藏书或一类出版物的总称。Newton(牛顿)，Volt(伏特)等原来均为人名，属于专有词汇，由于艾萨克·牛顿（Sir Isaac Newton）建立了牛顿三大定律，奠定了经典力学的基础，衡量力的大小的国际单位就以其名字命名，定为牛顿（Newton），简称牛，符号为N。伏特也是同样的道理，经历了专有词汇到普通词汇的过程。

（2）词义的缩小。词义的缩小是指一个词语的含义逐渐从原本的广泛、一般范围缩小到特定或狭义范围。这种语言现象反映了词汇的精细化和特殊化，使词汇在不同的语境中具有更加具体的含义，适应了具体语境和领域的特定需要。了解词义的缩小有助于更准确地理解和运用词汇，使语言表达更加精确和清晰。具体而言，词义的缩小可以分为以下五种类型：第一种，从泛指到特指。这种缩小将一个原本可以指代广泛类似事物的词语，逐渐用于特指其中一种事物。例如，"hospital"一词原意指供旅游者休息娱乐的场所，现在只指病人寻医问药、休息养病的医院。"poison"一词原指任何饮料，但现在词义缩小为"毒药"。第二种，从抽象到具体。这种缩小将一个词语的抽象含义限定为更为具体的意义。例如，"room"抽象的"空间"含义逐渐转化为具体的"地方、房间"含义。第三种，从普通名词到专有名词。例如，"prophet"的含义是"先知""预言者"，用在"the Prophet"中，词义缩小，专指"穆罕默德"，"city"原指"城市"，用在"the City"中专指"城市中的商业区"。第四种，从一般词语到术语。一些术语起初可能来自一般的词汇，但随着特定领域的发展，它们的含义逐渐缩小，最终成为特定的术语。例如，词汇"memory"，本义是"记忆"，在计算机领域中词义缩小，指代计算中的"存储器"。"patch"是"一块，一片"的意思，具体运用在医学领域时，词义缩小，成为医学术语，指内病外治的贴剂，如治疗咽痛的 angina patch（咽痛贴剂）。第五种，外来语的词义缩小。一些外来词汇在英语中可能具有广泛的原始含义，但随着时间的推移，它们的词义缩小为特定领域或文化背景下的含义。例如，拉丁词"liquor"（液体）最初具有广泛的液体含义，但在英语中常指代"烈酒"（ardent spirits），而法语变体"liqueur"在英语中更为具体，指代"甜酒"。

（3）词义的升格。词义的升格指的是一个词语原本具有中性或贬义的含义，后来发展出褒义的含义。这种演变缘于词汇在社会文化变迁中的转变或语言使用的需要。举例来说，"nice"最初的意义是"愚蠢的"，为贬义的含义，后来转义为"计较小事的、精确的"，现今变成了一个具有褒义含义的词语，主要语义是"美好的、令人愉快的"。

（4）词义的降格。词义的降格指的是一个词语原本具有褒义或中性含义，后来演变成贬义词。这种演变通常是由于语言的日常使用以及社会文化的影响。举例来说，词语"silly"在古英语中具有"幸福的"或"神圣的"的意义。然而，到了中古英语时期，它的含义演变为"天真的"或"无害的"，用来委婉地描述智力不发达的人。如今，"silly"的主要意义为"愚蠢的"，完全变成了一个贬义词。

词汇的含义发展到今天，也并不是确定的，可能还会随着时间的推移和社会的演变，在未来发生相应的变化。因此，在跨文化教学中要以辩证的、变化的角度看待词汇含义的演变，帮助学习者更好地应对词义差异，避免不必要的误解和交际障碍。

（二）词汇信息

词汇信息是指词汇的各种基本属性和特征，它是词汇的基本组成部分，包括词的分类、构词法、发音以及拼写等方面的内容。这些信息不仅对英语词汇教学至关重要，还在跨文化交际中发挥着关键作用，需要特别注意。

词的分类即词类，又称为词性，是指英语单词根据其词义、句法功能、形式特征，以及在句子中的作用而被划分为不同类别。在英语中，词汇按其特点可以分为十种主要词类。名词用于表示人、事物、地点或概念，是最常见的词类之一。动词用于表达动作、状态或事件，它们构成了句子的核心。形容词用于描述人、事物或概念的特征和性质，通常修饰名词。数词用于表示数量、顺序或计数，可以分为基数词和序数词。冠词包括定冠词"the"，以及不定冠词"a"和"an"，用于帮助限定名词的范围和指向。代词用于代替名词、数词等，以避免重复使用相同的词汇，包括人称代词、指示代词、反身代词、疑问代词、关系代词、不定代词等。副词用于修饰动词、形容词、副词或整个句子，通常表示程度、方式、时间等信息。介词用于引导名词或代词与其他词汇之间的关系，常常表示位置、方向、时间等。连词用于连接词语、短语或句子，以建立语法关系和逻辑关系。感叹词用于表达强烈的情感、感叹或呼喊，通常独立成句。熟练掌握词汇词性有利于在跨文化交际中避免语法错误。举个很浅显的例子，汉语中的人称代词并没有主格、宾格、所有格之分，"他爱我"跟"我爱他"中的"我"和"他"都是同一个字，但是在英语中，要区分两个句子中"我"和"他"的词性，分清是主格还是宾格，从而选取恰当的形式，受中式思维的影响，很多英语初学者会在人称代词上犯错误，写出"He love I."这类错误的句子。

构词法是另一种重要的词汇信息，它包括了复合法、缩略法，以及词缀法、转化法等。通过构词法，可以了解词汇是如何形成和衍生的，从而帮助学生更好地理解词义和运用词汇。例如，toothbrush（牙刷）由"tooth"（牙齿）和"brush"（刷子）两个单词组合而成。lab（实验室）由"laboratory"（实验室）的一部分简化而来。在英语中，通过添加前缀或后缀可以改变词的词义或词性，如 un- 表示否定，-ly 表示副词等。英语中的词性非常灵活，如名词可以转化为动词，动词可以转化为名词，形容词也可以变成动词等，这为英语词汇更具多样性和丰富性提供了基础。

发音和拼写也是词汇信息的一部分。正确的发音是有效沟通的基础，决定了跨文化交际中的口语交流质量，有助于交际者被更加顺利、自然地理解。发音正确也有助于消除歧义，不同的发音可能会改变一个词的意义，发音错误可能导致误解或误传信息。例如，单词"live"和"leave"的发音不同，但一个错误的发音可能会导致听者产生不同的理解，从而引发混淆。拼写错误也可能导致误解。尤其是在书面交流中，拼写错误可能会让人产生不良印象，降低交际的专业性。了解词汇的正确拼写有助于避免这些问题。例如，单词"ballet"的发音和拼写与单词"ballot"完全不同，虽然它们在拼写上相似，如果混淆会产生理解偏差。

（三）词汇用法

词汇用法是指词汇在语言中的具体应用方式。某些词汇的比喻含义

第四章 跨文化视野下英语知识教学探究

和意象在不同文化中可能具有不同的解释和文化内涵。在跨文化交际中，使用这些词汇时需要小心，以确保对方能够正确理解意思，而不会产生混淆或误解。词汇的使用也受到语境和修辞的影响。在不同文化中，语境和修辞的规则可能不同，这可能影响到词汇的选择和使用方式。在跨文化交际中，需要了解对方的语境和修辞规则，以确保有效沟通。在不同职业和行业中会存在专业术语和行业俚语。这些词汇对于跨文化交际中涉及特定领域的讨论非常重要。如果不了解或不正确使用这些词汇，可能会导致误解或降低沟通效果。另外，还要注意不同场合的词汇使用风格。例如，"purchase"是一个正式的词语，可以在正式文档或商业场合中使用，但在日常口语中，人们更常用"buy"这个非正式词语。因此，了解何时使用何种风格的词汇对于跨文化交际的成功至关重要，以避免不当的语言风格引起误解。词汇的使用还涉及语速和语调。不同文化中，人们可能习惯不同的语速和语调模式。在跨文化交际中，需要注意自己的语速和语调，以确保对方能够理解自己的话语。不同的场合和语境要求不同的语言风格。正式场合通常需要使用正式的词汇和表达方式，而非正式场合则更注重口语化和随意性。另外，习语是一组词汇组合在一起，其含义不能从各个部分的字面意义直接推断出来。在不同的语言和文化中，习语的使用方式和含义可能完全不同。例如，"kick the bucket"是一个英语习语，表示"去世"，但字面意义却不相关。因此，了解和熟练运用习语对于避免语言误解和更好地融入不同文化的交际中非常重要。

二、跨文化视野下英语词汇教学的原则

跨文化视野下英语词汇教学的规则如下图 4-3 所示。

图 4-3　跨文化视野下英语词汇教学的原则

（一）密切结合文化原则

密切结合文化原则是指在大学英语词汇教学中，将语言与文化密切联系起来，以帮助学生更好地理解词汇，为他们进行跨文化交际提供必要的背景和技能。第一，密切结合文化原则强调了语言和文化之间的密切关联。语言是文化的表达方式，而文化则赋予了语言以深刻的含义和背景。每一个词语都蕴含着丰富的文化内涵。例如，颜色词汇、饮食词汇、传统词汇等通常反映一种文化的价值观和生活方式。因此，在词汇教学中，教师应该将词汇与相关的文化背景联系起来，帮助学生理解词汇的更多层次含义。第二，密切结合文化原则有助于培养学生的跨文化意识。在今天的全球化社会中，跨文化交际能力变得至关重要。通过将词汇教学与文化联系起来，不仅有助于学生扩展词汇知识，还有助于他们理解不同文化之间的差异和相似之处。在此基础上，他们将更加自信地参与跨文化交际，避免误解和冲突，促进文化之间的相互理解和尊重。第三，密切结合文化原则有助于词汇的记忆和应用。词汇通常要结合特定的文化背景和语境来理解和使用。将词汇与文化联系起来，学生更容易记住词汇，因为它们不再是抽象的字母组合，而是蕴含故事和情感的表达方式。此外，学生也能够更有效地运用词汇，因为他们理解了词汇的使用场景和语境。第四，密切结合文化原则可以激发学生的兴趣和好奇心。通过教授有趣的文化故事、传统、风俗等，教师可以吸引学生的注意力，使词汇教学更加生动和吸引人。学生会更积极地参与课堂讨论，并自发地深入研究与词汇相关的文化信息，从而更好地掌握词汇。

（二）系统性原则

英语词汇数量庞大，如果以每个词为单位孤立地进行词汇教学和学习，学生定会感到无所适从，也因面对深不见底的任务而感到沮丧。在这种情况下，系统性教学可以帮助学生建立起一种逻辑性词汇体系，从而更轻松地掌握词汇。通过按照一定的规则和分类组织词汇，学生能够更好地理解词汇的内在结构和联系。这个系统具体包括词汇分类与关联、词汇网络、上下文教学、词汇扩展和文化关联等。词汇虽然数量众多，但基本的构成元素却是有限的，主要由26个字母和一些常见的词根、前缀和后缀等组合而成，这些特征为系统性教学提供了可能性。通过引导学生了解这些基本构成元素以及它们在词汇中的应用方式，可使学生发现词汇之间的联系，更深入地理解大量词汇的形成和演变过程，如当学生了解到"unhappiness"和"unhealthy"的前缀"un-"表示否定含义之后，自然会知晓这个前缀的通用性，即它可以用于许多其他单词，如"uncomfortable""unsuccessful""unbel-ievable"等。这个发现不仅有助于扩展他们的词汇量，还可帮助他们理解这些单词之间的共同特征。基于上述能力学生即可做到举一反三，更独立地学习和掌握新接触的词汇，培养自主学习能力和分析推导能力，进而自主扩展词汇知识，建设起自己的知识框架。基于词汇分类和关联性，学生能够更容易地归纳和整理相关词汇，建立词汇网络，从而更轻松地记忆和应用词汇。例如，将英国名著的名称、美国节日风俗描述词汇、政治体系等词汇按照不同主题和标准进行分类，那么学生就可以更有条理地学习和运用这些词汇，教师也可以引导学生从现有词汇联想相关词汇，从而建立起更广泛的词汇网络，这种能力有助于学生更灵活地应对跨文化交际中的情境需求。统性原则还鼓励教师将词汇教学融入真实的语境中。这意味着不仅要教授单个词语的定义，还要教导学生如何在句子和段落中使用词语。通过实际语境的演示，学生能够更好地理解词汇的用法，提高自身交际能力。在跨文化词汇教学中，系统性原则还可以与结合文化原则相结合，有助于学生更好地了解词汇与文化之间的联系。这有助于学生更好地理解词汇的文化内涵，从而更好地应对跨文化交际挑战。

（三）条理性原则

在跨文化词汇教学中，系统性原则并不意味着词汇学习要一味追求大而全。相反，它强调在词汇教学中要有计划地组织和整合知识，确保学习过程有条不紊，这也正是条理性原则的核心。如果教学缺乏条理性，随意选择教授词汇，学生可能会感到混乱，从而无法建立起有机的词汇网络。因此，条理性原则要求教师在词汇教学中精选出基础、重要、常用的词汇进行教授，而且为了使词汇更具条理性，教师可以进行词汇分类。条理性原则还要求词汇教学逐层加深。教师应确保学生先掌握词汇的基本含义和用法，然后逐渐深入学习更多的语义和语用知识，只因词汇的语义和用法通常较为复杂，学生不可能一次性全部掌握。因此，在跨文化词汇教学中，教师需要循序渐进、有条理地逐步推进教学，让学生一步步、一层层递进式深入了解单词的各种含义和多样化用法，有助于学生更系统地掌握词汇，避免信息的过载和混淆。学生也不应急于求成，不能仅关注词汇积累数量，还应注重词汇学习质量，以及词汇使用熟练程度。

系统性原则和条理性原则的结合有助于跨文化词汇教学更具全面性、针对性、有组织性，确保学生学习不但高效而且有益。这种综合性教学方法可以帮助学生更好地掌握和运用词汇，提高他们的跨文化交际能力，使他们能够更自信地应对不同文化背景下的语言需求。

（四）重复性原则

第一，重复性原则是跨文化英语词汇教学中的重要原则，它强调通过反复的学习和练习来巩固记忆，以应对遗忘规律。这一原则在教育领域被广泛应用，也特别适用于跨文化词汇教学。学生通过不断地重温已学词汇，逐渐将它们从短期记忆转移到长期记忆中，可提高记忆的持久性。再者，这种反复学习也让学生更有信心，因为他们会发现自己能够记住并正确运用这些词汇。第二，重复性原则注重多种复习方式的应用，包括听、说、读、写、译等多个语言技能的综合训练。通过这样的学习和练习，学生不仅能够更全面地理解和掌握词汇，还能培养语感，对词汇的正确用法和语法结构更敏感。这对于在跨文化交际中更自然地运用词汇至关重要。第三，重复性原则要求将词汇的复习与多重实际语境相结合，确保学生能够在不同情境下正确使用词汇。通过设计各种语境的练习，学生能够更灵活地运用所学词汇，增强跨文化交际能力。这种上下文应用有助于学生更深刻地理解词汇的语义和语用特点，从而更成功地进行跨文化交际。

（五）现代性原则

在当今科技迅速发展的大数据时代，跨文化教育领域也需要不断创新，跟上社会发展的步伐，满足学生开放的思想和现代化的需求。这种原则被称为现代性原则，它强调英语词汇教学应该具有时代感、与时俱进、不断更新，从而反映词汇的词义随时间和社会发展而变迁的特点，用最新的词汇武装学生的头脑。现代性原则要求教师教授词汇时，应强调词义随时间和社会发展而变迁的事实，然后解释词汇的含义不断演变的过程，让学生了解不同时期词汇变迁的历史，学生在学习和复习过程中可以将词汇与具体的历史事件或社会现象联系起来，形成更为深刻的记忆印象，以便更好地理解和运用它们。学生通过了解词汇的变迁，还能够更好地理解古老文献或经典文学作品中的语言，提高阅读和听力理解能力，从而更轻松地阅读经典文学作品，理解历史文献或者欣赏老电影中的对话。现代性原则更加强调在跨文化教学过程中引入一些紧随时代发展的新词汇，这不仅会使学生感受到语言的发展性，还会增加他们学习词汇的兴趣。学生通过学习这些新词汇，能够更好地融入当代社会的语言交流中，提高他们的语言适应能力。举例来说，"tweet"（发推特）是一个典型的新词语，它在社交媒体的兴起后出现，用来描述在Twitter上发布消息。这个词语反映了社交媒体对语言的影响，学生通过学习这个词语，能够更好地切入当今社会进行跨文化交际，类似的还有cloud computing（云计算）、selfie（自拍）、hashtag（标签）等。

三、跨文化视野下英语词汇教学的方法

跨文化视野下英语词汇教学的方法如图4-4所示。

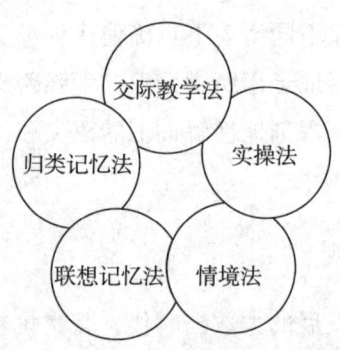

图 4-4　跨文化视野下英语词汇教学的方法

（一）归类记忆法

在跨文化教学中，想要熟练进行交际，就必须先掌握大量的词汇，因此词汇教学方法至关重要，它直接影响着学生对词汇的掌握和运用。

1. 按词根、词缀归类

按词根、词缀归类记忆词汇能够提高记忆效率，增加记忆的深度，帮助学生更高效地记忆词汇。当学生了解词汇是如何由词根和词缀构成的时候，他们可以根据这些构成要素来推测词汇的含义。通过归类记忆，学生能够更深入地理解词汇的结构和内在联系。他们会认识到许多词汇都共享相同的词根或词缀，这些构成要素赋予了词汇共同的含义或语法规则。这种深度的理解有助于学生更好地应用这些词汇，并在不同语境中灵活使用。通过归类记忆，学生会发现许多英语词汇的词根和词缀来自其他语言，如拉丁语、希腊语等。这有助于他们更好地理解词汇的来源和文化背景，促进跨文化理解。

2. 按题材归类

按题材归类词汇可以提高词汇的关联性。当词汇被归类到特定的话题或主题下时，学生更容易将这些词汇与相关联的概念和情境联系起来。这有助于联想记忆，使学生更容易记住这些词汇，并在需要时自然而然地想到它们。将词汇与话题联系起来有助于学生深度理解词汇并实际加以应用。学生不仅要记忆单词，还要学习如何在特定话题下使用这些词汇，从而提高他们的语言实际应用能力。

3. 按语法分类

对于词汇，可根据其在句子中的语法作用进行分类。例如，将词汇分为名词、动词、形容词、副词等不同的类别，帮助学生理解它们在句子中的不同功能和用法。

上述分类方法有助于根据具体的教学目标和学生的需求进行选择和组合，进而有助于学生更系统地理解和运用词汇，提高语言表达能力，并加深对不同文化和语境的跨文化理解。

（二）联想记忆法

联想记忆法是一种非常有效的词汇记忆方法，即将一个特定的词语作为中心，然后联想与之相关的其他词汇，以更容易记住和理解词汇。通过这种方法，学生要运用创造性思维和联想能力来理解掌握词汇，从而使词汇记忆更加系统，并能够取得更好的记忆效果。联想记忆实际包括同义联想、反义联想、同属联想、种属联想、混合联想等。同义联想是联想意义相同或类似的其他单词。举例来说，当教授单词"explore"时，可以联想到与其意义相近的词汇，如"investigate"（调查）、"examine"（审查）或"probe"（探究）。通过这种同义联想，学生可以更深入地理解"explore"的含义，并扩展词汇知识。这种方法有助于提高学生对单词的理解和运用能力，拓宽他们的词汇视野。反义联想是联想意义相反或对立的其他单词。例如，"wet"（潮湿的）—dry（干燥的）。同属联想是一种将单词与更广泛的词汇类别或范畴联系起来的联想方法。这种方法强调了单词的归属和分类。通过同属联想，学生可以将目标单词放置在更广泛的词汇范畴中，以了解其在整个语言系统中的位置。举例来说，关于单词"rose"（玫瑰花）。通过同属联想，学生可以将"rose"放置在植物类别或花卉类别中，联想到同类别的其他花卉单词，如"daisy"（雏菊）或"tulip"（郁金香）等。种属联想是将特定单词与跟它有上下位关系的其他单词联系起来。以"animal"(动物)为例,"animal"是一个广泛的概念,它包括不同种类的动物,如"cat"(猫)和"dog"(狗)等。混合联想结合了多种不同类型的联想,将它们融合在一起混合使用,学生需要选择一个中心词语,这个词语通常是他们想要记忆的关键词语或核心概念。例如,如果学生正在学习有关食物的词汇,他们可以选择单词"pear"(梨子)作为中心词。接下来,学生需要开始联想与中心词相关的其他词。这些关联词汇可以是与中心词有类似含义、相似音韵或者与中心词有情感或故事联系的词汇。以"pear"为例,关联词汇可以包括与梨树、果园、农田等环境相关的词汇,如"blossom"(开花)、"harvest"(收获)"fruit"(水果)、"orchard"(果园)等。从另外一个角度可以联想到描述梨的特点和品质的形容词,如"juicy"(多汁的)、"sweet"(甜的)、"ripe"(成熟的)等。除此之外,还有与梨有关的食品和饮料,如"pear juice"(梨汁)或"pear pie"(梨馅饼)等。学生需要发挥创造性思维来构建有趣的联想,以帮助记忆。为了确保记忆效果更佳,学生需要反复练习这种联想记忆。他们可以使用闪卡、词汇表、思维导图等将中心词与其联想词记录下来巩固记忆。

(三)情境法

语言只有在特定的语境中才会生动、有生命力,单独学习某个词语很难完全理解其含义和用法,需要将词语放入实际语境中,如句子、段落或交际情境中进行学习。实际当中,教师可以从英语语料库搜索具体的语境和实例,英语语料库是一种强大的教学工具,包含大量实例,可供查找词汇在真实语境中的用法,为语言学习提供丰富的语言输入。例如,学生可以在语料库中搜索词语并查看它在文章、材料、讨论中的实际用法。通过语料库,学生不仅能够了解词汇的具体用法,还能了解这些词汇的使用频率和结构。这有助于增加对语言现象的认识,深化对出现频率较高的单词的理解。以"outline"这个词为例,教材中可能只标注其主要意思是"概要、轮廓、外形"。但通过语料库检索，学生可以了解到这个词还可以当作动词使用，用于描述概要或计划的制订。教师可以借助语料库，以演示方式呈现词汇的不同用法，帮助学生更好地理解和记忆词汇，同时有效锻炼他们的自主学习能力。

（四）实操法

掌握足够多的单词是增强交际能力的前提，但在此基础上，学生还要学会在实践中具体运用单词。用词造句法和作文练习法是两种有效锻炼方法，能够帮助学生更好地理解、记忆和运用词汇，有助于他们提升语言交际和写作表达能力。

用词造句法要求学生在使用词汇时进行有效的联想和记忆。学生需要在掌握词汇的基础上，分析教材或词典中提供的例句，并通过模仿和灵活改变句子结构来运用这些词汇。这种方法有助于学生明确词汇的词性和用法，使他们更深入地理解和记忆单词。通过制造句子，学生可达到学以致用的目的。

作文练习法强调在写作训练中熟悉和掌握词汇的用法。教师可以给学生提供一个作文话题和相关的词汇，要求学生在作文中运用这些词汇。这种方法不仅有助于巩固学生对词汇的记忆，还能帮助他们熟悉词汇在实际写作中的应用。通过不断练习写作，学生可以逐渐提高语言表达和写作能力，巩固新学的词汇。

（五）交际教学法

在词汇教学中，交际教学法被认为是一种非常有效的方法，不仅有助于提高学生词汇学习效果，还有助于培养学生的交际能力。

第一，创设游戏情境：游戏在英语词汇教学中可以发挥重要作用。借助游戏情境不仅可以创造愉快的课堂氛围，还可以激发学生学习兴趣，使学生更加积极主动地学习和应用词汇。例如，在以食物为话题的单词竞猜游戏中，教师可以要求学生提出与食物相关的单词，并给出一些提示，然后其他学生通过提问的方式来猜测这一单词。这种游戏能够锻炼学生的听力和口语能力，并让他们在愉快的氛围中学习理解词汇。

第二，创设生活情境：在英语词汇教学中，教师可以根据学生的生活经验创设各种生活情境，以帮助他们学习和应用词汇。例如，教师可以设置虚拟商店，如水果店、书店、文具店、蛋糕店、礼品店等，并引导学生在这些情境中运用所学的词汇。通过这种方式，学生能够大大提高词汇实际运用能力。

应用交际教学法进行词汇教学时，需建立平等开放的师生关系，这是贯彻以学生为中心、发挥学生主体性原则的前提。教师与学生之间的关系对于整个课程的交际氛围起着关键影响作用。建立平等和融洽的师生关系有助于减轻学生的紧张情绪，使他们更轻松地参与交际活动，从而提高词汇教学效果。

第二节 跨文化视野下英语语法教学探究

语法是语言的框架，包括词汇、词组、短语，以及句子的排列规则和规律等方面的内容。要掌握一门语言，学习其语法规则是不可或缺的步骤。在跨文化英语教学中，语法是非常重要的教学内容，但教师不能局限于传授语法知识，还要帮助学生了解不同语言文化之间的差异，有效地运用语法知识进行跨文化交际。因为语法不仅仅是一种语言结构，它还反映了文化中的思维方式和价值观念等。通过学习语法，可以了解不同文化深层结构的概念。因此，在大学英语语法教学中，应该将文化因素融入教学内容，帮助学生了解不同文化之间的语法差异，跨越母语语法的思维定式，了解目的语语法规则背后的文化背景，从而更好地进行跨文化交际。

一、跨文化视野下英语语法教学内容

跨文化视野下英语语法教学内容如下图 4-5 所示。

第四章 跨文化视野下英语知识教学探究

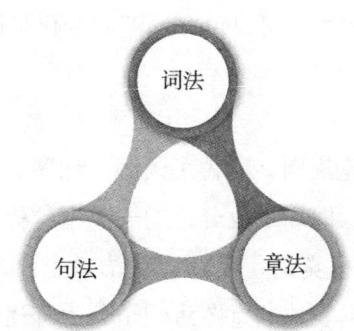

图 4-5 跨文化视野下英语语法教学内容

（一）词法

词法是语法的一个重要方面，它关注的是语言中的词汇形态、结构和用法，关注的是单词在句子中位置和形式的变化。词法通常包括构词法和词类等。

构词法是指通过词的转化、派生和合成等方式来构建新词汇或改变词汇形态的规则和方式。这包括了词根、前缀、后缀等的使用，以及如何将词汇组合成新的词汇形式。例如，通过在词根"happy"后加上后缀"-ness"，可以构成新的名词"happiness"。这方面的教学有助于学生了解词汇的形态变化和构词规则。

词类是指根据词汇在句子中的语法功能和特点划分的类别。语法上，词语分为静态词和动态词。静态词包括名词、形容词、副词、代词、数词、冠词、介词、连词和感叹词，而动词则被归为动态词，另外助动词、情态动词、动名词、分词以及虚拟语气词也属于动态词。

尽管词汇教学也会涉及这些内容，但可以看到词汇教学和语法教学内容是有本质上的不同的，并且词汇教学更注重词语本身的含义和用法，而词法教学更加关注词语在句子中的变化、作用，以及不同词语选择对句子结构的影响。例如，根据句子需要为形容词"happy"加上后缀，使其变成名词，同时根据句意表达进行单复数形式、所有格变化，句子结构和语法密切相关,可以说,词汇的变化是语法的外在表现。

(二)句法

句法是句子的构建规则,涵盖了语序(词序)以及从句的运用,通常分为三个主要领域,即句子成分、句子类型、标点符号的运用。句子成分包括主语、谓语、宾语、定语、状语、表语、同位语、独立成分等。句子的分类即依据表达的意图将句子分为陈述句、疑问句、祈使句和感叹句等,又依据结构将句子分为简单句、复合句、并列句等。另外,标点符号的正确使用也是句法教学的一环。此外,句法教学还涵盖了词组的分类与功能、不规则动词等内容。

英语句法虽然复杂多样,但其核心在于句子结构,主要包括短语结构和句子结构。结构的关键体现在一致关系和语序排列两方面。一致关系涉及词语之间、句子成分之间或上下文之间的一致性或照应,包括主谓一致、名词与其代词一致、复合句中主句和从句的时态一致、定语从句中先行词与关系词的照应等。而语序排列则关注词语的排列顺序,包括正常语序、倒装、宾语前置,以及状语前置、状语后置等各种排列方式。这些句法规则对学习者正确理解和运用英语句法结构以及有效交流至关重要。

句法是英语语言交流的基本要素,不仅影响着语言的准确性和清晰度,还反映了不同文化和语境中的语言习惯和规则。在跨文化交际中,学习者需要不断提高句法运用能力,以确保他们能够有效地理解和传达信息,促进跨文化理解和合作。

单个词语与句子之间还有一个语法层级就是短语,这涉及一种语法结构范畴,即向心结构与离心结构,向心结构和离心结构是两种不同的结构方式,是针对语法成分的组织和排列而言的。向心结构各成分之间具有同一性、向心性,其中核心词包含了该结构的主要语法和语义信息,而其他部分(修饰语)提供了额外的信息,以补充核心词的意义,更明确地传达信息。举例来说,"the big red car"(红色的大汽车)这个短语中,"car"是核心词,而"big"和"red"是修饰语,用于描述汽车的大小和颜色,他们的修饰方向具有同一性,以"car"为核心。这种关系具有从属性,另外还有一种并列的向心关系,如"apples and pears"(苹果和梨子),二者之间不存在修饰关系,而是同级等价关系。因此,向心结构常见的形式是名词短语和动词短语等。而离心结构是其中核心词不包含主要语法或语义信息,各个成分在结构中没有明确的主次关系,相反,需要依赖其他成分来确定意义。例如,不定式短语是一个典型的离心结构,"She asked him to help."(她请他帮忙)中"to help"是不定式短语,需要根据上下文来理解"help"的具体意义,两个成分之间不能相互替代,更不能代表整个句子。再如,"She is reading a book."(她在读一本书)中的动词短语"is reading"没有明确的核心,动词"reading"和辅助动词"is"共同构成了动作的表达。

(三)章法

词汇构成短语,短语构成句子,句子构成篇章,篇章是最高的语法层次。章法关注的正是句子之间的逻辑关系,句子、段落组织和连接规则,以及构成篇章规则。其中,句子之间的逻辑关系包括因果关系、对比关系、条件关系等,段落之间的关系包括承接、转折、回应等。不管在书面还是口语表达中,合理的章法运用有助于更好地连接句子、构建段落,更好地组织篇章和文章逻辑,提高思想和语言表达的连贯性和清晰度。例如,通过使用适当的过渡词和短语来连接句子和段落,文章或演讲也会更具说服力和连贯性。

二、文化差异对跨文化英语语法教学的影响

文化差异对语法教学产生深远的影响,特别是在思维模式层面和语序层面。不同的民族拥有独特的思维方式,这些思维方式深深影响了语言的语法结构,导致不同语言表现出差异语法结构。第一,英语作为一种形合语言,强调语法规则和形式上的联系。因此,英语句子通常

注重形式上的准确性和清晰性。相反,汉语是一种意合语言,更侧重通过词序、语义关系和内在逻辑来传达句子的意义。这导致英语中句子的语法结构通常要求更为严格,而汉语中句法关系常常比较模糊,不那么严格。英语中的句子 "Let's go home, as it is late." 明确表达了原因关系,而汉语句子"已经晚了,咱们回去吧。"更注重表达目的和行动。第二,英汉语法差异还可见于词汇和语法结构的处理方式。英语可能会通过词形的变化来表达句法关系,而汉语则主要依赖词序、语义关系和句子意义来构建句子。英语的倒装句和强调结构是明显的例子,需要在句中引入特定的形式,而汉语可以通过调整词语顺序来实现相似的效果。具体而言,英语中可以通过进行时态变化来体现动作发生的时间,如"I love"(我现在爱)和"I loved"(我爱过),而汉语中则通过词序或副词等来表示时态。第三,英语中的倒装句用于强调句子中的某一部分,通常涉及主语或其他重要元素的提前排列。在汉语中,这种方式相对较少,通常通过词语的选择和语气来表示强调。

例如,英语中的 "Not only did he win, but he also set a new record." 为倒装句,强调胜利,而汉语描述可能是"他不仅赢了,而且还创造了新的纪录",通过语调、重读或语气轻重缓急来实现强调。语序指的是词汇在短语或句子中的线性排列次序。语法语序则是反映语法关系的词汇排列次序。举例来说,英语和汉语都存在着并列式的合成词,虽然这些并列式都由相同的成分构成,但它们之间仍然存在着显著差异。在英语中,叙述事物时通常遵循从小到大、从特殊到一般、从个体到整体的习惯,先表达较低级别的信息,然后再逐渐展示更高级别的内容。而在汉语中,通常采用从大到小、从一般到特殊、从整体到个体的顺序,如地点的表示方法。此外,当英语和汉语中存在多个定语和状语时,它们的排列次序也存在差异,这些差异实际上源于文化背景的不同。举例来说,中文母语者的语言习惯是将时间状语放在句子的开头,如"明天我会去看电影",但在英语中,时间状语通常放在句子的中间或结尾,如"I will go to see a movie tomorrow."。中文母语者可能会受到负迁移的影响，将中文的语序规则应用到英语中，会导致语法错误。

文化差异在思维模式层面的影响还有很多其他体现，不再一一陈列。了解这些差异有助于教师更好地引导学生理解和运用英语语法，也有助于学生更深入地理解英汉语法之间的异同，避免"中式思维"的影响，从而提高语法能力，更好地进行跨文化交际。如果学习者对目标语言语法掌握不够熟练，他们在表达新的概念时常常会借助母语的语法知识。如果母语和目标语言在表达相同概念时存在语法形式上的差异，而他们的知识储备无法应对这些差异，就会导致母语对语法的负迁移，相反会发生正迁移。

（一）母语文化在语法学习中的正迁移作用

母语文化在语法学习中的正迁移作用指的是学习者母语的语法结构、规则和习惯对于第二语言（或外语）的语法学习产生积极、有利的影响。这种正迁移通常发生在母语和目标语言之间存在相似性或共性的语法特点时，使学习者更容易掌握目标语言的语法知识和规则。在中文中，时间状语通常放在句子的开头，如"昨天我去图书馆了"（Yesterday I went to the library.）。在学习英语时，这种习惯可以正迁移到英语中，帮助学习者正确使用英语的时间状语，如"Yesterday I went to the library."。中文母语者的母语文化基础和思维在语法学习中产生了正迁移作用，使他们更容易理解和应用英语的时间状语结构。这种迁移有助于学习者减少语法错误，提高语言表达的准确性。然而，需要注意的是，正迁移并非总是适用，因为母语和目标语言之间也存在许多差异，学习者还需要注意这些差异，以避免不正确的语法应用。例如，中文表达"我们班"和英文表达"我们班"（our class）语序一致，但是由于中文表达习惯，并没有凸显出"我们"和"班"的所属关系，导致很多中国学生在翻译时，会翻译成"we class"，没有将人称变为相应的所有格，这种现象也是下面要讲到的负迁移。

（二）母语文化在语法学习中的负迁移作用

母语文化在语法学习中的负迁移作用指的是学习者母语的语法结构、规则和习惯对于学习第二语言（或外语）的语法产生消极、不利的影响。这种负迁移通常发生在母语和目标语言之间存在不同语法特点时，一般会导致学习者在目标语言的语法应用中出现错误或不自然的表达。

1. 时态方面的负迁移

时态方面的负迁移是语法学习中最常见的现象。例如，中文母语者习惯通过上下文或词语的修饰来表示动作发生的时间，而英语则强调动词时态的正确使用。由于中英语法的这种差异，中文母语者可能会忽略英语动词的时态，导致语法应用错误。以"昨天我去了图书馆"这一句子为例，对于一个中文母语者来说，汉语中表达昨天"去"和今天"去"，两个"去"并没有形式上的变化。因此，在面对英语中的"去"时，就很容易出错，翻译成"Yesterday I go to the library."，而正确的英语表达应该是"Yesterday I went to the library."，动词"go"，要进行相应的时态变化，跟随句子时态（昨天）变成相应的过去式。

2. 语序方面的负迁移

语序是另一个容易受到负迁移影响的方面。不同语言有不同的语序规则，因此学习者可能会将母语的语序规则应用到目标语言中，导致句子结构不自然或错误。这在上面文化差异分析部分已经提到，在此不再赘述。

3. 关联词方面的负迁移

关联词的使用也容易受到母语文化的负迁移影响。不同语言中的关联词用法和搭配方式可能不同，学习者可能会错误地将母语的关联词规则应用到目标语言中。举例来说，中文母语者可能会说："因为我生病了，所以没去上课。"（Because I got sick, so I didn't go to class.）正确的英语表达应该是"I didn't go to class because I got sick."。在这个例子中，中文母语者认为"因为""所以"连用是理所应当的,而英语中,二者在句子中的功能和逻辑关系决定了"because"和"so"通常不会一起出现。

三、跨文化视野下英语语法教学的原则

跨文化视野下英语语法教学的原则如下图4-6所示。

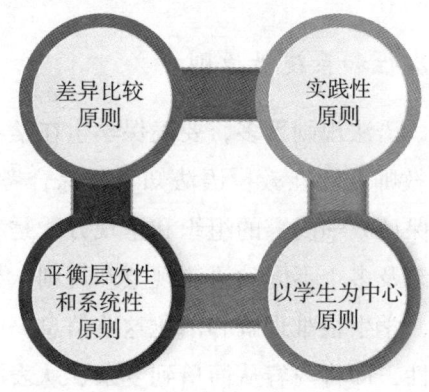

图4-6 跨文化视野下英语语法教学的原则

(一)差异比较原则

跨文化英语语法教学是一项重要的教育工作,不仅涉及语法体系的分析,还涉及英语语法在不同文化背景下的理解和使用。在进行跨文化英语语法教学时应坚持差异比较原则。差异比较原则强调了教师在教授英语语法时需要关注中英语法之间的差异,并清楚地加以说明和强调,这包括语法结构、时态、语态、语气等方面的差异。例如,英语中使用不定冠词"a"或"an",而中文中没有相应的不定冠词。教师应该明确告诉学生这种差异,并提供具体的例子,以便学生理解和掌握。教师还应该特别强调中文语法习惯可能导致的误用,帮助学生避免常见的语法错误,提高语法运用的准确性。在跨文化英语语法教学中,教师还应该通过练习和实际应用来增强学生对语法知识的理解和掌握,具体方式包括编写例句、做练习题、进行角色扮演等。通过这些方式,学生可以更

好地将学到的知识应用到实际交流中,从而提高他们的语法技能。在课堂教学中,教师应该密切关注学生的语法错误,并不断总结和分析这些错误。这有助于教师了解学生常犯的语法问题,并及时纠正和指导。教师可以将学生的错误作为教学素材,编写针对性的练习题,以帮助学生克服这些问题。

(二)平衡层次性和系统性原则

在语法教学中,语法规则繁多,要确保学生在学习过程中能够理解和掌握这些规则,教师需要在教授语法知识时综合考虑两个关键因素:层次性和系统性,保证教学内容的组织和呈现方式是有序和全面的。通常,一个语法项目涉及多个不同的语法现象和规则,如果教师将所有内容一起灌输给学生,学生很难理解和消化这些信息。因此,在语法教学中,需要注意层次性,即将内容从简单到复杂、从表面到深层有机地组织起来,确保学生能够逐步掌握语法知识。另一个需要注意的方面是系统性。许多教材分散呈现语法知识,这可能导致学生学到的知识呈碎片化,难以形成一个有机的语法体系。因此,教师需要根据教材和学生的需求,有意识地对语法知识进行系统性整合和归纳。这样,学生能够更好地理解不同语法现象之间的关联,掌握更全面的语法知识结构。这种系统性的教学方法有助于学生在实际语言运用中更灵活、更准确地运用所学的语法规则。

(三)实践性原则

理论学习只是学习语法的第一步,要想真正掌握语法学生还需要进行大量实践。只有在实际语境中使用语法知识,学生才能更好地理解语法规则。传授语法规则时,教师不仅要告诉学生什么是正确的语法,还应该解释为什么要遵循相应规则。通过强调语法规则的逻辑和实际意义,学生才能够更好地理解规则背后的原理,从而更容易在实际语境中运用这些规则。例如,教师可以解释为什么需要使用特定的时态或语气,以及如何构建复杂句子、如何选择合适的时态和语气等。实践性的语法教学有助于学生更自信和流利地表达自己,避免犯常见的语法错误。

通过实际语言使用,学生能够更容易地发现自己的语法错误。这种自主发现错误的过程对于学生学习更为深刻的语法知识非常重要。教师可以鼓励学生进行写作、演讲、对话等形式的语言实践,然后帮助他们分析和纠正错误。

实际语言实践也有助于增强学生语言表达信心。他们在实际情境中成功应用所学的语法知识时,会感到更自信和满足。这种积极的学习体验可以激发学生的学习兴趣,促使他们更积极地参与语法学习活动。

语法是语言的一个重要组成部分,但它与词汇、发音、听力和口语等其他语言技能相互关联。通过实际语言实践,学生能够将语法知识与其他语言技能结合在一起,全面提升语言能力。例如,在口语交流中,学生不仅需要正确使用语法规则,还需要注意发音和语调,从而更流利自然地进行表达。

实践性原则要求学生将语法学习视为终身学习的一部分。一旦学生明白语法知识有助于实际交流,他们会进一步强化日常生活应用实践,提高学习效果。

(四)以学生为中心原则

中国民族众多,不同的民族有不同的信仰和文化,因此在跨文化英语教学中,教师应该充分考虑学生的不同文化背景。不同文化可能有着不同的语法习惯和规范,教师需要理解并尊重学生的文化差异。教师有必要鼓励学生自主分析英语和他们自己的母语之间的语法差异和相似之处。通过自己分析比较不同语言的语法结构,学生可以更深入地理解英语语法规则。

实际当中,不同学生有着不同的学习方式和学习节奏。有些学生可能更喜欢听讲学习,而有些学生可能更愿意通过实际练习来巩固知识。

因此，教师应该根据学生的学习方式来设计教学活动，以提高学生学习效果。例如，对于那些偏好口语表达的学生，可以增加口语练习的机会，帮助他们更好地应用语法知识。

在跨文化英语教学中，教师应该了解学生的个人目标和兴趣，根据他们的需求进行个性化教学，具体包括重点讲解特定文化背景下的语法难点，并根据学生反映，及时进行个性化调整。

教师应该听取学生跨文化英语语法学习反馈，以针对性调整教学方法和内容。同时，教师要鼓励学生分享文化见解和语法问题，加强跨文化交流和学习。

四、跨文化视野下英语语法教学的方法

跨文化视野下语法教学的方法如图4-7所示。

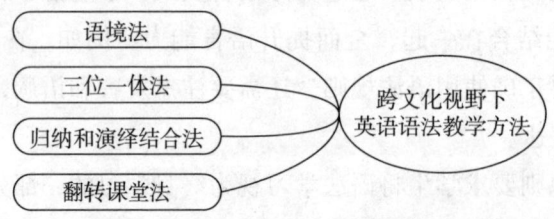

图4-7 跨文化视野下英语语法教学的方法

（一）语境法

语境法是一种高效的跨文化英语语法教学方法，即将语法知识与具体的语境结合在一起，帮助学生更好地理解和运用英语语法规则。这种方法强调学生在语境中对语法进行体验、感悟、总结和运用，提高学习效果，有助于学生交际能力提升。

第一，运用多媒体手段来设计语境是一项极具创新性和实用性的教学方法，尤其适用于跨文化英语语法教学。多媒体融合了图像、文字、声音和视频等多种元素，可为语法规则学习创设具体语境，使得学习过程更加生动有趣。这不仅有助于打破传统语法教学的单一枯燥模式，还

能够激发学生的学习兴趣和积极性。在大学英语语法教学中，教师可以巧妙地利用多媒体资源，创造各种生动的语境，以帮助学生更好地理解和掌握语法知识。举例说明，教师可以使用多媒体展示一个视频片段，让学生观看并分析视频中的对话或情境，从中体验和感悟语法规则的运用方式，深化对语法知识的理解，从而增强他们的语言技能。通过多媒体手段还可以让语法知识变得更加具体形象，有助于学生更好地理解语法知识，提高英语语法学习效果。

第二，借助现实场景来设计语境也是一种有力的教学方式。英语语法使用通常发生在特定的时空和场合中，因此教师应该善于发现这些现实场景并充分加以利用，提高语法教学效果。以祈使句这一语法项目的讲解为例，祈使句的主要功能包括表达命令、指示、请求、劝告、建议、祝愿和欢迎等不同的意义。在具体的大学英语语法教学中，教师可以充分考虑师生、生生间的身份，并结合特定的场景，进行相关教学。例如，教师可以设计一个模拟餐厅点餐的情境。学生扮演服务员和顾客的角色，使用祈使句来表达点菜请求和命令，如不吃辣、不放蒜、不要香菜等。这种亲身体验的方式使学生更容易理解祈使句的用法，掌握语法规则。通过参与这样的情境教学活动，学生能够强化语法应用练习，增强英语语言技能。

第三，在大学英语语法教学中，借助语篇来设计语境被认为是一种有效的方法。语篇提供了语法规则所需的上下文环境，有助于学生更全面地理解和掌握语法知识。语篇的优势在于它能够为语法规则的归纳、比较和总结提供一个丰富的背景。在语篇中，语法知识不再是孤立的规则，而是嵌入实际语言的一部分。这使得学生能够更深入地理解语法项目的意义和用法，因为他们可以看到这些语法规则在实际语境中是如何运用的。以时态教学为例，传统的教学方法通常基于句子教授各种时态，这可能导致学生难以全面掌握某一时态的具体用法。然而，借助语篇来设计语境，有助于学生在更高的层面上理解时态的意义和用法。语篇中的时态使用更加具体和实际，学生可以通过阅读和分析语篇来掌上下文背景,从而更好地运用它们。教师需要深入了解学生的需求和水平,以便提供合适的语篇材料。教师还可以引导学生分析和讨论语篇中的语法现象,从而提高他们的语法思维和分析能力。

(二)三位一体法

在英语教学过程中,教师通常采用两种不同的教学方法。一种侧重教授语言的形式,进行语法分析,而另一种则注重语言的实际运用。这两种方法各自有其侧重点,但经验表明,将它们结合起来才能更加有效地优化学生语言学习实践。从交际角度来看,语法可以通过具体的语境来传达语义,因此可以将语法教学分为三个方面:形式、意义和用法,在跨文化英语教学中要善于将这三个层面统一在一起。具体而言,三位一体的教学步骤可分为以下几步。第一步,热身导入,即指导学生对上一堂课的要点进行复习,帮助学生温故知新。通过互动性的活动,如听歌、表演、竞赛等,教师可以引导学生了解新的内容,调动学生的背景知识,激发他们的求知欲望。第二步,发现语法。本阶段基于教师的讲解和引导,学生主动感知和发现语法现象,并开始接触和理解语法规则。第三步,学习形式,是指学生在发现语法的基础上,总结出语法规则的形式。在课堂教学中,这一阶段学生通过阅读文章找出类似的语法形式和结构,从而为理解和掌握规则做好准备。第四步,理解意义,即教师着重设计以理解语法规则意义为主的活动,帮助学生更深入地理解语法项目的意义,为将语法知识应用到实际交流中奠定基础。第五,应用语法。在此阶段,教师为帮助学生掌握语法规则并提高其语法应用能力设计活动或任务。这些活动通常具有高度的交际性,有助于学生发展思维,提高语法规则的实际应用能力。在具体的教学过程中,教师可以根据学生的需求和教学情境对上述步骤进行调整和灵活运用。这种"三位一体教学法"强调了语法教学的全面性,将语法的形式、意义和用法有机融合在一起,使学生能够更全面地理解和掌握语法知识,并将其应用到实际交流中。

(三）归纳和演绎结合法

1. 归纳法

归纳法在跨文化英语教学中是一种常见的教学方法，它强调通过总结和归纳语法规则，帮助学生理解语言现象的共性和规律，以便在不同语境和文化中应用这些规则。归纳法在语法教学中的运用过程通常分为以下几个步骤。

第一，引入具体语法现象。教师引入具体的语法现象，如某种句型结构、时态用法、语法规则等，这通常是跨文化共通的，适用于不同的语境和文化背景。

第二，提供多样化的例子。教师通过提供多样化的例子来展示这一语法现象在不同情境下的应用。这些例子可以来自不同的文本、对话或实际语言使用情境。

第三，总结共性和规律。学生通过分析例子，逐渐总结出语法现象的共性和规律。他们开始认识到在不同语境中，语法现象都有相似的特点。

第四，跨文化比较。教师可以引导学生进行跨文化比较，即探讨语法现象在不同文化中的应用和差异。这有助于学生更深入地理解语法规则的普遍性和文化相关性。

第五，应用到具体情境。学生被鼓励将所学的语法规则应用到具体的语言材料中，如阅读文章、写作任务或口语对话。这有助于他们在不同文化和语境中更自信地使用英语。

举例来说，在跨文化英语教学中，归纳法可以用于教授英语条件句结构。教师可以先引入条件句的基本概念，然后提供多个例子，展示不同类型的条件句，如零条件、一般条件和虚拟条件，并说明它们的用法。学生通过分析这些例子，逐渐总结出条件句的共性和规律，如使用特定的条件词汇和动词形式。接下来，学生可以进行跨文化比较，探讨条件句在不同文化中的表达方式。归纳法强调对语法规则的总结和理解，使学生能够更深入地掌握语法知识，并在不同文化和语境中运用这些规则，从而提高他们的语言能力和跨文化交际能力。

2. 演绎法

跨文化英语教学中的演绎法是一种常见的教学方法，特别适用于教授英语语法这种具有抽象性特点的内容。演绎法的核心思想是通过一般原则来证明个别论断，将抽象概念与具体语言材料结合在一起，使学生能够真正理解语法规则。演绎法在语法教学中的运用过程通常分为以下几个步骤。

第一，引入抽象概念。教师先简要介绍抽象的语法概念，如情态动词或条件句结构。这些概念通常具有一般性，适用于不同语境和文化背景。

第二，举例分析和说明。教师通过举例分析和说明，将抽象的语法概念具体化。例如，在讲授情态动词时，教师可以列举一些常见的情态动词（如can、may、must）并解释它们的用法和含义。

第三，将概念应用到具体语言材料中。教师引导学生将学到的语法概念应用到具体的语言材料中。这有助于学生理解语法规则在实际语境中的运用。

第四，提供大量练习材料。教师提供大量的类似练习材料，让学生有机会独立地练习和应用所学的语法知识。这有助于巩固和加深他们的理解。

举例来说，在跨文化英语教学中，演绎法可以用于教授情态动词的用法。教师可以先介绍情态动词的一般性概念，即它们用来表示可能性、必要性、允许性等。然后，教师可以进行举例分析，如使用情态动词"can"表示能力和允许，"must"表示必要性，以及"may"表示可能性。接下来，学生可以将这些情态动词应用到具体的语言材料中。最后，学生可以完成一系列练习，以确保他们能够独立地使用情态动词来表达不同的语法概念。

通过演绎法，学生可以逐步理解和掌握语法规则，将抽象的概念与实际语言运用相结合,从而提高他们的语言技能。同时,由于语法规则通常是跨文化的,因此适用于不同的语境和文化背景。这种教学方法有助于学生在不同文化环境中更好地运用英语语法。

演绎法和归纳法是相辅相成的,它们在实践中应该相互补充和渗透。综合使用这两种方法有助于教师更灵活地应对不同的教学情境,并使学生更全面地理解和掌握语法知识。可以采取"归纳—演绎—归纳"或"演绎—归纳—演绎"的步骤,具体取决于教学内容和学生的需求。

(四)翻转课堂法

翻转课堂跨文化语法教学是一种创新教学方法,它强调课堂内外的学习体验重新排列,以更好地满足学生的需求,优化教学效果。翻转课堂跨文化英语语法教学一般包括以下几个步骤。第一,课前学习。教师为学生提供预习材料,包括阅读材料、视频、在线教学资源等,这些材料包含有关特定语法现象和跨文化背景的信息。学生需要在课前自主学习这些材料,并做一些练习或提出问题。第二,课堂活动。在课堂上,教师引导学生讨论和应用他们在课前学习的知识,具体可以通过小组讨论、互动游戏、实际情境模拟等方式来完成。学生有机会在课堂上与同学和教师互动,解决疑问和分享自己的见解。第三,跨文化分析。教师引导学生分析和比较不同文化背景下的语法使用情况。例如,可以讨论不同国家或地区关于相同语法现象的表达方式。学生可以通过这种比较来理解语法规则在不同文化中的变化。第四,实际应用。学生可将所学的语法知识应用到实际情境中,如写一篇关于跨文化交流的短文或进行模拟对话。

翻转课堂是随着信息技术的发展而逐渐兴起的,传统适应了黑板和粉笔的教师可能需要一段时间适应。翻转课堂教学时强调以视频微课代替传统教学方式,教师需要熟练掌握视频微课制作技术以满足学生的学习需求。教师还应重视视频微课内容的整合与加工,具体结合课本中的语法知识,并借鉴网络上的优质教育资源,丰富数字化课程资源,以提供给学生更具吸引力的学习材料。另外,师生之间需要保持多维互动。教师应指导学生观看视频微课,并协助学生制订学习计划,以确保学生能够有序地进行自主学习。此外,教师可以利用社交软件建立 QQ 群和微信群等,加强与学生的线上线下互动,解答学生在自主学习中遇到的问题,促进师生和生生之间的讨论,有助于学生对英语语法知识的消化和吸收。由于学生在自主学习时可能会遇到语法知识难点,教师应不断充实自身的语法知识储备,以便更好地解答学生的疑难问题,确保他们能够顺利掌握语法规则。

将这种模式运用于跨文化英语语法教学具有多重优势。第一,它能够有效调动学生学习语法的兴趣。通过提供丰富多样的在线学习资源,学生可以在自己的节奏下学习和掌握语法知识,进一步增强学习兴趣。第二,翻转课堂模式有助于学生形成自主学习能力。在课前学习阶段,学生需要自己独立学习和理解语法概念;在课堂上,他们有机会与同学互动、讨论和应用所学。第三,翻转课堂模式将学生置于学习的核心地位,不再以教师为中心。教师更多地起到辅助作用,引导学生学习并解答他们的问题。这种互动式的教学环境有助于学生更深入地理解和运用英语语法规则。

第五章 跨文化视野下英语技能教学探究

第一节 跨文化视野下英语听力教学探究

一、英语听力

(一) 英语听力的本质

英语技能包括听、说、读、写、译五部分，是英语教学的重要内容，其中听，即听力，听力知识包括语音、词汇、语法，以及说话者的语速，这些因素无疑在听力理解中发挥着重要作用。实际当中，拥有语言能力并不等同于拥有跨文化交际能力，语言能力只是交际能力发展的基础。听力材料通常涉及说英语国家相关文化背景、历史常识、人文地理、社会风俗等。如果学生缺乏对中西文化差异的了解，对说英语国家的文化传统、风俗习惯、地理历史、风土人情和生活方式等认识不足，将影响他们对听力材料的理解，甚至导致学生无法直接用英语思维进行思考，从而降低反应速度和听力效果。因此，为了真正理解所听内容，听者必须运用相关的文化背景知识和交际文化知识去进行判断。

理解听力的本质需要认识到听是一种动态的、实时的过程。人们听到的声音是经过编码的，声音信息瞬间传递给大脑，大脑便开始对这些信息进行处理和解码。学者罗宾认为，听力是一种涵盖主观能动性的过程，它包括听者主动选择信号，然后对信息进行编码和加工，以确认当前发生的事情以及说话者的意图。①这与阅读不同，阅读允许读者以自己的节奏分析和理解文本，而听的过程中则要求在语音信号消失之前迅速做出反应。因此，在听力教学中，培养学生快速捕捉听到的信息并进行即时理解的能力非常关键。还要注意到，听是一种多维度的感知和理解过程。在听的过程中，学生不仅需要识别单词和句子的语音特征，还需要理解上下文、语法结构、语气、重音等多种信息。这使得听成为一项复杂的任务，远不止是"阅读的声音版"。另外，听是一种涉及文化和语境的活动。听力材料通常反映了特定文化背景下的语言和交际方式。因此，理解听的本质也要认识文化差异。教师应该向学生介绍不同文化之间的交际差异，帮助他们更好地理解不同文化环境下的听力材料。

从上述可以看出，听并不是一个单一的过程，而是连续不断的，包括如何分辨语音、理解语调、详细解析句法，以及把握语境等多个方面。

（二）英语听力的特征

英语的听力特征如下图 5-1 所示。

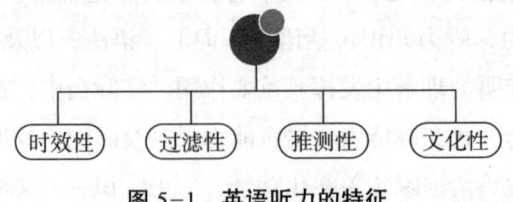

图 5-1　英语听力的特征

---

① RUBIN J. An Overview to "A Guide for the Teaching of Second Language Listening" [C]// MENDELSOHN, RUBIN J. AGuide for the Teaching of Second Language Listening. San Diego,CA:Dominie Press,1995:7.

1. 时效性

第一，声音传递具有时效性。声音信息在传递过程中不可避免地受到时间的约束。声音以声波的形式进行传播，声波在空气或其他媒介中的传播速度非常快，是一种瞬时的现象，但声波从发声者口中传播到听者耳朵存在一定的延迟，只是这个延迟非常短暂，通常只有几毫秒。这意味着听者必须在很短的时间内接收，如果他们不能及时完成接收，就会错过关键信息，从而影响交际对话或听力任务的完成。第二，听者的信息解码过程具有时效性。听者在规定时间内高效地对声音信息进行加工理解，在规定时间内做出反应。在对话中，人们往往需要在对方说完一句话后立即回应，以维持流畅的交流。如果一个人不能在合理的时间内理解对方的话语并做出适当的回应，就会导致交流中断或误解。这种情况在电话对话、面对面交流和实时视频会议中尤为常见。因此，时效性不仅关乎信息的理解，还关系到交际的流畅性。时效性在听力考试中尤为重要。在听力考试中，学生通常需要在规定的时间内听取和理解一系列录音材料，并回答相关问题。学生必须迅速识别关键信息，抓住重要细节并准确回答问题。如果他们不能在规定时间内做出反应，就会失去得分的机会。

因此，在应对时效性的挑战时，听者需要具备一定的听力技能。在跨文化英语教学中，需要培养学生快速识别关键词汇和短语的能力，使他们能够迅速抓住重要信息。学生需要集中注意力，避免分心和走神，确保不错过关键信息。此外，最重要的是，他们需要在训练中逐渐适应快节奏的听力任务，提高对声音信息的处理速度。

2. 过滤性

过滤性在听力理解中扮演着关键角色，它是指听者在听取声音信息时，要准确筛选出关键信息，将无用或干扰性信息排除在外。过滤性听力理解实质上是一种信息处理的过程，它有助于听者在短暂的时间内抓住关键内容，理解听力材料，而不必陷入琐碎的细节中。这要求听者具备一定的听力技能。他们需要培养敏锐的信息筛选能力，以快速辨别出哪些信息是关键的，哪些是不必要的，具体包括识别关键词汇、短语和句子，以及了解它们与主题的关联性。听者需要具备专注力，避免被不相关的信息干扰，而将精力集中在核心内容上，从而更好地理解和记忆。

抓关键信息并不意味着听者只顾局部，不顾全局。听力的过滤性还要求听者关注内容的内在连贯性，即听者不仅要捕捉到关键信息，还要有能力捕捉到其中的主题或中心思想，这个主题是理解的关键，是理解听力内容的纲领。一旦主题被明确，听者就可以逐步探索有关事件的时间、地点、过程，以及发话人的思想和情感等边缘要素，并将关键信息与主旨串联起来进行匹配，也反向印证自己抓取的关键信息是否有效，及时进行调整。分析主题和关键要素之间存在的逻辑关系和连贯性，并将听力内容整合成一个有机的整体，更有助于听者的全面理解。

3. 推测性

推测性在听力理解中扮演着关键角色，具体体现为听者通过自主推理来解析和理解听力材料。虽然在任何理解行为中都存在推理的成分，但在听力理解中推测性变得尤为重要。推测性包括两个关键环节：预测和推断。在预测环节，听者试图预测将要发生的事情或听到的信息，这种预测是基于已有的知识、经验和上下文线索进行的。然后在推断环节，听者根据已有信息和所获得的新信息，进行逻辑思考和推断，以确定发话人的意图、观点或行为是否与预测一致。这些推断可能涉及对因果关系、情感表达或事件发展的猜测。通过这两个环节的不断验证，听者能够更全面地理解听力材料。

从这两个关键环节也能看到，推测的有效性依赖已有知识和经验与未知事物之间的内在关联。这意味着听者需要借助自己的背景知识、语言技能和文化理解来识别和建立信息之间的联系。这些联系可以是明显的，如词语之间的同义关系，也可以是隐含的，如文化背景对特定表达方式的影响。通过识别这些关联，听者能够更准确地推测发话人的意图和信息的含义。

第五章 跨文化视野下英语技能教学探究

4. 文化性

在英语听力理解中，学生可能会遇到一些问题，如词汇都听到了，也都能写出来，但是题目做不对或者不理解说的是什么意思，这可能是因为他们缺乏对听力材料中文化背景知识的了解。

在"You have to bite the bullet when we face this difficult situation."（你们必须勇敢地面对这种困难情况）中，"Bite the bullet"字面意思是"咬住子弹"，学生可能不理解为什么要"咬住子弹"，如果此时没有上下文或者没有理解上下文的含义，那么即使听到了，也无法理解其内容。"Bite the Bullet"这个表达源自19世纪，具体来说，它与军事医疗有关。在当时的战场上，医疗条件非常恶劣，缺乏现代医疗设备和麻醉剂。当士兵在战斗中受伤，需要接受手术时，医生常常面临一种艰难的情况，由于没有麻醉剂，进行手术时需要寻找一种方式来减轻病人的疼痛。医生会要求病人在手术过程中咬住一颗子弹或其他坚硬的物体，以克制自己的痛苦。这样，虽然仍然感受到剧痛，但他们可以忍受下来，让医生完成手术。因此，"Bite the Bullet"的字面意思是"咬住子弹"，但引申义为"面对困难或痛苦，勇敢地去做某事"。这个表达方式强调在面对生活中的痛苦或困难时要坚韧和勇敢，后来用它传达一种不屈不挠的决心和坚强的精神。如果学生不了解它的历史背景，脱离了文化，理解就无从谈起。如果说这个例子尚能猜测或者推导出含义，那么一些跟母语文化相反的听力内容，要从何处下手进行推导呢？例如，"John's brother got a new bike, John was green-eyed."（约翰嫉妒哥哥买了一辆新自行车。）中"Green-eyed"字面意思是"绿色眼睛"，中文中使用"红眼病"来表示嫉妒、羡慕，"红"与"绿"相对，却在不同文化中表达同一含义，并且中文中没有"绿眼睛"这样一种文化象征和文化图式，唯一可以联系的是绿脸，绿脸在京剧脸谱中代表着勇猛、暴躁、强横，多用来形容草莽英雄或者四肢发达、头脑简单的人物。这种情况下，通常无法将"绿眼睛"与"嫉妒"联系起来，而且如果不了解"Green-eyed"的文化背景，也无从下手进行猜测。"Green-eyed"是文学作品的产物，现在已经融入了英语，用于描述嫉妒或羡慕这一情感状态。这个表达的历史背景和起源可以追溯到莎士比亚时代，尤其是他的著名戏剧《奥赛罗》(Othello)。在《奥赛罗》中，莎士比亚创造了短语"green-eyed monster"，用于描述笔下的角色奥赛罗，他将嫉妒描述为一种"绿眼怪物"，这个怪物在人们内心滋生和蔓延，当人们感到嫉妒或羡慕时，他们的皮肤可能会因情感的冲击而变得苍白，脸色可能呈现绿色，从而引发各种消极情感和行为，吞噬人们的理智，引导剧情的发展。并且在莎士比亚时代，绿色被普遍视为不吉祥的颜色，这种联系可能也有助于解释为什么莎士比亚选择了"green-eyed"来形容嫉妒。随着时间的推移，莎士比亚创造的文化符号沿用了下来，这个短语在英语中逐渐用于描述嫉妒或羡慕的情感状态。因此，在跨文化英语听力教学过程中，教师需要融合文化因素，充实学生头脑中的文化图式，使他能够快速而深入地理解听力材料。相反，如果学生的头脑中缺乏文化图式或图式不完整，就可能导致辨认速度减缓和理解困难。

二、跨文化视野下英语听力教学的内容

跨文化视野下英语听力教学的内容如图5-2所示。

图5-2 跨文化视野下英语听力教学的内容

（一）听力知识

在跨文化英语听力教学中，听力知识教学涉及多重层面，其中包括语音知识、策略知识、语用知识，以及文化知识等。这些知识有助于学生更好地应对听力挑战。语音知识是听力教学中不可或缺的一部分内容。在听力理解过程中，语音解码至关重要。因此，语音知识不仅仅是

语音教学的内容，还是听力教学的核心内容之一。在教学过程中，教师需要向学生传授与发音、重读、连读、意群，以及语调相关的知识。掌握这些语音知识的基础上，学生就能够更准确地辨识和理解听力材料中的语音信息，提高听力技能。策略知识包括如何预测、如何捕捉关键信息，以及如何处理陌生词汇等。学生需要掌握一定的策略知识，以便根据不同的听力任务选择适当的听力方式。这些策略有助于学生更有针对性地应对各种听力情境，提高听力效率。语用知识也是听力教学内容的重要组成部分。缺乏相关的语用知识会导致学生难以真正理解交谈双方的会话含义和意图。在听力理解中，了解言语行为、语境和言语行为的目的对于正确解读听力材料至关重要。因此，教师应该向学生传授与语用知识相关的内容，以帮助他们更好地把握言语行为背后的含义。文化知识也是听力教学中的重点。缺乏对目的语国家文化的了解会使学生在听的过程中产生歧义，影响他们对听到的内容的理解。教师应该向学生介绍有关目的语国家的文化、社会习惯、价值观念等，以帮助他们更好地理解和解释听力材料中的文化相关信息。

（二）听力理解

听力理解包括对字面意思的理解和对隐含意思的理解，是一个多层次的过程，包括辨认、信息转化、重组与再现、评价与应用等步骤要素。第一，辨认是理解的基础，要求学生准确识别语言、符号和信息，包括语音、词汇、句子等元素，以及说话者的语速、语调和重音等特征。这一层次的训练有助于学生提高听辨能力，使他们能够迅速捕捉到关键信息，从而建立对听力材料的初步理解。第二，信息转化要求学生将听到的信息转化成图表或书面输出，培养学生信息分析和书面表达能力。这包括将关键信息填写到图表中，以及用自己的语言转述听到的内容。通过这一层次的训练，学生可以更好地整理和组织听到的信息，为后续的理解和表达奠定基础。第三，重组与再现阶段要求学生将听到的信息用自己的语言重新组合，并通过口头或书面形式表达出来。这需要整合和整理信息，确保表达的准确性和流畅性。通过不断练习，学生可以提高自身口头和书面表达能力，更自信地表达自己的观点和想法。第四，评价与应用是理解的最高层次，要求学生评价信息并将其应用到实际情境中。这可以通过讨论、辩论等活动实现，促使学生在多种情境下应用听力技能，进行批判性思考。这一层次的训练有助于学生更深入地理解听力材料，并将所学知识运用到实际生活和学术领域中。这些听力理解要素相互交织，帮助学生提高综合能力，更自信和熟练地处理各种听力任务，提高跨文化交际能力。

（三）听力技能

听力技能是学生在理解听力材料时需要具备的关键能力，具体包括辨音能力、猜测词义能力、预测下文能力、理解大意能力、推理判断能力、理解细节能力、交际信息辨别能力、记笔记能力、选择注意的能力，以及评价能力等各项与听力有关的技能。

辨音能力是听力技能的基础，包括对音位、重弱、意群、语调和音质等的辨别能力。这些是语音的基本构成要素，对于准确理解听力材料至关重要。学生需要能够分辨不同音素、识别重音位置，以及捕捉语言中的语调变化，从而更好地理解口语表达。猜测词义能力是指学生在听到生词或难词时，能够运用上下文信息、词根词缀等来推测词义，这种能力可帮助学生克服词汇障碍，更好地理解听力内容。预测下文能力是指学生根据已听内容，推测接下来可能出现的信息，从而建立逻辑关系和发展顺序，这有助于学生更好地组织听力信息，增强对听力材料的整体理解。理解大意能力包括对听力材料整体意思的把握，如主题和意图等，这要求学生能够从片段信息中获取更广泛的上下文，理解对话的核心思想。推理判断能力有助于学生借助各种技巧和信息推断说话者的态度、意图和言外行为等非言语信息，从而更深入地理解听力材料，抓住更多细节。理解细节能力要求学生能够从听力材料中提取具体信息，包括数字、日期、地点等，这有助于学生更全面地理解听力内容。交际信息辨别能力包括辨别不同交际指示语的能力,如新信息指示语、例证指示语等,这可帮助学生更好地理解说话者之间的交流和对话。记笔记能力是学生根据听力要求选择适当的笔记方式,有助于整理和记录听到的信息。选择注意的能力要求学生根据听力任务的目的和重点,有针对性地关注特定信息,避免信息过载。评价能力允许学生对所听材料进行批判性评价,并表达自己的观点和看法,有助于学生更深入地参与听力交流,提高跨文化交际能力。

听力技能的培养是英语听力教育中的重要一环,它们相互交织,有助于学生更全面、准确地理解听力材料,提高听力水平和交际能力。

三、跨文化视野下英语听力教学的原则

跨文化视野下英语听力教学的原则如图5-3所示。

图5-3 跨文化视野下英语听力教学的原则

(一)听力材料选择原则

听力材料选择原则如图5-4所示。

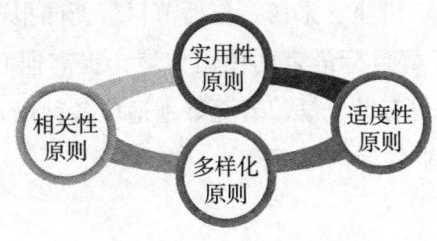

图5-4 听力材料选择原则

1. 相关性原则

听力材料的选择应与学习者的学习目标相关。不同学习者可能有不

同的学习目标，有些人可能更关注日常会话能力，而其他人可能对专业英语或特定主题的听力材料感兴趣。因此，教师在选择听力材料时应考虑学习者的需求，确保材料与他们的学术或职业目标，尤其是文化目标相关。同时，听力材料还应与学习者的兴趣相关，因为这样可以增加他们的学习动力和积极性，有助于提高他们的专注度和参与度，从而更有效地提高听力技能。学习者应该参与到听力材料选择和评价过程中。他们可以参与选择感兴趣的主题或话题，也可提供反馈和评价，这样有助于增强学习者的主动性和学习动机，使他们更好地进行听力训练。

2. 多样化原则

在进行听力材料的选择时，应遵循多样化原则，确保所选材料涵盖不同的文体和语篇类型。这一原则的重要性在于学习者在使用目标语言进行交流时可能会面对各种各样的语言形式和应用场景，因此他们需要在听力训练中接触和熟悉多种文体和语篇类型。传统上，文体可以分为五大类，包括叙述性、描述性、对比、因果/评价、问题/结论等。这些文体反映了不同的语言使用方式和表达需求。例如，叙述性文体常用于讲述故事或事件的发展，描述性文体用于描绘事物的特征，对比文体用于对两个或多个事物进行比较，因果/评价文体用于说明原因和评价情况，问题/结论文体用于提出问题和得出结论。因此，学习者需要在听力训练中对这些文体进行全面了解。教师在选择听力材料时，可以考虑不同文体的对话、讲座、采访、广播节目、新闻报道等。这样有助于学习者更全面地了解目标语言的使用情境，提高他们的听力技能。此外，多样化的文体也有助于学习者更好地适应各种语言环境，如日常交流、学术讨论、专业领域沟通等。

3. 适度性原则

在制订听力教学计划和选择听力材料时，适度性原则是一个非常重要的指导原则。这一原则强调了教师需要根据学习者的水平和教学目的，选择适当难度的听力材料，以便学生能够逐步提高听力技能，实现循序渐进的教学目标。适度性原则的核心思想是确保听力材料的难度与学生的语言水平相匹配。这意味着教师应该根据教学的目的、训练的目标、学生的水平、学习经验和语言能力来选择合适的材料。如果材料的难度过高，学生可能难以理解和掌握其中的内容，从而感到沮丧。相反，如果材料的难度过低，学生可能会感到无趣，难以获得挑战，也无法提高他们的听力技能。因此，在听力教学中，教师应该根据不同的教学阶段和目标，选择适当难度的听力材料。对于初学者，可以选择相对简单的材料，包括日常对话、简短的故事和情境对话，以帮助他们建立听力基础。随着学生的进步，教师可以逐渐引入更复杂、更具挑战性的材料，如新闻报道、学术讲座和专业领域的对话。这样有助于学生逐步提高听力技能，不断增强语言理解能力。

4. 实用性原则

实用性是在选择听力材料进行训练时的一个重要考虑因素。这一原则强调听力材料应具有实际应用价值，与学生的日常生活或学习领域相关。

实用性的听力材料能够激发学生的学习积极性和兴趣。当学生感到所学的内容与他们的实际生活、兴趣或学习需求相关时，他们更有动力去努力学习。接触实际应用场景中的听力材料，学生可以更好地掌握相关的语言技能。例如，可以通过给学生播放车站、机场等地方的检票、登机、晚点等通知让学生进行训练，也可通过组织看电影、听广播、听新闻等锻炼他们的听力技能。这种实际应用式培养有助于学生将所学知识转化为实际能力。通过聆听真实的对话、讲座或采访，学生可以更好地理解语言的实际用法，包括词汇、语法、语音等方面，从而更好地参与到日常对话中，增强口语表达和互动能力。实用性的听力材料还可以帮助学生理解不同文化背景下的语言和交流方式，从而助于培养学生的跨文化沟通和理解能力，使他们更好地适应多元文化社会。

（二）听力教学原则

听力教学原则如图5-5所示。

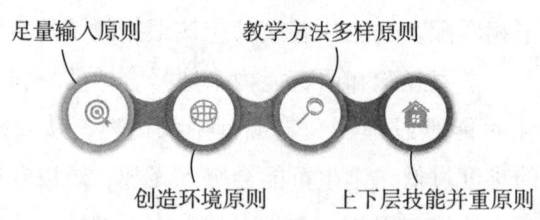

图 5-5 听力教学原则

1. 足量输入原则

足够的输入量是跨文化听力教学中的一个关键原则,它对于学生的语言习得至关重要。通过提供大量真实的语言实例,有助于学生更好地了解和掌握目标语言。语言习得的过程中,学生需要大量的听力输入,这是他们熟悉语音、语调、语法结构,以及丰富词汇的前提。足够的输入量可以帮助学生逐渐适应目标语言的表达方式,提高他们的听力技能。在跨文化英语听力教学中,课堂应该成为学生主要获取听力输入的地方。教师可以通过精心设计的听力活动和任务,将听力材料融入课堂教学,使学生在课堂上能够接触大量的真实语言实例。

2. 创造环境原则

创造一个浸入式的语言环境是跨文化英语听力教学的核心原则之一。这意味着在课堂上,教师应该用目标语言进行授课,使学生不断接触目标语言的语音、语法结构和表达方式。这有助于学生更好地理解和习得语言。跨文化英语听力教学也要考虑文化环境的创造。教师可以引入不同国家或地区的文化元素,如习惯用语、节日庆祝等,以帮助学生更好地理解语言背后的文化内涵。这有助于提高学生的文化敏锐性,使他们能够更好地融入跨文化交流中。创造一个积极的社交环境对于跨文化英语听力教学至关重要。教师可以鼓励学生参与口语交流、小组讨论和互动活动,以提高他们的口语表达能力和听力技能。教师应该鼓励学生与母语为英语人士或其他学习者进行语言交流,创造一个真实的社交语境。现代技术为跨文化英语听力教学提供了丰富的资源。教师可以利用多媒体、互联网和在线学习平台来提供多样化的听力材料和互动性学习体验,从而助于学生更好地融入数字化时代的语言使用环境。创造一个丰富的学习资源环境是跨文化英语听力教学的一部分。教师可以提供多种多样的听力材料,包括真实对话、电影、音乐、广播节目等,使学生有机会接触不同口音、语速和语言风格,提高听力适应能力。

3. 上下层技能并重原则

上下层技能并重原则是指在听力理解过程中,同等重视并培养上层技能和下层技能,以提高听力理解效果。上层技能(top-down skills):上层技能是指在听力理解中利用背景知识、上下文信息,以及预测、筛选、吸收和推理等高层次的认知处理技能。这些技能可帮助听者更好地理解语言并将听到的信息放入上下文中,从而获得更全面的理解。上层技能涉及语境和语言篇章的处理,而不仅仅是对语音和语法的听辨和识别。下层技能(bottom-up skills):下层技能是指处理具体语言信息,如单词、短语、句子等的听辨和识别基础技能。这些技能包括对语音、语法和词汇的敏感性,能够帮助听者分辨和识别语音和语言的构成部分。基于上下层技能,教学过程中包括自上而下、自下而上等信息加工模式。自上而下模式指的是听者在理解语言时依赖上层技能,如背景知识和语境信息,然后根据这些信息来理解具体的语言细节。听者通过预测和猜测来填补可能的信息缺失。自下而上模式指的是听者关注具体的语音、语法和词汇信息,然后逐步构建更高层次的理解,将这些信息整合到上下文中。听者通过逐步分析和识别语言的各个组成部分来理解整个语篇。

上下层技能并重原则的重要性在于,它强调了在听力教学中应该同时培养学生的上层技能和下层技能。传统上,重点放在下层技能的训练上,但实际上只有上下层技能融合,才能使学生在听力理解中更加熟练和自信。

上层技能帮助学生理解语言上下文,预测可能的信息,从而更好地应对复杂的听力情境。下层技能则提供了必要的语音和语法基础,以确保学生能够准确地听辨和识别语言的各个组成部分。通过进行上下层技能融合培养活动,学生可以更全面地理解和运用语言,从而更好地适应不同的交流情境。

4. 教学方法多样原则

综合运用多种教学方法,并进行灵活切换,有助于满足学生的多样性需求,提高课堂的活跃度,增强教学的针对性和适应性,进而有效培养学生的听力技能。综合性的教学方法有助于提高教学质量,使学生更好地实现学习目标。综合性的教学方法可满足不同学生的学习需求和学习风格。每个学生都有自己独特的学习方式和强项,一种教学方法可能对某些学生有效,但对其他学生不太适用。单一的教学方法可能会导致学生失去学习兴趣,而多样化的教学方法可以为学生提供更多的参与和互动机会,从而使课堂更加生动和有趣。灵活切换多种教学方法有助于提高教学的针对性和适应性。根据具体的教学内容和学生的反馈来灵活切换教学方法,教师可以更好地实现教学目标,使学生更好地理解和掌握知识。

四、跨文化视野下英语听力教学方法

(一)组织多样化的听力训练

英语听力教学的主要目标是培养学生获取信息的能力,这意味着要着重培养他们分析和理解语言材料的能力。实际当中,要精心设计多样化的听力练习和活动,有效提高学生听力能力。

1. 信息抓取教学方法

在英语听力课堂教学中,教师应巧妙地结合"精听"和"泛听"两种方法训练学生的信息抓取能力。精听注重细致入微的语音、语调、停顿、重读等语言元素,要求学生通过仔细聆听来辨别和理解这些细节。这种方法通常涉及对一些短语、句子甚至单个词语的反复播放。通过这种方式,学生可以逐渐熟悉英语的语音和语调,提高对语言细节的感知能力。此外,教师还可以组织相关的练习和活动,帮助学生更好地掌握这些语言元素。然而，仅仅强调精听可能会使学生陷入局限性，他们可能会过于专注语言细节，而忽略了对整体语篇的理解。这就需要引入"泛听"方法，让学生接触更广泛的英语语境。泛听可以涉及长篇讲座、新闻广播、日常对话等不同类型的语言材料。要以正常语速播放这些材料，目的是帮助学生提高在实际语境中理解英语的能力。学生需要通过这种方式培养对语篇的整体把握能力，理解主旨和大意，而不仅仅关注语言细节。另外，教师还可以充分利用现代技术和多媒体资源，如录音、电影、广播电视节目等，来增加听力课堂的趣味性和吸引力。学生可以通过这些资源获得更生动、真实的语言输入，在视听后进行互动式的练习和讨论，从而更好地理解和掌握英语听力技巧和策略。

2. 听写方法

听释：听释是一种要求学生在没有笔记的情况下，听完一段长语篇并能够准确地重构出其内容的听写形式。这种形式有助于培养学生的听力注意力和记忆力，使他们在听的过程中能够集中精力，以便后续的重构。这种练习有助于学生应对信息量较大和结构较复杂的语言材料。

快速听写：快速听写要求学生在自然语速和语音语调情况下进行听写，这有助于培养他们的听力速度和理解能力。通过在真实语速下进行听写，学生能更好地适应实际交流环境，提高应对快速语言输入的能力。

听写大意：听写大意是一种让学生在听的过程中停顿，尽可能准确地写出所听到的内容的听写形式。这有助于培养学生灵活表达和理解语言的技巧，增强学生理解语境和捕捉关键信息的能力。

完形听写：完形听写要求学生在听的过程中或听后进行填空，主要集中在词汇和短语方面。这有助于强化学生对语言细节和词汇的掌握。

纠错听写：纠错听写即提供给学生带有语法或语义错误的文本，要求他们在听的过程中识别并纠正这些错误。这有助于提高学生的语法和语义敏感性，提高他们对细节的关注度。

线索听写：线索听写要求学生互相给对方读一部分听力材料，以帮助对方了解完整的内容。这种形式模拟了真实的交流环境，鼓励学生相互协作，有助于提高他们对关键信息的捕捉能力。

配对听：配对听是让学生成对进行听力练习，即其中一个学生朗读听力材料，而另一个学生聆听并理解内容。这种方法模拟了真实的交流情境，鼓励学生积极参与互动，可培养他们的听力和口语技能。学生通过对话和反馈，能够更好地理解听力材料，提高信息获取和沟通能力。

选听：选听是一种要求学生有目的地选择性关注特定信息的听力策略。这个方法强调在听力理解过程中的主动参与和筛选信息的能力。在选听过程中，学生需要明确他们的听力目标，并注意捕捉关键信息，而不是试图理解和记住所有的细节。这种方法更贴近真实的交流环境，因为在实际对话中，人们通常会选择关注与自己目标相关的信息，而不是一切都记住。选听有助于培养学生的信息处理技能，优化他们在复杂语境中的听力表现。

3. 笔记记录方法

由于听力信息具有时效性，听者必须在一定时间内对信息进行加工处理，尤其是当信息量比较大时，简略进行笔记记录非常有必要。教师可以指导学生根据个人习惯和需求探索合适的方法来进行记录和理解。例如，符号和缩写法，即在听力训练中可以使用简单的符号和缩写来代表常见的词汇或短语，从而提高记录的速度和效率。实际当中，可使用"&"代替"and"、使用"w/"代替"with"、使用箭头符号表示方向，甚至可以利用简略的图画，如圈圈或者三角代表常用词汇，这种方法可以帮助学生更快速地记录听到的信息。关于长篇文章的听力训练，一些情况需要进行结构化记录，具体可以使用标题、子标题、编号列表等方式，也可简略绘制流程图或关系图，将信息清晰地记录下来，以便组织和整理信息，进行后续的理解和回顾。

（二）进行足够的文化图示输入

文化图式法是一种重要的教学方法，它有助于学生更好地理解和应对不同文化背景下的听力材料。第一，激活已有文化背景图式是关键。学生在接触英语时，通常已经积累了一定的人文知识和人生经验，在跨文化英语听力教学中激活他们头脑中已有的文化背景图式尤为重要。这些图式包括对不同文化的基本了解，如历史、社会结构，以及常见的文化符号等。教师可以引导学生运用这些已有的图式来理解听力材料，从而提高他们的听力能力。第二，建立新文化背景图式。在听力课堂中，学生可能会遇到不熟悉的文化元素，这时教师需要帮助他们建立新的文化背景图式。例如，当听力材料涉及西方名人，如特蕾莎修女和约翰尼·德普时，由于许多学生可能对他们知之甚少，教师就要通过口头介绍、多媒体展示或播放相关视频等方式，向学生介绍这些名人的背景和贡献，帮助学生建立关于他们的文化图式。这有助于降低听力材料的难度，同时增加学生理解英语材料的信心。第三，扩展文化背景图式是为了更深入地理解听力内容。听力课堂的时间有限，因此教师应鼓励学生在课下进行自主学习，以进一步扩展他们的文化背景图式。举例来说，如果课上涉及西方名人，教师可以布置学生阅读有关这些名人的书籍或文章。对于提到的有名英文电影，学生可以课下观看整部电影，以更深入地了解相关文化和故事情节。此外，教师还可以组织学生参加英语文化讲座、英语角、英语沙龙等文化活动，以进一步丰富和拓展他们的文化图式，提高他们的跨文化交际能力。

第二节　跨文化视野下英语口语教学探究

一、英语口语

（一）英语口语的内涵

人们对口语的认知是随着时间的推移而不断发展完善的。过去，人们普遍认为语言教学的核心目标是帮助学习者掌握语言的基本要素，包括语音、词汇、语法和句法。根据这一理念，学习者只需要充分掌握这些知识，就能够自然而然地运用语言，流利地进行沟通和交流。然而，这种简化的理念与实际情况存在差距，因为这样并不意味着真正掌握了语言，更不能保证掌握之后就可以在社会中成功交际。这一传统教学理念逐渐受到挑战。直到20世纪七八十年代，西方国家迎来了大规模的移民潮，美国、新西兰、加拿大等国家都经历了这一变革。在这个背景下，语言学领域的研究者和教育工作者开始重新审视语言教学模式，对传统的语言学习模式正式提出疑问。随后，学者和教师开始将语言能力视为交际能力的一个组成部分，认为交际能力是语言学习者利用语言工具与他人进行有意义信息互动的能力，而这种能力具体涉及广泛，通常在实际交际情境中得到培养和发展。并且，人们逐渐意识到，了解语言背后的社会文化也有助于提高口语能力。整体来看，口语的内涵涵盖了多个方面，除了简单的语音和语法，还包括了以下几个重要元素：第一，语音和语调。口语表达需要正确的语音和语调，以确保被听众理解。语音和语调的准确性对于保证交流的流畅性和准确性至关重要。第二，语法和词汇。正确的语法和词汇使用是口语表达的基础。学生需要掌握大量词汇，了解常用的表达方式，以构建语言表达的基础。第三，功能性知识。口语不仅仅表现为语言形式，还体现为语言的功能，具体包括在不同情境下如何表达自己的意见、请求、建议、道歉等。第四，社会文化背景。口语的有效运用还需要考虑文化差异和社会习俗。学生需要了解不同文化背景下的交际方式、社会礼仪和文化传统，以避免交际中的误解和冲突。第五，交际能力。口语是一种交际工具，因此交际能力也是口语的一部分，包括倾听、回应、提问、表达观点、与他人互动等技能。学生需要培养这些能力，以更好地参与交际活动。因此，现代英语语言教育应更加注重培养学生的全面语言能力，以便他们能够自信地应对多样的社交情境。

（二）英语口语中的跨文化因素

口语与文化的密切关系是不可忽视的，文化差异对口语交际产生重要影响。在大学英语口语教学中，教师的任务之一是帮助学生理解文化差异对口语表达的影响，培养他们的文化差异意识。这不仅有助于提高学生的口语交际能力，还有助于增强学生跨文化理解和尊重意识。

1. 词汇内涵差异的影响

口语词汇与文化之间存在紧密的联系，词汇不仅仅是语言的基本构成要素，是传递思想、信息和情感的基础，还承载着深刻的文化内涵，并且这往往在不同语言和文化中表现出明显的差异。因此，理解口语词汇中蕴含的文化因素对于有效的口语表达至关重要。英汉文化之间的词汇差异在口语交流中常常较为显著。一个词语在一种文化中可能具有一种特定的象征意义，但在另一种文化中却有完全不同的解释。例如，在中国文化中，"鱼"（fish）是吉祥的象征，因为它的发音与"余"（surplus）相似。因此，在中国，人们通常会在春节期间吃鱼来庆祝，意味着年年有余。然而，在英语文化中，"fish"仅仅表示一种食物，不带有吉祥寓意。如果在口语交际时没有告诉对方，肯定会出现沟通不畅的情况。因此，要想在跨文化口语交流中取得成功，学习者不仅需要掌握词汇的基本含义，还需要理解其中蕴含的文化内涵。

2. 思维模式差异的影响

思维模式因素对大学英语口语教学具有深远的影响。英汉两种语言的思维方式存在着许多差异，这些差异会直接影响学生的口语表达能力。受到母语迁移的负面影响，很多学生习惯使用"中式英语"，导致他们的句子结构不符合英语语法规则，这也是他们口语交流中的一大障碍。此外，思维模式的差异也会影响学生口语表达的流利度。许多学生运用汉语思维，但进行英语表达，这可能导致他们在口语交流中出现停顿、犹豫等现象，因为他们需要一段时间来寻找英语对应的词汇、表达方式等。这种情况不利于学生与外国人顺畅交流。因此，在大学英语口语教学中，教师需要认识到思维模式的影响，并采取措施帮助学生调整他们的思维方式，使他们逐渐适应英语的表达方式和思维习惯。这包括提供大量的口语练习和交流机会，帮助学生培养用英语思考和表达的能力，以提高他们的口语表达水平和流利度。

3. 社会文化差异的影响

社交文化因素对大学英语口语教学产生深刻影响，这是因为不同的文化背景塑造不同的社交行为和交际方式。这些差异直接影响了学生在口语交际中的表现和互动。举例来说，中西文化中礼貌用语和称呼方式不同，人们使用不同的礼貌用语和称呼方式来表达尊重和亲切。例如，在中国文化中，常常使用敬语和尊称，如"先生""女士""老师"等，以表示尊重。而在某些西方文化中，人们更倾向于使用名字来称呼对方，强调平等和直接性。因此，学生需要了解在不同文化背景下如何适当地使用礼貌用语和称呼方式。中西文化下社交规则和约会习惯也不同。例如，在一些西方国家，约会时常常采用直接的方式表达自己的感情和意图。而在一些亚洲文化中，人们可能更加保守和含蓄，需要更多的时间来建立信任和亲近感。学生需要了解这些差异，以避免在口语交际中造成误解。

另外，不同文化中对于非语言交际和身体接触的看法也存在差异。一些文化可能更注重面部表情、眼神接触和手势，而另一些文化可能更注重身体接触。学生需要了解如何在不同文化背景下适当地运用非语言交际，以确保他们的口语交际更具效果。因此，大学英语口语教学不仅需要关注语言技能的培养，还需要帮助学生理解不同文化背景下的社会文化因素。教师可以通过提供案例分析、角色扮演和跨文化交际训练来帮助学生适应不同的社交文化环境，提高他们的口语交际能力。这将使学生更加自信和成功地应对跨文化交际挑战，提高口语表达水平。

二、跨文化视野下英语口语教学的内容

跨文化视野下英语口语教学的内容如图 5-6 所示。

第五章　跨文化视野下英语技能教学探究

图 5-6　跨文化视野下英语口语教学的内容

（一）语音

语音训练不仅是培养良好口语表达能力的基础，还有助于学生更好地理解他人的口语表达，提高他们在面试、演讲、社交互动，以及职场沟通中的竞争力。语音训练内容包含了多个方面。

1. 发音准确性

语音训练的核心之一是确保学生能够准确地发出英语中的所有音素，包括辅音和元音。这涉及口腔肌肉的准确运动和舌头的正确位置。举例来说，对于许多学生而言，英语中的 /θ/ 音（如"think"）和 /ð/ 音（如"this"）常常是难以正确发音的音素。语音训练需要帮助学生克服这些挑战，确保他们的发音准确无误。

2. 语调和重读

了解英语中的语调模式是口语训练的重要一环。不同的语境和情感可能需要不同的语调。例如，在陈述句中，通常会有一个升调（rising intonation）来表示疑问，而在祈使句中，通常会有一个降调（falling intonation）来表示命令或请求。此外，重读（stress）的位置对于理解句子的意思至关重要。例如，"I didn't say he stole my money."（我没说他偷了钱）中，重读位置不同会改变句子的含义。对"I"进行重读，强调"我没说"，对"didn't"进行重读，侧重表达"没说"，对"stole"

进行重读，强调"他没偷，他可能对我的钱实施了其他行为"等。

3. 连读和弱读

英语中的连读和弱读现象常常使学习者感到困惑，尤其在听力和口语中，如果不会连读，口语表达就会显得比较生硬。连读是指一个词的结尾辅音与下一个词的开头辅音相连，使句子更加流畅。例如，"I am"通常以 /aɪm/ 的连读形式发音。弱读是指在句子中，一些非重读音节的发音较弱，几乎被省略。例如，"banana"中的第二个音节往往会被弱读，即 /bəˈnænə/。

4. 音节划分

学生需要学会正确划分英语单词的音节，这有助于他们更流利地发音和理解他人的口语。例如，"unbelievable"可以被划分为 /ʌn·bɪˈliː·və·bəl/，这样学生可以更容易地发出这个复杂单词的音。

5. 意群和停顿

要教导学生如何将句子划成多个意群，并在适当的地方停顿。这有助于确保口语表达更加自然流畅，避免句子结构混乱。例如，在句子"I don't know where he is going."中，可以准确划分意群并在适当的地方停顿，即"I don't know / where he is going."。

（二）词汇

英语口语教学的内容之一是词汇教学，这对于学生学习英语口语至关重要。词汇是语言的基石，是构建句子和表达思想的关键。没有足够的词汇量，学生将难以进行流畅的口语表达，因为他们缺乏足够的词汇来支持自己的思维和意见。因此，词汇教学在英语口语教学中扮演着不可或缺的角色。

词汇教学涉及词汇量的积累。学生需要逐渐扩大他们的词汇储备，包括常用词汇、专业词汇，以及口语表达中常见的短语和习惯用语。这将使他们能够在各种情境中更自如地表达自己的想法和情感。例如，一个商务专业的学生需要掌握商业英语词汇，以便在国际或跨文化商务会议中流利地交流。而一个旅游爱好者需要了解与旅游相关的词汇，以及词汇背后的文化含义，以便在旅行中与人交流。词汇教学也需要注重词汇的扩展。学生应该学会通过词根、前缀和后缀等来理解和记忆新词汇。这将使他们能够更好地应对不熟悉的词汇，并不断增加词汇量。

词汇教学也涉及了词汇的正确用法和搭配。学生不仅需要知道单词的意思，还需要了解它们在不同语境中的用法。例如，单词"break"在不同语境中可以表示休息、中断、打破等不同的意思，学生需要学会根据具体语境选择正确的意思。此外，学生还需要了解常见的词汇搭配，以避免在口语表达中出现不自然或错误的组合。

另外，词汇教学还应注重发音。学生需要正确发音，以确保他们的口语表达清晰而准确。错误的发音可能导致听众难以理解，从而降低交流的效果。因此，教师应该帮助学生练习发音，而且要特别关注那些在发音上与他们母语不同的音素。

（三）语法

跨文化英语口语教学中，语法教学是至关重要的一部分。语法规则在口语交流中起着关键的作用，因为它们帮助学生构建句子、表达思想，并确保他们的语言表达准确无误。语法教学主要包括四方面的内容。第一，语法教学涵盖了不同语法结构和句型的学习。学生需要掌握英语中的基本句子结构，如主谓宾、主从复合句等，以及常见的句型，如疑问句、否定句等。这使他们能够构建复杂的句子并表达复杂的思想。第二，语法教学内容包括了时态和语态的使用。了解何时使用过去时、现在时或将来时，以及如何使用被动语态等，对于准确传达信息和情感至关重要。语法规则确保学生能够在不同语境中正确地表达事件的发生时间和方式。第三，语法教学强调了词汇和语法的关联性。学生需要了解词汇与语法之间的关系，包括动词时态的变化、形容词和副词的使用等。这有助于他们构建更具表达力的句子。第四，语法教学还涉及口语交际中的常见语法问题。学生常常在口语表达中犯一些典型的语法错误，如主谓不一致、时态混淆等，教师的任务是帮助学生识别并纠正这些错误，以提高他们口语的准确性和流利度。在跨文化英语口语教学中，语法教学还应考虑到不同文化背景下的语法使用差异。不同文化之间可能存在一些不同的语法约定，因此学生需要了解如何在跨文化交流中避免语法误解。

（四）会话技巧

跨文化英语口语教学中，培养学生的会话技巧是至关重要的。会话技巧不仅帮助学生更好地理解和应对不同文化背景下的人，还有助于他们在跨文化环境中更流利、成功地表达自己。会话的技巧在不同文化中可能存在差异。举例来说，英语中常用的问候语句有"Good morning!"或"Hello!"等。而在中国文化中，人们可能更倾向于使用更加礼貌的问候用语，如"您好，请问您吃过饭了吗？"学生需要了解这些差异，以便适应不同文化中的会话起始方式。倾听技巧对于有效的口语交流至关重要。在不同文化中，人们对于倾听和回应的期望可能有所不同。举例来说，在英语中，当对方提出观点时，常用的回应方式可能包括"I see."或"That's interesting."。而在某些亚洲文化中，人们可能更倾向于用点头或沉默来表示倾听。学生需要学会在不同文化环境中适应这些倾听技巧。而且，打断会话需谨慎。在某些文化中，打断他人的谈话可能被视为不礼貌的行为，而在其他文化中可能是正常的表达方式。例如，在英语中，人们通常会礼貌地请求打断，如"Excuse me, but could I ask a question?"（打扰一下，我能问您一个问题吗？）。但在一些南欧文化中，打断可能更为直接。学生需要了解文化差异，以避免误解和冲突。话题转换也受到文化因素的影响，在不同文化中，人们可能对于话题转换的频率和方式有不同的偏好。例如，在一些拉丁美洲文化中，人们可能更倾向于频繁地切换话题，而在一些亚洲文化中，对话可能更为专注于一个主题。学生需要学会适应不同文化中的话题转换方式。最后，结束会话时需要注意表达礼貌和感谢。在英语中，常用的结束语句，如"I've enjoyed talking with you."或"It was nice meeting you."可以传达友好和感激之情。学生需要了解不同文化的结束方式，以确保结束会话时不冒犯对方。

（五）文化知识

跨文化英语口语教学中，文化知识的传授是不可或缺的一部分。文化知识不仅有助于学生更好地理解语言，还能提高他们的交际技能，使他们能够更自信、更得体地与不同文化背景的人进行口语交流。文化知识涵盖了文化规则和交际规则。在不同文化中，人们的行为和礼仪可能存在显著差异。例如，在一些东亚文化中，弯腰鞠躬被视为一种尊敬的表达方式，而在西方文化中，握手更为常见。学生需要了解这些文化规则，以便在跨文化交流中表现得体。此外，不同文化之间的交际规则也有所不同，如何表达感谢、道歉、赞美等都可能因文化而异。学生需要学会适应不同文化的交际规则，以避免误解和冲突。文化知识对于理解语言中的隐含信息至关重要。在口语交流中，经常会出现隐含意义和文化背景相关的表达。例如，在英语中，当有人说"I appreciate it."时，这不仅表示感谢，还传达了一种赞赏的情感。类似地，当有人说"It's quite a challenge."时，这可能意味着挑战很大，需要克服。学生需要通过学习文化知识来理解这些隐含信息，以更准确地理解对话内容。

文化知识还有助于学生更好地理解文化背景下的俚语、成语和文化典故。在口语交流中，人们常常会使用与特定文化相关的俚语和成语，这些表达可能不容易直接翻译或理解。例如，在英语中，表达"it's raining cats and dogs."并不意味着真的有猫狗从天上掉下来，而是指雨势非常大。学生需要通过学习文化知识来理解这些表达背后的文化典故，以避免产生误解。

三、跨文化视野下英语口语教学的原则

跨文化视野下英语口语教学的原则如图 5-7 所示。

图 5-7 跨文化视野下英语口语教学的原则

（一）先听后说原则

先听后说原则指的是要在听力方面取得成功，学习者必须在口语表达方面下功夫。这种原则强调听力和口语之间的相互促进作用。学习者通过积极参与口语表达，可以更好地理解和应用所听到的语言。这种参与有助于加深对语音、语法和词汇的理解，进而提高听力水平。

美国学者斯蒂芬·克拉申（Stephen Krashen）是二语习得研究领域内非常有影响力的学者，他提出的输入假说（input hypothesis）是他语言习得理论的核心概念之一。输入假说认为，语言习得发生在学习者接触到略高于其当前语言水平的可理解的语言输入时。① 这种输入被称为"可理解的语言输入"（comprehensive input），通常表示为"i + 1"，其中"i"代表学习者当前的语言水平，"1"代表稍微高于这个水平的语言材料。这意味着学生应该先通过听力来接触和理解复杂的语言输入，然后再进行口语表达。在口语教学中，这一原则可以被归纳为"先听后说"。学生需要先通过听力练习来积累词和语言信息。通过聆听来自不同说话者的语言输入，学生可以接触到多样化的语音、语法、词汇和语境，这种多样性有助于他们更好地理解口语表达中的差异和细微之处。此外，通过听取真实的语言材料，学生可以更好地感知语言的语音语

---

① KRASHEN S D. The input aypothesisi vssues and implicatins [M]. London: Longman, 1985: 5.

调、语法结构和语言习惯。随着听力练习的深入,学生的口语表达能力逐渐增强。他们不仅能够模仿所听到的语言输入,还能够运用所学的语言知识来进行口语表达。这种从听力到口语的过渡是渐进式的,但有助于提高学生的口语交际能力,使他们更自信、更流利地表达自己。

(二)互动性原则

互动性原则是跨文化英语口语教学中需遵循的原则,它对于培养学生的口语能力和跨文化交际技能至关重要。口语练习在语言学习中占据着重要地位,有助于学生提高交际能力,而互动原则正是为了使口语练习更加贴近真实交际情境而提出的。互动原则强调学生之间的互动性。在传统的口语教学中,学生往往只是被动地回答教师的问题,缺乏主动参与的机会。然而,在实际的跨文化交际中,学生需要具备主动发起对话和积极回应的能力。通过互动性的口语练习,学生可以模拟真实的交际场景,积累实际对话经验,提高自己的口语表达能力。另外,互动原则倡导情境化的口语练习。这意味着口语练习应该与实际生活情境相关,让学生能够在练习中应用所学的口语技能。例如,教师可以设计对话情境,让学生扮演不同的角色,共同进行对话练习。这种情境化的练习有助于学生更好地适应实际交际中可能遇到的挑战,提高口语自信心。互动原则也要求学生与教师之间加强互动。教师在口语教学中应该扮演引导者和参与者的角色,与学生建立互动关系,激发学生的学习兴趣和积极性。通过积极的教师—学生互动,学生可以获得及时的反馈和指导,更好地理解和运用口语知识。最后,互动原则要求口语练习具有跨文化的特点。在全球化的今天,跨文化交际能力变得越来越重要。口语练习应该引入不同文化背景的情境,让学生更好地理解和尊重不同文化之间的差异。这有助于培养学生的跨文化交际技能,提高他们在国际舞台上的竞争力。

(三)及时纠错原则

及时纠错原则在跨文化英语口语教学中具有重要的作用,它有助于学生更快地纠正错误,提高口语表达的准确性和流利度。口语学习中出现错误是不可避免的。学生在口语练习中可能会犯各种错误,包括发音错误、语法错误、词汇错误等,这是学习过程中的一部分,应被看作正常现象。教师需要理解这一点,并采取科学的态度来处理学生的错误。教师需要根据错误的性质和重要性来决定是否及时纠正。对于一些无关紧要的语法问题或发音细节,教师可以酌情忽略,不必立即纠正。过于频繁和严厉的纠错可能会打击学生说话的积极性,导致他们变得胆怯,不敢开口。因此,教师在口语对话训练过程中可以先听学生说完,不要立刻打断并纠正每一个错误。教师应采用积极的反馈方式来帮助学生改进口语表达。在口语对话训练结束后,教师可以统一指出训练过程中的错误,提供正确的示范或解释。这种反馈方式更有利于学生的学习,让他们能够理解错误的原因,并有机会改进。对于一些重大的错误,教师也可以选择在训练结束后立即指出。这些错误可能涉及关键的语法规则或发音问题,如果不及时纠正,可能会在学生的口语表达中产生不利的影响。因此,教师需要在适当的时候采取果断的行动,确保学生能够及时纠正这些重要错误。

(四)实用性原则

实用性原则旨在确保教学活动与学生的日常生活密切相关,使口语教学更具实际应用价值。教师在设计口语教学活动时,应力求增强话题和主题的趣味性。学生更容易参与和投入自己感兴趣的话题中。因此,教师需要选择具有吸引力的话题,引起学生的兴趣和好奇心。实用性原则要求教师深入挖掘学生的愿望和实际需求。了解学生的个人目标、职业规划,以及日常生活中需要用到口语的情境是非常重要的。教师可以与学生进行沟通,了解他们想要提高口语的具体原因和目标,以针对性调整教学内容和活动形式，使之更符合学生的实际需求。另外，实用性原则还要求教师将教学内容与学生感兴趣的话题有机结合在一起。这可以通过引入与学生日常生活相关的实际情境和案例来实现。例如，教师可以设计与旅行、工作、社交互动等相关的口语活动，这些活动不仅能够提高学生的口语能力，还能够让他们在实际生活中受益匪浅。

（五）鼓励性原则

在跨文化英语口语教学中，鼓励性原则是一项至关重要的原则，它要求教师了解学生的焦虑情绪，采用积极的鼓励方式，帮助学生克服口语学习中的焦虑情绪，并在知识层面为学生提供支持，鼓励他们大胆表达。通过贯彻这一原则，口语教学可以更加有针对性地满足学生的需求，提高他们的口语自信心，帮助他们在跨文化交际中取得成功。第一，了解学生的焦虑情绪是鼓励性原则的出发点。学生在口语练习中常常感到紧张和不安，担心犯错误或被他人嘲笑，教师需要积极倾听学生的感受，理解他们的焦虑来源，以便有针对性地提供支持和鼓励。教师要采用积极的鼓励方式帮助学生克服焦虑情绪，引导学生大胆开口说英语，这是至关重要的。为此，教师可以为学生创设真实的语境，提供放松的氛围，让学生在自由交谈中逐渐建立自信。学生不必担心犯错或被评价，可以尽情地表达自己的想法和感受。这种鼓励性的学习环境有助于学生积极参与口语练习，减轻焦虑情绪。第二，对于学习程度较差的学生，教师可以采用特殊的方式来鼓励他们。例如，教师可以进行分解式教学，即将学生的学习任务分解成小步骤，逐步引导他们掌握口语技能。第三，教师可以提供额外的支持和反馈，帮助学生克服学习中的困难，引导学生保持对口语学习的兴趣。例如，给学生提供一些脱口秀或者英语口语绕口令、押韵的流水诗等，这种有趣的方式可以帮助学生发挥潜力，增强学生口语表达的意愿。第四，鼓励性原则不仅适用于课堂内的口语练习，还可以延伸到课外学习。教师可以鼓励学生多参与英语社交活动，与说母语者或其他英语学习者进行交流。这种实际应用的机会可以加强学生的口语技能，增加他们的信心，让他们相信自己可以用英语进行流畅的交流。

（六）课内外结合原则

课内外结合原则是跨文化英语口语教学中的一项关键原则，课内外结合原则要求教师不仅要在课堂内进行口语教学，还需要引导学生在课外活动中进行口语练习。这是因为口语教学不应该局限于教室内，学生在现实生活中也需要尝试用英语进行口语交流。通过将课堂内的口语知识与课外实践结合起来，学生可以更好地应对不同情境下的口语挑战。课内外的口语练习应该相互促进、相互配合。在课堂上学习的口语知识和技能应该能够在课外活动中得到实际应用。例如，在课堂上学习了有关旅行的口语表达，学生可以通过参加英语角或与外国朋友交往来实际运用这些表达，从而加深记忆并提高口语流利度。

课外口语练习有必要在较为轻松的氛围中进行，这种放松的环境有助于学生更自信地开口说英语，减轻学生口语学习的紧张感。在课外的口语练习中，学生可以更自由地与教师和同学互动，获得及时的反馈和指导。这种交流有助于学生更好地理解口语知识和技能，加强与他人的沟通和合作能力。在课程结束后，教师可以为学生设计相关的练习作业，充分贯彻课内外结合原则。例如，教师可以将学生分组，让他们以小组为单位完成口语任务，通过小组讨论来提高口语表达能力。

（七）实践性原则

在跨文化英语口语教学中，实践性原则是指要想提高口语能力必须进行大量实际练习和实践活动，这一原则是跨文化英语口语教学的核心。口语是一种生活技能，它不仅涉及语法和词汇的正确使用，还包括语音、语调、语速和语境的合理运用，只有通过实际练习，在真实语境中不断实践和运用，学生才能逐渐适应和掌握这些要素，才能真正提高口语表达能力。

第五章　跨文化视野下英语技能教学探究

实际练习还有助于学生理解文化差异，更好地适应跨文化交际的需求。口语能力的提高离不开不断的尝试和实践，而成功的实践会增强学生的自信心。当学生在实际情境中能够流利地表达自己的想法和观点时，他们会更加自信，愿意积极参与口语活动。这种自信心是口语学习的重要动力，能够推动学生更进一步。实践性原则还有助于学生克服语言焦虑。很多学生在口语练习中会感到紧张和焦虑，但通过实际练习，他们可以逐渐克服这种焦虑。实践可以提供一个低压力的环境，让学生逐渐适应口语表达，减轻焦虑感，提高表现水平。

四、跨文化视野下英语口语教学的方法

跨文化视野下英语口语教学的方法如图 5-8 所示。

图 5-8　跨文化视野下英语口语教学的方法

（一）模仿法

模仿法有助于学生在语音训练中获得直观的语言输入。通过反复听母语人士的发音并模仿，学生能够亲身感受到正确的语音和语调。这种直观性的语言输入有助于学生更快地理解和掌握发音技巧，提高发音的准确性。此外，通过模仿母语人士的语音，学生能够更好地模拟地道口音，增强口语的地道性。

模仿法的另一个好处是可帮助学生积累大量的语言储备。口语水平的提高离不开听力的训练，因为听懂对方话语的含义是有效口头交际

的前提。学生在口语模仿过程中通过听取真实的语言材料,接触丰富的英语词汇和句子结构,增加语言储备。这种语言储备是学生提高口语表达能力的基础,只有拥有了足够的语言素材,学生才会有信心开口说英语。

在实施模仿法时,教师应先为学生提供真实的语音材料,可以是录音或视频,内容包括母语人士的自然发音和口语对话。学生需要仔细聆听并模仿所听到的语音。教师可以针对不同的语音特点和语音难点进行讲解和示范,引导学生模仿发音、语调、语速等方面的特点。随着练习的深入,学生逐渐可以自己进行模仿和练习,并在教师的指导下不断改进发音。教师还可以设计各种口语练习活动,鼓励学生在模仿的基础上进行口语表达。例如,通过角色扮演、情境模拟等活动,学生可以运用所学的语音和词汇,进行实际的口头交流。这些活动有助于将模仿的语音技能转化为口语表达的能力,提高学生的口语流利度和自信心。

(二)活动法

活动法是一种很重要的跨文化英语口语教学方法,其核心思想是通过各种实际活动来增强学生的口语交流能力。下面将详细阐述一些具体的活动法,包括角色扮演、配音法、游戏法、电影教学法、课外活动法、对话练习。

1. 角色扮演

角色扮演是一种互动性强、有趣且有效的口语教学方法。角色扮演通过情境还原,使得学生置身于真实生活情境,更好地理解和应用英语。这种方法能够激发学生的兴趣,使学生更加积极地学习,提高课堂参与度和踊跃度。此外,角色扮演还有助于学生建立自信,因为他们可以在一个相对安全的环境中大胆表达自己,克服紧张感。在实施角色扮演教学方法时,教师先需要选择适合的情境,确保与学生所学课程内容相关。然后,教师可以为学生分配角色或让他们自行选择,并提供一些对话台词以供使用。学生需要充分了解自己扮演的角色,包括特点、背景信息和对话内容，并与同伴一起练习对话，以确保流利地表达。学生进行角色扮演活动时，教师可以观察他们的表现并在表演结束后提供反馈和建议，帮助他们改进口语表达能力。最后，教师与学生讨论他们在角色扮演中的体验，鼓励学生分享观点和感受，以深化对情境的理解，提高口语技能。

2. 配音法

配音法是一种有效锻炼学生口语能力的教学方法。这种方法即让学生参与电影或视频片段的配音来提高他们的口语表达能力。教师可以选择一个适合学生水平的英文电影或视频片段，并为学生提供原声对白以供参考。然后，学生需要多次听取原声对白，学习其中的语音、语调和发音特点。接下来，他们要记住并模仿这些对白，以确保准确地复述。在进行配音时，学生必须运用英语，尽量保持与原声对白一致的语音特点。这种练习有助于提高他们的发音准确性和语言流利度。此外，通过参与配音活动，学生能够更好地理解英语口语中的语音和语调，从而提高交流能力。配音法的好处在于它能够增强学生的口语自信心，鼓励他们积极参与口语练习。此外，通过模仿电影或视频中的场景和对话，学生可以更好地理解语言在真实情境中的应用，提高口语的实用性。

3. 游戏法

游戏法是一种富有趣味性的跨文化英语口语教学方法，它将学习与娱乐结合起来，激发学生学习英语口语的兴趣。教师可以设计各种口语游戏，如语言竞赛、单词接龙、角色扮演等。这些游戏不仅可使学生在轻松的氛围中学习英语，还有助于他们提高口语表达能力。通过口语游戏，学生可以积极参与，互相交流，共同解决问题，从而提高沟通和合作能力。此外，口语游戏通常会设一定的时间限制，鼓励学生在有限的时间内进行口语表达，这有助于他们提高口语流利度和即时反应能力。游戏法的好处在于它增强了学生的参与度，让他们在学习英语口语时感到愉快和有动力。这种方法能够让学生在娱乐中学习，减轻学习的压力，顺利提高口语学习的效果。

4. 电影教学法

英美电影备受学生热爱，而且不仅仅是娱乐方式，还是学生提高口语表达和跨文化交际能力的有力工具。教师可以巧妙地将英美电影融入口语教学，以改善学习环境、激发学生学习兴趣，增加他们的知识储备，培养他们的跨文化交际能力，并锻炼他们的口语表达能力。

实际当中，教师可以最大限度利用这一媒介，帮助学生更好地掌握口语技能，为未来的跨文化交际打下坚实的基础。选择合适的英美电影至关重要。这些影片通常以地道的英语为基础，具有生动吸引人的情节，因此是激发学生学习兴趣的理想素材。不同类型的电影对于学生口语能力的发展具有不同的作用，因此教师需要谨慎挑选适合口语教学的英美电影。此外，学生需要明白，欣赏英美电影不仅仅是为了娱乐，还应该关注语言和文化背景的学习，教师应鼓励他们带着学习动机来观赏英美电影。教师在运用英美电影进行口语教学时应该采用逐步升级的反复练习方法。这种循序渐进的教学方式有助于学生逐步提升口语能力。首次观看时，学生可以专注于理解剧情；第二次观看时，可以开始关注角色的表达方式和语法结构；第三次观看时，可以深入挖掘人物的语气和台词所蕴含的深层内容。这种分阶段的学习方法有助于学生更好地巩固知识和提高口语能力。学生应该尝试关闭字幕，独立理解剧情，过度依赖字幕会限制学生口语能力的提高。最重要的是，学生需要勇于开口模仿剧中人物的台词。只有通过不断的开口练习，学生才能增强英语语感，积累丰富的语言知识，从而提高口语表达能力。通过模仿剧中角色的语音和语调，学生可以更好地适应真实的口语情境。

5. 课外活动法

课外活动法是一种将口语教学延伸到课堂之外的方法。教师可以组织学生参与各种英语口语活动，如英语演讲比赛、英语角、英语戏剧表演等。这些课外活动提供了一个真实的语言环境，让学生在实际情境中运用英语，锻炼口语表达能力。通过参与课外活动，学生有机会与其他学生互动，与外语母语人士交流，从而提高口语流利度和交际能力。课外活动还能够激发学生学习英语的兴趣,使他们更加积极主动地参与口语练习。课外活动法的好处在于它丰富了口语教学的形式,提供了更多的口语实践机会。这种方法不仅可以增强学生的口语表达能力,还可以培养他们的自信心和社交能力。通过参与各种课外口语活动,学生可以在轻松的环境中提高口语水平,享受学习英语的乐趣。

6. 对话练习

对话练习是跨文化英语口语教学中的一种重要方法,旨在帮助学生发展流利的口语表达能力。在对话练习中,学生要积极参与交流,以很好地锻炼口语表达能力,提高语言流利度,增强语感。此外,与他人对话还有助于学生理解不同口音和语速,提高他们的听力技能。在教学实践中,教师可以指导学生以多种方式进行对话练习,如结对对话、小组对话、自由对话等。教师还可以提供相关词汇和表达方式指导,以帮助学生更好地进行口语交流。

(三)交际教学法

交际教学法是一种广泛应用于跨文化英语口语教学的方法,其核心理念是通过真实的交际情境和互动来提高学生的口语能力。这种方法强调学习者在语言学习过程中需要积极参与交际,注重语言的功能和意义,而不仅仅关注语法和词汇。交际教学法强调语言学习的目的是实际应用。教师要鼓励学生将所学的口语技能应用到实际生活中,如与外国人交往、旅行、工作等。这种强调实际应用的教学方法使学生更有动力学习口语,因为他们能够看到语言学习对他们的生活和职业发展产生的积极影响。交际教学法注重真实情境中的语言运用。教师通过模拟真实的生活或社交情境,创造出能够激发学生交际兴趣的环境。例如,在教学中可以设置模拟旅行、餐厅点餐、商务洽谈等情境,让学生在这些情境中运用口语进行交流。这种方式可以让学生更好地理解和应用英语,培养他们的跨文化交际能力。交际教学法注重互动和合作,在相关教学活动中,学生通常需要与同学或教师进行实际对话,而不仅仅是传统的单向语言输入。学生不仅要倾听和理解他人的意见，还要表达自己的观点，这对于跨文化交际非常重要。交际教学法强调语言功能。教师要指导学生在特定情境中使用恰当的语言，如表达请求、建议、邀请、感谢等。这样的教学有助于学生理解不同情境下的语言要求，提高他们的语用能力。交际教学法还鼓励学生使用真实的语言材料，如报纸文章、音频录音、视频片段等。通过接触真实的语言材料，学生可以更好地了解语言的真实应用和各种口音、语速等变化。这有助于培养他们的听力理解和口语模仿能力。

（四）文化植入法

文化植入法在跨文化英语口语教学中起着重要作用，它要求将文化元素巧妙融入口语教学，以深化学生对文化的理解，提高学生口语学习效果。文化植入法并非生硬地插入，而是以自然的方式将文化内容融入教学，以达到潜移默化的教育效果。这一方法主要包括直接呈现和间接呈现两种方式。直接呈现是将与教学内容密切相关的文化主题直接呈现给学生。教师可以选择与口语教学内容相符的文化主题，然后在课堂上通过多媒体设备或其他手段将其呈现给学生。例如，在学习与建筑相关的口语课程时，教师可以展示不同建筑的时代背景、风格特点等，教授与建筑相关的英语表达方式。这种直接呈现方式能够引导学生更深入地了解文化内容，并将其运用到口语表达中，从而增强口语学习的实际效果。间接呈现是设计一些小活动，如游戏或竞赛，将文化内容巧妙地融入这些活动中。例如，在学习商务用餐口语表达时，教师可以引入"酒文化"。在学生经过前期对酒文化的学习后，教师可以组织一个口头的"抢答竞赛"活动，即设计实用而有趣的英文选择题，要求学生作答，并通过图片、视频等方式向学生介绍与该题相关的文化内涵。这样，学生在参与互动的过程中不仅锻炼了口语能力，还扩展了文化知识面，加深了对文化的理解。

文化植入法的优点在于它能够让学生在口语教学中获得更丰富的

文化背景知识，提高文化理解能力。此外，文化植入法还增强了课堂的趣味性和互动性，让学生更积极地参与口语活动。从上面的论述可以看出，文化植入法是跨文化英语口语教学中的一种有效方法，通过巧妙地将文化元素融入口语教学，能够提高学生对文化的兴趣的同时，增强学生口语表达能力。教师在实施文化植入法时应选择合适的文化主题，采用适当的呈现方式，以提高口语教学的效果，培养具备跨文化交际能力的学生。

（五）语音对比与反馈法

语音对比与反馈法是一种有效的口语教学方法，旨在帮助学生提高发音准确性等。这一方法以学生自主学习为基础，结合了录音、自我评估，以及教师提供的反馈，是跨文化英语口语教学中的重要组成部分。

需要将学生的口语练习过程录制下来，与标准发音进行对比，注意语音、语调、发音等方面的差异。学生自我评估是该方法的关键步骤。他们需要识别并记录下自己在口语表达中的问题和不足之处，如发音错误、语速问题、语调不准确等。通过自我评估，学生能够更深入地了解自己的口语问题。在这一过程中，教师扮演着重要的角色。他们需要仔细听学生的录音，并提供具体的、有针对性的反馈，包括指出学生的发音错误、语音弱点，以及给出改进建议。教师的反馈应该是积极的、鼓励的，并且提供可行的解决方案。最后，学生需要根据教师的反馈意见，积极地进行口语练习，并根据反馈来调整自己的发音和语调，不断改进口语表达。

语音对比与反馈法具有许多优点。第一，它允许学生根据自己的需要和水平进行学习和改进，提供了个性化的学习体验。第二，学生在这一过程中主动参与，培养自主学习和改进的能力。第三，学生可以随时录制和评估自己的口语表达，即时纠正错误。最重要的是，教师的反馈和指导可帮助学生更清晰地了解他们的问题，并提供专业的语音建议。这一方法可应用于各种教育实践。教师可以将语音对比与反馈教学法融入课堂教学，让学生在课堂上进行口语练习，并提供实时反馈。在线英语学习平台可以利用这种方法，为学生提供录音和自我评估的机会，也可以通过在线教师提供反馈。此外，学生可以使用这一方法来准备口语考试，通过不断的练习来提高口语水平。

第三节 跨文化视野下英语阅读教学探究

一、英语阅读

（一）英语阅读的内涵

阅读在语言学习过程中具有重要作用，不同学者对阅读的定义有所不同，但共识在于阅读是一种复杂的认知活动，涉及读者与阅读文本之间的互动。阅读可以被理解为一系列连续的活动，包括解码、破译、识别。其中，解码强调了阅读理解的首要步骤，即快速辨识和理解词汇。此外，阅读涉及"发声、说话、读"，朗读作为初级阅读技能至关重要。朗读有助于将书面语言有声化，促进对阅读内容的快速理解，有助于培养语感。随着阶段的提升，读的要求逐渐从有声变为无声，强调了阅读的演进性。阅读是一个关于意义建构的过程，涉及读者积极运用已掌握的语言和背景知识等对文本进行处理的过程。这一过程中需要读者对句子、段落、整体语篇结构进行分析，从而理解文本的主要信息。

阅读是一种认知活动，不仅涉及读者和阅读文本之间的互动，还需要读者积极运用已有知识和技巧来理解文本的信息。因此，在语言学习过程中，培养阅读能力是至关重要的，它有助于学习者更好地理解和运用语言，提高综合语言能力。

阅读是一个复杂的过程，可分为三个动态的层次。第一个动态层次是抓准确感知。在这一阶段，学生通过视觉等感知方式准确、全面地感知文章所输出的文字信息。这个阶段着重让学生全面理解文章的内容，而不仅仅是字面意义。学生需要从文章中获取整体印象，并能回答一些问题，以全面理解文章。教师的任务是引导学生联系语境、选择义项，以确保他们准确理解文章的内容。第二个动态层次是抓分析理解。在这一阶段，学生需要深化对课文的理解，不仅仅是表层理解，还包括深层理解。表层理解是指学生理解文章的字面意义，依靠语言知识完成。深层理解则需要学生运用已有知识、背景知识等，从字里行间推断作者的隐含意义。这是一个复杂的思维过程，要求学生分析文章的结构，理解作者的观点，并推断作者的意图。教师的任务是帮助学生理解文章的中心思想，引导他们深入分析文章的内容和形式。第三个动态层次是探究文章写作原因。在这一阶段，学生需要深入探讨为什么文章作者要以特定的方式来写作。这需要学生对文章的内容、形式进行认真分辨，从中领悟作者的写作动机和意图。这是高层次的阅读能力，不仅要求学生理解文章的内容，还要求学生深入思考文章的写作原因。教师的任务是引导学生评价文章的谋篇布局、艺术性，并组织相关的分析和讨论活动。

阅读教学的三个动态层次是抓准确感知、分析理解和探究文章写作原因。这些层次相互关联，有助于学生全面理解和分析课文，提高他们的阅读能力。教师在教学中应根据学生的水平和需求，有针对性地引导他们在这三个层次上不断提高。这将有助于学生更好地理解和运用语言，提高他们的综合语言能力。

（二）英语阅读中的跨文化因素

英语阅读受到多种跨文化因素的影响，包括历史文化因素、思维模式因素和社会文化因素等，这些因素通常会对英语阅读教学和理解产生影响。

1. 历史文化因素

历史文化因素在英语阅读中起到关键作用。每个国家和民族都有其独特的历史文化传统，这些传统可能会导致阅读障碍。举例来说，"the American Dream"（美国梦）这个短语在美国文化中有着深远的历史和文化内涵，但其他国家的学生可能不太熟悉。在美国文化中，"the American Dream"是一个重要的概念，它代表着每个人都有机会通过勤奋工作和毅力实现成功、繁荣和幸福的梦想。这个概念在美国文学、政治演讲和社会讨论中经常出现。然而，对于不了解美国文化和历史的学生来说，理解这个短语的深层含义可能会有困难。因此，在大学英语阅读教学中，教师应该拓展学生的历史文化知识，帮助他们更好地理解文章中涉及的文化元素。

2. 思维模式因素

思维模式因素也对英语阅读产生影响。不同的文化和民族有不同的思维模式，这在语言和语篇结构中有显著体现。例如，英语语篇通常是演绎型的，作者会在文章开头明确表达观点，然后提供论据来支持观点。而汉语语篇往往是归纳型的，先呈现事实和论据，最后得出结论。因此，在英语阅读教学中，教师需要引导学生了解英汉思维的差异，并培养他们使用英语思维来理解文章的能力。

3. 社会文化因素

社会文化因素也会对英语阅读产生影响。社会文化包括群众创造的具有民族特征的文化现象，这些现象会对社会群体产生影响。举例来说，短语"keeping up with the Joneses"（追赶邻居）源自美国文化，意味着努力跟上邻居或社会中其他人的生活方式、财富或社会地位，通常伴随着过度消费和社会压力。这个短语反映了一种社会比较和竞争的文化现象，在一些社会中特别明显。在英语阅读中遇到这个短语时，如果不了解其文化内涵，学生可能会误解或无法理解文章的意思。因此，教师在阅读教学中要加强社会文化背景的讲解，帮助学生更好地理解文章中涉及的社会文化因素，从而提高他们的阅读理解能力。

二、跨文化视野下英语阅读教学的内容

（一）词汇和文化差异

教师应该帮助学生认识到不同文化背景下的词汇使用差异。有些词汇在西方文化中可能有不同的含义或引申义，而在学生的本土文化中可能没有相同的概念。学生需要学会通过上下文来理解这些差异，以避免误解。此外，英语中常常使用文化隐喻和比喻，这些隐喻和比喻可能在不同文化中可能有着不同的理解。教师应该教导学生如何识别和解释这些文化隐喻，以更好地理解文章的隐含含义。在阅读中，学生经常会遇到陌生词汇，他们需要学会使用上下文线索来猜测词汇的含义。这就要求培养学生猜测陌生词语的技巧，使他们能够根据句子结构和内容理解未知词语。

（二）跨文化背景下的观点和价值观

不同文化拥有不同的观点、价值观和信仰体系。教师应该帮助学生识别文章中可能包含的文化背景下的观点，以便他们可以更全面地理解文章的内容和作者的立场。除了直接的字面含义，学生还需要理解句子和言语的交际意义，包括言外之意、委婉语和修辞手法等，这些都与文化背景有深刻关联，掌握这些内容有助于他们更深入地了解文章中的信息和作者的意图。

（三）跨文化阅读策略和技巧

英语阅读教学还应包括跨文化阅读策略和阅读技巧的培养。学生需要学会在跨文化情境中进行有效的阅读，包括尊重和理解不同文化中的社交规范和礼仪，以及一系列阅读技巧和策略，以提高阅读理解能力。这包括辨认单词、猜测陌生词语、理解句子之间的关系、理解句子及言语的交际意义、辨认语篇指示词语、通过衔接词理解文字各部分之间的

意义关系、从支撑细节中理解主题、将信息图表化、确定文章的主要观点或主要信息、总结文章的主要信息、培养基本的推理技巧和跳读技巧等方面。这些技巧和策略将有助于学生更好地应对跨文化英语阅读挑战，提高阅读能力。

（四）跨文化背景下的文化冲突和误解处理能力

在英语阅读中，学生常常会面临来自不同文化背景文本和作者的挑战。这可能导致文化冲突和误解。学生需要努力了解不同文化的背景信息，包括历史、宗教、传统、价值观等，从而更好地理解文本中可能涉及的文化因素，减少误解的可能性。应保持尊重和包容的态度，认识到每种文化都有其独特性。学生不应将自己的文化观点强加于文本或作者，而要尊重不同文化的多样性。当学生遇到可能导致文化误解的内容时，他们应该学会主动提问并尝试澄清，具体包括请教老师或其他资深人士，进行在线研究。教师在教学中也应重视培养学生的跨文化意识，帮助他们更好地应对跨文化阅读挑战。

三、跨文化视野下英语阅读教学的原则

跨文化视野下英语阅读教学的原则如图 5-9 所示。

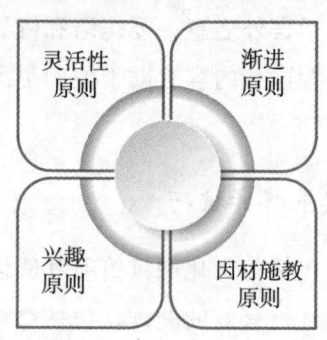

图 5-9　跨文化视野下英语阅读教学的原则

（一）灵活性原则

跨文化英语阅读教学的原则之一是灵活性原则。这一原则强调学生应根据具体情况和个人目标选择适合自己的阅读模式。在跨文化背景下，这一原则尤为重要，因为不同文化中的英语阅读可能需要不同的方法和技巧。

1. 自上而下模式

自上而下的阅读模式侧重以从宏观到微观的顺序来理解文章。学生先要理解文章的主旨和背景知识，然后再关注词汇、句子和段落等较低语言层面的知识。这种模式适合略读和快速浏览，有助于抓住文章的中心思想。在跨文化背景下，学生可以运用这种模式来快速获取信息和理解文章的整体意义。

2. 自下而上模式

自下而上的阅读模式与自上而下模式相反，强调从微观到宏观进行理解。学生先理解词汇、语法等较低的语言层面，然后再在此基础上理解文章的中心思想和作者的情感意图。虽然这种模式在跨文化背景下可能对语言形式的理解有所帮助，但不太适合整体阅读和快速获取信息。

3. 交互模式

交互作用模式将自上而下和自下而上模式结合起来，强调学生应综合运用不同的阅读模式。学生可以运用自上而下的模式从整体上把握文章，理解主旨和背景知识。然后，他们可以运用自下而上的模式来理解语言知识和细节。这种交互模式对于深刻理解篇章和作者意图非常有帮助，尤其在跨文化背景下，有助于应对文化差异带来的阅读挑战。

灵活性原则强调学生应根据具体情况和学习目标选择合适的阅读模式。在跨文化英语阅读教学中，教师应教导学生如何灵活运用不同的阅读模式，以应对不同文本和文化背景带来的挑战。这有助于提高学生的阅读能力和跨文化交际能力。

（二）渐进原则

跨文化英语阅读教学应该遵循的原则之一是渐进原则。这一原则强调学生阅读水平的提高是一个逐步递进的过程，需要学生合理规划和长期努力。阅读教学目标的实现离不开合理的整体规划和长期计划。因此，在跨文化阅读教学中，教师应该按照渐进原则进行教学。

阅读材料的选择：教师应该根据学生的英语水平和阅读能力，选择适合他们的阅读材料。起初，可以选择相对简单的文本，随着学生的进步逐渐增加阅读难度和复杂性。这样可以确保学生在逐步提高阅读能力的过程中不感到过于沮丧或觉得无法应对。

阅读方法的选择：教师应该教给学生不同的阅读方法和技巧，同时要根据学生的能力逐步引导他们有效运用这些方法。例如，起初可以教授基本的词汇和语法解析技巧，然后逐渐引导学生学会整体理解和推测词义。这种渐进的方法有助于学生逐步提高阅读效率和准确性。

任务的设置和完成：教师可以逐步增加阅读任务的难度和复杂性，如从简单的理解主旨到分析作者意图和文化背景。这样，学生可在逐步挑战中不断提高阅读能力，但也不至于感到压力过大。

学习方法的教授：教师应该引导学生寻求最适合自己的学习方法。而且学生应该学会自主学习，不断改进自己的阅读策略，以适应不同的阅读任务和文本类型。

（三）兴趣原则

跨文化英语阅读教学应该遵循的原则之一是"兴趣原则"。这一原则强调学生对阅读的兴趣是阅读教学成功的关键。阅读相对比较枯燥，兴趣可以激发学生对阅读的热情，促使他们更积极地投入阅读活动，因此在跨文化阅读教学中，教师应该重视培养学生的阅读兴趣，具体可采用多种教学手段，包括课堂讨论、小组合作、多媒体资源等。此外，选择丰富多彩、具有跨文化特色的阅读材料也是激发学生兴趣的重要因素。教师应该了解学生的兴趣和需求,根据不同学生的特点提供个性化的阅读材料,这样更容易使学生产生共鸣,提高学习动力。教师可以设计有趣的阅读项目和任务,让学生参与其中,如模拟跨文化交流、文化研究项目等。这些活动可以激发学生的好奇心,增加他们对跨文化阅读的兴趣。教师可以鼓励学生在阅读后进行反思和讨论,分享他们的想法和感受,有助于学生更深入地理解文本,也能培养他们的批判性思维和跨文化交流能力。

教师应该定期引入新的话题和挑战,以保证学生对阅读持续拥有好奇心,防止学生对阅读失去兴趣,持续激发他们的学习动力。

(四)因材施教原则

在跨文化英语阅读教学中,教师应根据学生的个体差异,采用不同的教学方式和方法,以确保每个学生都能有效地发展阅读技能。这一原则也反映了个性化教育的理念。跨文化英语阅读教学中的学生群体通常具有不同的语言水平、文化背景和学习需求。因此,教师应当了解每个学生的特点,包括他们的阅读水平、学习动机、兴趣爱好等。一旦获得了这些信息,教师就能更好地制定教学策略,以满足不同学生的需求。因材施教原则还要求教师根据学生的特点和需求灵活调整教学内容和方法。对于那些具有较高英语水平和浓厚兴趣的学生,教师可以提供更具挑战性的阅读材料,如复杂的文学作品,以激发他们的阅读热情。对于英语基础较差或信心不足的学生,教师应该采用渐进式的方法,从简单的材料和任务开始,然后逐渐增加难度,以帮助他们逐步提高阅读能力和信心。因材施教原则也包括了个性化学习体验的设计。教师可以为不同水平的学生提供不同的学习资源和支持,如提供附加阅读材料、个别指导或在线学习资源。这样的个性化支持有助于学生更好地理解和应对跨文化阅读挑战。最重要的是,因材施教原则要求教师采用多元化的评估方法,以更全面地了解学生的阅读进展,具体包括定期的测验、作业、小组项目和口语表达等多种评估形式。通过及时了解学生的表现,教师可以及时调整教学计划,确保每个学生都在适合自己水平的阅读发展轨迹上前进。

四、跨文化视野下英语阅读教学的方法

跨文化视野下英语阅读教学的方法可以分为三段:阅读前教学法、阅读中教学法、阅读后教学法(图 5-10)。

图 5-10　跨文化视野下英语阅读教学的方法

(一)阅读前教学法

跨文化英语阅读教学的有效性在很大程度上取决于阅读前的准备活动。准备活动的主要目的是帮助学生在短时间内建立起与即将阅读的材料相关的认知框架,激发他们的积极主动性,为其更深入地分析和理解文章奠定坚实的基础。通过阅读前的活动,教师可以指导学生自主汲取和思考跨文化阅读所需的背景知识和技能,有助于他们更好地理解文本,培养他们的跨文化敏感性和适应能力,使他们能够更有信心地面对不同文化背景下的英语阅读材料。

1. 引入文化背景知识

在进行跨文化英语阅读教学之前,教师可以引入与文章相关的文化背景知识,包括与文章内容、主题或作者有关的文化元素,如习惯、价值观、传统和历史事件。这样有助于学生更好地理解文本中的文化因素,从而更深入地阅读和理解文章。

2. 讨论话题相关的文化差异

在阅读前,教师可以引导学生讨论可能存在的文化差异。学生可以分享他们的观点和经验,探讨不同文化背景下的看法和偏好。这种讨论

有助于学生借鉴其他观点，全面看待问题，还可以帮助学生在阅读之前构建更多的猜想，认识到文化差异对阅读理解的影响，为他们在阅读时更好地处理差异提供思路。

3. 预测文化元素

学生可以通过快速翻阅文章的标题、副标题、图表、图像和段落开头来获取文章的概要信息。这有助于他们建立一个初步的认知框架，以便更好地理解文章的内容。根据这些内容，学生可以预测文本中可能包含的文化元素，猜测与文章相关的文化特征。这种预测有助于学生在阅读过程中更关注文本中的文化细节，并促使他们积极主动地应对文化差异。

4. 激活背景知识

为了更好地理解文章，学生可以在阅读前回顾相关的背景知识，包括了解与文章主题或内容相关的历史事件、地理位置或社会背景。通过激活背景知识，学生可以更容易地理解文本中的隐喻，减少文化差异可能带来的阅读困难。教师可以通过提问、讨论或展示相关图像等方式，引导学生回顾或激活与文章话题相关的背景知识。这有助于学生与文章中的信息建立联系。

5. 了解阅读目标

在学生开始阅读之前，教师应明确和传达阅读的目标。学生需要知道他们为什么要阅读文章，他们应该关注什么方面的信息，以及他们需要从中获取什么样的知识或见解。明确的阅读目标有助于学生有针对性地读取信息。

6. 提出问题

在阅读前，学生可以提出一些问题，涉及文本中的文化元素。这有助于他们在阅读过程中保持专注，并寻找答案。教师可以鼓励学生分享他们的问题，并在阅读后一起讨论答案。

7. 设定阅读模式

教师可以建议学生在阅读前设定一个合适的阅读速度目标，以确保他们能够在规定的时间内完成阅读任务。具体当中,教师可以指导学生根据文章的长度和难度来设定阅读速度,不要过于匆忙,以免错过关键信息,也不要过于缓慢,以免浪费时间。除了速度外还可以制定阅读策略,根据文章的类型和预期的信息来选择合适的阅读方法。例如,如果需要找到特定的事实或数据,他们可以使用扫读或跳读的策略来快速定位信息。如果他们的任务是理解文章的主题和观点,他们可以选择更深入的阅读策略,如精读。

(二)阅读中教学法

1. 略读

略读是一种高效的阅读方法,它不要求逐字逐句地阅读文章,而是通过忽略一些词语、句子,甚至段落,快速浏览全文。在跨文化英语阅读教学中,由于行文思维逻辑的差异,它可以帮助学生快速获取文章的主题和主要内容,而不至于被文化差异和陌生信息所困扰,从而更好地理解跨文化背景下的文章。略读有利于学生进行信息筛选和整合。在跨文化英语阅读中,学生需要从大量信息中筛选出最重要的部分,并将其整合到自己的理解中。略读让学生能够更好地处理信息过载的情况,提高信息处理的效率。而且,略读是有一定技巧的。第一,抓关键词组和段落,包括标题、副标题、段落的开头和结尾。标题通常说明文章的主题或中心思想,而段落的开头通常有该段的主题句。学生可以通过快速浏览这些部分来了解文章的大致框架和主题。第二,寻找关键词。在略读过程中,学生应该寻找关键词,而这些词通常与文章的主题密切相关。关键词可以帮助学生更快地理解文章的内容和重点信息。找到关键词或者关键信息之后,可以用不同色笔或下划线标出。第三,利用关联词语。关联词语,如"因此""然而""另外"等可以帮助学生理解文章中不同部分之间的逻辑关系。通过注意这些关联词语,学生可以更好地把握文章的思路和作者的观点。第四,了解背景知识。在跨文化英语阅读教学中,了解文章涉及的文化背景知识非常重要。第五,预测文章内容。学生可以根据标题、副标题和关键词来猜测文章可能涉及的主题和信息，有助于学生在阅读过程中保持更高的警惕性，关注相关信息。第六，创建思维导图或大纲。学生可以尝试创建一个简单的思维导图或大纲，尝试分析文章的结构，包括段落组织和句子之间的逻辑关系，以可视化地表达他们关于文章结构等的观点。这有助于学生在阅读时更有条理地组织信息。

2. 寻读

寻读，又被称为扫描或查阅，是一种精确而高效的阅读技巧，有助于快速在文章中找到特定信息或词组。寻读的主要目标是迅速定位所需的信息，而不是详细阅读整篇文章。在进行寻读之前，关键是明确查找对象和其特征。这意味着学生需要清楚知道他们要在文章中找到什么，可以是一个关键词、日期、数字、名词短语或其他具体信息。一旦明确了查找对象，学生应该在大脑中形成对该信息的清晰图像，这有助于在阅读时更快地识别和定位目标。

寻读的方法包括目光迅速在文章中滑动，专注于查找对象的特征，如词语的字母组合、形状、大小、位置等。学生可以使用手指或书签来帮助跟踪阅读位置，确保不会错过目标信息。寻读的优势在于节省时间和精力。在现代信息社会，人们需要处理大量的文字和文档，寻读使他们能够快速准确地找到需要的信息，而不必阅读整个文本。这对于学术研究、工作报告、资料查找等各种情境都非常有用。寻读还有助于提高阅读速度和效率，帮助学生快速准确地找到需要的信息，更好地处理复杂的文本。在跨文化英语阅读中，寻读同样有重要作用。学生可能需要查找特定文化、历史或地理信息，以便更好地理解文章的上下文。通过寻读，学生可以快速找到这些关键信息，有助于他们在跨文化英语阅读中更全面地理解文章。

3. 跳读

不同的阅读情境需要采取不同的阅读方法。有时候只是需要快速查找特定的信息，因此不必费时逐字逐句地通读整篇文章。在这种情况下，跳读成了一种非常有效的阅读策略。跳读的主要目的是根据问题或特定需求去寻找答案，它有助于准确地定位详细而明确的信息，特别是在时间有限、无法进行全文阅读或者在面对选择题选项无法确定的情况下。

跳读的核心思想是有目的地选择性阅读。与逐字逐句地通读全文不同，跳读要求有清晰的阅读目标，通常用于回答特定问题或获取特定信息。这种阅读方法强调的是高效率，通过快速浏览文章，有针对性地寻找与目标相关的段落或句子，跳过那些与目标无关的内容，只专注于能够回答问题或提供所需信息的部分。

跳读的优势在于节省时间和精力。在快节奏的现代生活中，人们经常需要处理大量的信息和文本，而不能深入阅读每一篇文章。跳读有助于学生快速准确地找到所需的信息，无须消耗过多时间。特别是在考试或工作中，当时间有限时，跳读是一种非常有用的技巧，可以帮助学生在有限时间内完成任务。在跨文化英语阅读中，跳读同样具有重要作用。跨文化英语阅读可能涉及不同文化、历史、地理等方面的信息，学生需要从文本中提取特定的跨文化内容。通过跳读，学生可以快速找到与跨文化主题相关的段落或句子，更好地理解文章中的跨文化内容，提高跨文化阅读的效率和准确性。跳读有几个关键步骤。第一，理解问题或任务。要清楚了解问题或任务的要求。这包括明确需要查找的信息类型以及信息的特征。第二，快速浏览文章。在明确问题要求后，快速浏览整篇文章，以大致了解文章的内容和结构。这有助于定位可能包含所需信息的部分。第三，查找关键信息。根据问题的线索，有针对性地搜索文章中可能包含所需信息的部分，具体信息包括关键词、短语、数字等。第四，记录和加工信息。一旦找到相关信息，可以记录下来或对其进行加工处理，以便后续的使用，具体包括标记或摘抄关键信息。第五，筛选和比较。要仔细比较问题的选项与找到的信息，以确定最合适的答案。

跳读和寻读在本质上还是有一定区别的，主要体现在目的、方法和侧重点方面。跳读的主要目的是快速查找特定信息或回答特定问题。在跳读中，读者有明确的阅读目标，主要寻找特定的答案或信息。跳读强调选择性阅读，要求读者快速浏览文章，跳过与目标无关的部分，只关注可能包含所需信息的段落或句子。跳读通常需要读者有明确的阅读目标，以便迅速定位信息。跳读侧重快速获取特定信息，不要求深入理解文章的整体内容。

4. 精读

精读是一种深入全面理解文本的阅读策略。与略读、跳读等快速阅读策略不同，精读着重于仔细研究和分析文本，有助于深刻理解其中的细节、内涵和作者的意图。精读的主要目标是深入理解文本，包括理解文章的主题、观点、论证、细节和结构。精读涉及对文本中各种细节和具体信息的分析和解释。学生要关注作者使用的词汇、句法结构、修辞手法等，以揭示作者的意图和文本的深层含义。精读要求学生进行推理和思考，以深化对文本的理解。同时，学生要主动提出问题、对作者的论点进行评估、比较等，更全面地探讨文本所涉及的主题。精读往往涉及对文本的解释和诠释。学生要考虑不同的解释方式，分析文本中可能存在的多重含义，并探讨不同的解释视角。精读不仅有助于理解特定文本，还可以帮助读者扩展见识。通过精读，学生可以获取新的信息、观点和概念，从而丰富自己的知识体系。在跨文化英语阅读中，精读也具有重要作用。它可以帮助读者更好地理解来自不同文化背景的文本，减少误解和文化冲突。通过深入研究文本，学生可以更好地理解不同文化特点、价值观和传统，以更好地欣赏和尊重不同文化的文本。

（三）阅读后教学法

在阅读后的学习阶段，通过巩固和应用所学的知识，学生可以进一步提高语言技能，特别是口语和写作能力。这个阶段的活动有助于将阅读中获得的信息和语言知识内化，为将来的语言运用做好准备。阅读后教学可以通过以下几种方式进行。第一，复述。复述是一项挑战性的口语练习，有助于学生总结和表达所阅读内容。在复述中，学生需要以自己的话语重新表达文章的要点和主题。这不仅有助于巩固他们的理解，还可锻炼他们的口语表达能力。第二，转述。转述通常涉及对对话性语篇的处理。学生被要求以第三人称的方式重新叙述所学的对话内容，将其转化为描述性的语言。这有助于学生提高语言转述和表达的能力，也可巩固他们对对话的理解。第三，填空练习可以帮助学生深入思考文章的结构和内容。教师可以提供文章的概要或摘要，但在其中留下一些空白，要求学生填写适当的词语或句子，鼓励学生积极参与文章的复盘，并要求他们使用不同的词汇和表达方式。第四，写作。写作活动包括对阅读材料的仿写和续写。学生可以根据课文内容写出文章的摘要或以课文为基础进行续写。这有助于拓展学生的想象力和创造力，培养他们的写作技巧。特别是在处理叙事性文章时，这种续写活动可以锻炼学生的发散思维和创作能力。

第四节　跨文化视野下英语写作教学探究

一、英语写作

（一）英语写作的内涵

从语言输入与输出的角度来看，写作与口语都是语言输出活动，属于一种产出性技能。写作的含义不仅涉及写作的结果，还包括写作的过程。写作从本质上来看包含两大功能。第一，写作是为了学习语言而进行的活动。通过写作，学习者能够巩固自己所学的语言知识，包括词汇、词组和语法结构等。第二，写作是为了实际的写作任务而进行的活动。在写作的过程中，学生需要思考，表达自己的观点，这是一种强化学习的过程，也是将语言知识用于交际的过程。只有通过实际的写作活动，学生才能真正掌握写作技能。学者王俊菊从认知心理学的角度对写作进行了解释。他认为写作不仅仅是视觉上的编写行为和书写过程，还是一个解决问题的信息加工过程。①总体而言，写作是作者利用书面语言来传达思想、交流信息的过程和结果的结合体。在这个过程中，涉及作者多方面的知识和技能，还包括对意义的传达和信息的加工。因此，写作不仅是语言运用的手段，还是学习语言的目的之一。

（二）英语写作中的跨文化因素

1. 词汇文化差异

在写作中，词汇的选择是至关重要的，因为它直接影响着文章的表达效果。然而，进行跨文化英语写作时，词汇选择涉及不同文化之间的差异，这是一个需要特别关注的因素。不仅如此，词汇的适用性通常取决于写作的体裁，不同类型的文体对词汇的要求不同。英语词汇可以分为凝固词、正式词、中性词、非正式词和随意词等五个等级。不同的文体和语境需要不同类型的词汇，因此在写作时应根据具体的语境选择适合的词汇。另一个需要考虑的因素是文化之间的"词汇空缺"。这种现象经常发生，即一种语言中的某些词汇在另一种语言中没有直接对应词。这就需要更深入地了解积极词汇，不仅要掌握它们的基本概念意义，还要理解它们在特定语境中的内涵和搭配。这样有助于避免文化差异带来的词汇选择问题，确保写作更贴近目标文化的表达方式。

在跨文化英语写作中需要注意，词汇概念意义、内涵意义和搭配意义三个层面可能存在不同，而且这些层面的差异可能对写作产生重要影响。

概念意义是词汇的基本含义，也是语言交际的核心因素。不同语言和文化背景下，相同词汇的概念意义可能存在差异，从而导致跨文化交际中的矛盾和冲突。例如，在英语中，"apartment"一般指

---

① 王俊菊，闫秋燕. 二语写作文本产出机制研究[M]. 济南：山东人民出版社，2017：95.

的是一种住宅单位,且通常是多户住宅楼中的一部分。然而在美国,"apartment"的概念意义可能与其他说英语国家不同,人们更倾向于使用"apartment"来描述一种租赁的住宅单位,而在英国这种单位可能被称为"flat"。这种差异可能会在跨文化英语写作中造成混淆。因此,了解词汇的概念意义以及文化差异对于避免误解至关重要。

内涵意义是超越概念意义的隐含意义,是通过联想而产生的一种关联意义。它不仅与词汇的基本含义相关,还受到时代和文化的影响。不同文化和时代背景下,相同词汇的内涵意义可能有所不同。例如,"中国梦"和"美国梦"分别代表着不同的文化和价值观,反映了不同国家的核心理念。"中国梦"强调国家的兴旺、人民的幸福和国家的崛起,侧重整个国家和社会的繁荣和发展。"美国梦"强调个人的成功、自由和追求幸福,侧重每个个体追求自己的梦想,实现个人目标,追求自由和繁荣。对于这种内涵意义差异,学生要在写作中充分加以考虑,有助于更好地理解不同文化和社会中人们的价值观和追求,避免误解。

搭配意义是词汇之间约定俗成的横向组合关系,会在特定上下文中产生关联意义。不同语言和文化之间的词汇搭配规律可能存在差异,不能简单地将一种语言的搭配规律套用到另一种语言中。例如,"blackmail"在英语中指的是勒索行为,而不是"黑色的邮件"。了解这些搭配意义之间的差异有助于避免在跨文化英语写作中出现错误或表达不准确。

2. 句式文化差异

中英文化背景下句子结构之间存在明显的差异,这种差异不仅反映了两种语言的语法特点,还涉及了不同文化背景下的沟通方式和思维方式。英语民族文化倾向于呈现直线式的句子结构。英语是一种形合语言,因此句子结构通常遵循"主+谓+宾"的模式,将主要信息直接呈现在句子的主轴线上,其他成分则作为分支线延伸。英语动词的时态和语态通常包含了句子大部分的信息,包括结构信息、功能信息和语义信息。相比之下,汉语民族文化更倾向于呈现螺旋式的句子结构。汉语是一种意合语言,因此句子通常以主题为中心,主题和述语的结构相对灵活,形式多样。汉语动词没有时态和语态的变化,因此句子中缺少显性的词类标记,语义的理解往往依赖上下文和语感。这种文化差异对句子的表达方式产生了深远的影响。在进行中英文交流时,需要特别注意句子的语序和结构,以确保信息的准确传达。例如,在英语写作过程中,许多学生受到汉语表达方式的影响,常常使用多个并列的句子来表达思想,这与英语表达的惯例相悖,会给人留下中式英语的印象。因此,教师在写作教学中需要特别引导学生了解英汉语言在这方面的差异,确保学生不受母语迁移的负面影响,培养学生英语思维,使其能够撰写符合英语表达习惯的地道文章。

3. 语篇文化差异

英语和汉语写作在语篇结构上存在显著差异,这些差异源于不同的文化背景和传统。在英语写作中,开门见山的方式是主流,即先直接表达主题思想,然后展开详细的论述。这种方式体现了英语民族注重在一开始传达核心信息的倾向。相反,在汉语写作中,强调的是背景知识的引入和准备工作。在文章开头,作者通常会提供一些背景信息,以帮助读者更好地理解主题,最后才点明主题,否则会被视为唐突和不恰当。这种写作方式更加灵活。英语写作依赖明显的关系词来建立逻辑关系,这有助于读者快速理解文章的结构和思路。然而,在汉语写作中,逻辑关系更多地依赖内在的逻辑和语境,而不是明显的连接词。这种差异反映了不同文化中的沟通方式和思维方式。英语文化通常更加直接和简洁,而汉语文化更加注重背景和上下文的构建。因此,在进行英汉写作交流时,了解这些差异非常重要,有助于减少误解,促进跨文化交流。

二、跨文化视野下英语写作教学的内容

跨文化视野下英语写作教学的内容如图5-11所示。

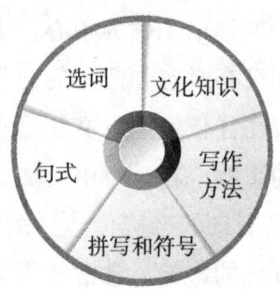

图 5-11 跨文化视野下英语写作教学的内容

（一）选词

在跨文化英语写作中，词汇选择至关重要。不同的文化背景下，同一个词语可能具有不同的意义和内涵。此外，词汇的含义也可以分为表层和深层含义，以及基本义和引申义等。因此，如果在写作过程中缺乏对词汇含义的准确理解，就很难根据表达的需要选择合适的词汇，进而对写作效果产生不利影响。

词汇的选取体现作者个人写作风格，通常也受到作者个人喜好的影响。在进行词汇选择时，除了需要考虑语域的影响，如非正式与正式、概括性与具体性等，还应注意情感色彩因素，如褒义还是贬义。

要在跨文化英语写作中取得成功，学生需要学会审时度势，了解不同文化背景下词汇的差异，并在适当的情况下选择合适的词汇，以确保写作能够有效传达意思，不引起误解或歧义。这要求教师在写作教学中特别强调词汇选择的重要性，并提供相关的练习指导，帮助学生提高在跨文化英语写作中的语言敏锐性和表达准确性。

（二）句式

在跨文化英语写作中，句式的掌握和运用至关重要。语篇是由一个个词和一个个句子组成的，因此句式在写作中发挥关键性的作用。英语的句法结构丰富多变，因此对句式的熟练掌握和灵活运用有助于顺利进行英语写作，这也使得句式成为英语写作教学中不可或缺的重要内容。

要提高学生写作的可读性，教师可以引导学生通过句式练习来掌握句式运用方法。具体而言，教师可以通过示范的方式向学生展示不同句式的表达效果，让他们亲身体验不同句式的用法。此外，教师还可以组织学生进行讨论，让他们在讨论中相互交流观点，深化对英语句式的理解，提高句式运用能力。

句式的多样性和灵活性有助于丰富文章表达，使写作更加生动和有趣。通过在跨文化英语写作教学中强调句式的重要性，教师可指导学生逐渐掌握运用不同句式来传达自己思想和观点的方法，提高他们的写作水平，使他们能够更好地适应不同文化背景下的写作需求。这也将有助于他们在跨文化交流中更加流利和自信地表达自己的观点和想法。

（三）拼写和符号

在跨文化英语写作教学中，拼写与符号的正确运用非常必要。学生在写作时必须先确保拼写和符号的准确性，这样可避免引起不必要误解，确保读者能够轻松地理解他们的文章。

除了正确性之外，学生还应努力使拼写和符号规范、美观、易于辨认。尽管这些可能被认为是细节问题，但它们对于写作质量有着重要的影响。规范的拼写和符号使用可以提高文章的专业性和可读性，使文章更具吸引力。此外，规范的拼写和符号使用还有助于学生建立良好的写作习惯，这对于他们今后的学术和职业生涯都至关重要。

在跨文化英语写作教学中，教师应该重点强调拼写和符号的正确性和规范性，鼓励学生在写作中注重这些方面的细节，并逐渐提高拼写和符号使用技能。这不仅有助于学生写作能力发展，还有助于他们更自信地进行跨文化交流。

（四）写作方法

跨文化英语写作教学中需重点关注写作方法。在不同的文化背景下，写作方法可能存在显著差异，因此指导学生在不同文化环境中有效地应用写作方法至关重要。第一，写作计划。学生应该学会如何规划写作，包括明确主题、目的和受众。不同文化背景下的写作可能对这些方面有不同的要求，因此学生需要适应不同的写作需求。第二，组织结构。不同文化可能对文章的结构和组织方式有不同的期望，教师应教导学生选择结构，如时间顺序、比较对比、因果关系等，以确保文章具有清晰的逻辑。第三，论证和支持。写作方法还涉及如何有效地论证和支持观点。学生需要学会使用事实、证据和例子来支持他们的论点，要注意不同文化中对证据的要求可能有所不同，避免中英思维之间的差异带来负影响。第四，修订和编辑。不同文化可能对语法、拼写和标点使用有不同的规定，因此学生需要学会适应不同文化背景下的写作规范。第五，文化意识。学生需要了解不同文化中的写作期望、价值观和传统，以避免不适当的表达或误解。

（五）文化知识

学生需要增强文化敏感性，意识到不同文化之间的差异。他们应该了解不同文化背景下人们对于礼仪、社交规则、信仰和价值观的看法，以避免在写作中冒犯或误解对方。了解不同文化的核心价值观对于写作也非常重要。不同文化可能对权威、家庭、社会地位、时间观念等有不同的看法，学生需要了解这些，以便在写作中更好地反映读者的期望。文化知识还包括不同文化中的社会习惯和礼仪，因此学生需要了解不同文化背景下的社交规则和礼貌用语，以确保写作内容得到尊重，这在应用文体写作中体现得尤为明显。了解不同文化的历史和传统有助于学生更好地理解文化的演变和影响，这对于解释某些文化现象和现实情况非常重要。文化知识还包括不同文化中的故事、象征和隐喻，这些元素可被用于写作中，以便使读者产生共鸣。

三、跨文化视野下英语写作教学的原则

跨文化视野下英语写作教学的原则如图 5-12 所示。

第五章 跨文化视野下英语技能教学探究

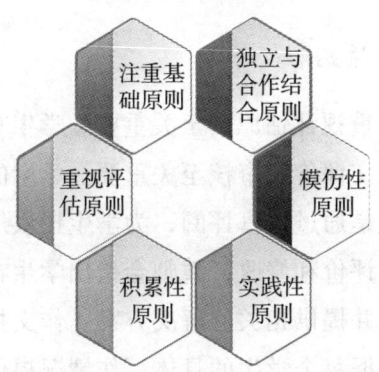

图 5-12　跨文化视野下英语写作教学的原则

（一）注重基础原则

在写作教学的过程中，教师常常会发现学生在英语作文中存在多种问题，包括拼写错误、时态错误、细节不完善、套用作文模式、语言基础薄弱等。这些问题都是写作的基础层面问题，但是屡见不鲜，因此必须引起教师的充分重视。只有建立了坚实的写作基础，学生才能够在写作能力方面有所突破。具体而言，词汇教学方面，教师需要注意避免强调英汉单词之间的直接对应关系，而应注重单词在上下文语境中的恰当运用，而且在词汇讲解的基础上，应多进行词汇使用语境讲解和举例，以免学生在写作时逐词翻译。在句法教学中，汉语句子通常强调"意合"，通过语义将句子元素连接起来，而英语句子则更注重"形合"，通常使用连词等来连接句子成分。因此，教师需要重点介绍这些语言差异，以帮助学生更好地理解英汉民族的思维方式。打好基础，避免基础性的知识错误，有助于提高写作的准确性和质量，而如果基础不牢固，学生将很难跨足到更高级别的写作。另外，写作不仅仅是技术活动，还涉及创造性的思考。然而，创意需要建立在对基础知识的理解和掌握之上。只有掌握了基础知识，学生才能够更自由地发挥创意，创造出富有想象力和深度的作品，真正具备跨文化英语写作能力。

（二）重视评估原则

在写作教学中，重视评估原则至关重要。学生写完作文并不意味着任务结束，之后的作文评价和审核至关重要。学生的习作往往存在各种问题，教师的任务就是通过认真评阅，为学生提供反馈信息，帮助他们及时修改作文。通过评价和修改，教师会指出学生在语法、拼写、逻辑结构等方面的问题，并提供相关的解决方案。作文批改过程也是个性化教学的过程，教师根据每个学生的具体写作情况提供个性化的指导和建议。在写作教学中，通常存在两种主要评估形式，即结果评估和过程评估。结果评估侧重最终作品的质量，教师会对学生的作文进行打分和评价，以衡量其写作能力。过程评估则强调学生在写作过程中的表现，包括构思、组织、反思等方面。通过过程评估，教师可以更深入地了解学生的写作过程，及时发现问题并提供指导。

1. 结果评估

在英语写作教学中，结果评估是一个不可或缺的环节。传统的打分评定方式在一定程度上有助于学生发现问题，但它也存在明显的缺点，如可能增加教师的工作负担，也可能降低学生的写作信心。根据相关研究成果，要真正帮助学生提高写作水平，仅仅依靠结果评估是远远不够的，还需要采用一种建设性和鼓励性的反馈方式，即明确指出学生写作中的优点和缺点，让学生明确知道自己哪里写得好，哪里写得不好。此外，当结果评估不如人意的时候，教师应该避免过度批评，因为这可能会伤害学生的自尊心。实际在给予反馈时，教师应该以鼓励为主，并在必要时指出需要改进的地方。

在英语写作教学中，结果评估应该与过程评估相结合，帮助学生不断提高写作能力，保护他们的写作信心。

2. 过程评估

一般而言，过程评估有多种多样的形式，并且是在学生进行写作的过程中不断进行的。这种评估可以由教师来进行，也可以在教师示范后，学生之间通过讨论和互动来实施。在过程评估中，教师可以在互评和讨论环节为学生提供一系列有针对性的问题，引导学生思考和改进自己的写作。需要强调的是，这些问题必须具有关键性和指导性，能够引导学生深入思考。此外，学生的自我评价也是过程评估的一种有效方式。学生之间进行互评或进行自我评价时，教师可以提供必要的评价工具，如自我评价表，以明确评价的标准、指标和粗略的评价等级。这样可以帮助学生在互评和自评的过程中更好地了解自己的写作能力，增强自我评价的信心。过程评估有助于学生在写作过程中不断自我改进，培养批判性思维和自我评价能力，也有利于教师更全面地了解学生的需求。

（三）积累性原则

积累性原则在跨文化英语写作教学中占据重要地位，它强调学生在平时学习过程中需要有意识地积累大量的语言材料和相关知识，以为写作提供支撑。

词汇是写作的基础，学生需要不断积累词汇。在日常学习中，学生会接触多样性的语言材料，包括文章、新闻、小说、学术论文等，这有助于他们积累不同领域的专业术语和表达方式，有助于更好地写作。教师可以鼓励学生建立个人词汇本，记录新学的单词，不管平时在听力还是阅读学习过程中，只要碰到比较优美、比较地道的表达都可以记录下来，同时标记生词并学习它们的意义和用法。学生还需要逐步积累语法知识，包括句型结构、时态、语态等，同时通过语法练习和模仿优秀范文来提高语法技能。

在跨文化英语写作学习过程中，学生需要了解不同文化的特点和差异。学生可以通过阅读与不同文化相关的文章、观看纪录片等方式积累文化知识。这有助于他们在写作中避免文化冲突和不当表达。学生在写作过程中会犯错误，这些错误也是积累的一部分。教师应该及时提供反馈，帮助学生识别和正视他们的错误，并引导他们进行修正。通过不断地修正和改进,学生可以积累写作经验,逐渐提高写作水平。

(四)实践性原则

实践性原则强调写作教学中不仅需要求学生学习理论知识,进行语言材料积累,还需要求学生通过实际练习来不断提高写作能力。写作是一项技能,学生必须经过反复的练习才能够掌握,因此学生要将所学的理论知识应用到实际写作中。学生应该进行大量的写作练习,包括写短文、文章、评论等不同类型的文章。这有助于他们提高写作速度和流畅度,培养写作的自信心。写作不仅仅是学术活动,还可以在实际生活中发挥作用。学生可以写求职信、工作报告、商业邮件等,有助于他们在职场中表现更出色。教师应设置多样化的训练,如让学生进行仿写、缩写、扩写、改写等,使学生在实践练习中掌握写作技巧。

(五)模仿性原则

对于初学者来说,创作可能会带来焦虑和困惑,但模仿可以减轻这种焦虑。通过模仿写作,学生可建立信心,慢慢减少对写作的抵触。而且通过模仿优秀作品,学生可以亲身体验和了解高质量的写作。写作范例可以成为他们学习的模板,帮助他们建立写作的基本框架。当阅读和分析范文时,学生也会逐渐领会其中的技巧,包括如何引入主题、如何组织段落展开论述、如何使用过渡句子、如何使用修辞手法等,从而创作出更具条理性和连贯性的作品,提高写作水平。

还应该注意,模仿并不意味着完全复制范文,而要在借鉴的基础上进行创新。通过模仿,学生可以借鉴范例中的元素,然后在自己的创作中进行调整和变化,逐渐发展出独特的创作风格,从而提高创作能力,形成创造性思维。模仿写作完毕之后,学生可以向教师或同学寻求反馈,然后对自己的作品进行改进。

（六）独立与合作结合原则

独立与合作结合原则强调写作不仅仅是个体的思考和产出过程，还可以是群体讨论的智慧和结果。实际面对较为抽象的写作话题或挑战性的写作任务，学生往往没有思路或者论点不够充足，这时这一原则显得尤为重要。在一个群体讨论环境中，学生有机会分享他们的想法和观点，也可以听到不同的声音和观点，从而获得更多的灵感和启发，拓宽写作思维。通过参与讨论互动，学生将学会更全面地考虑问题，减少盲点和错误，从而使写作更加精练和有说服力，提高写作质量。通过与同学一起讨论学习，学生可感受到团队的支持和鼓励，从而更加自信地面对写作任务。

因此，教师在写作教学中应该积极倡导和实践这一原则，鼓励和帮助学生积极参与团队讨论，具体形式主要包括以下五种。

1. 小组式讨论

小组讨论是一种非常有效的教学方法，可以让学生共同讨论问题、分享观点和解决难题。通过小组讨论，学生可以相互交流，互相学习，从不同的角度思考问题，有助于他们拓展写作思维，以及提高写作能力。教师可以根据不同的课堂目标和教学内容，灵活运用不同形式的小组讨论。

2. 教师提问式讨论

提问在小组讨论中很关键，可引导学生思考、表达观点，甚至提出问题和质疑观点并积极参与讨论。提问需要注意以下两个方面。第一，提问的方式应恰当。这意味着需要用明确而清晰的语言提出问题，确保学生明白问题的对象是什么，以便学生能够给出针对性的回答。第二，提问的次序也需要合理安排。教师应该在提问时考虑问题的难易程度，确保问题从简单到复杂或从具体到抽象逐渐推进，从而使不同能力和水平的学生都有机会积极参与并表达自己的观点。另外，教师还可以提前让学生确定回答问题的方式或方法，确保课堂秩序不会混乱，学生有序地参与讨论。

3. 卷入式讨论

卷入式是一种让尽可能多学生参与的讨论形式。教师可以通过重复问题或答案、学生提问、集体回答、比赛回答等，带动更多的学生进入讨论，以确保每个学生都有机会参与到讨论中。这种方法有助于减少学生回答难度，提高他们的参与度，活跃课堂气氛。

4. 反馈式讨论

了解学生的情况对于教学的调整和提高写作质量非常重要。教师可以在讨论之后，鼓励学生快速写下答案或者写作提纲，然后检查学生的作文。这种方式有助于学生通过凝练观点锻炼总结能力，也有助于教师及时了解学生的学习状况，对讨论进行必要的调整。

5. 学生互助式讨论

学生互助式讨论可以通过多种形式实现，如共同回答问题、相互问答、互相批改作文。基于此，学生不仅可以提高自己的写作水平，还能学会尊重和支持他人的观点，看到其他学生易错点，从而作为参照，努力避免犯同样的错误。这种自我反思和改进的过程对于提高写作水平至关重要。教师应鼓励学生在学习中相互合作，互相为师，有效锻炼学生的批判性思维和分析能力，而这种思维方式在写作领域明显发挥重要作用。

四、跨文化视野下英语阅读教学的方法

（一）语块教学法

语块教学法是一种高效的教学方法。研究表明，语块是由几个词构成的组合。词汇是写作的基础，因此语块教学法同样适用于写作教学。教师可以借助这一方法向学生介绍有关语块的基本概念和分类等知识，让学生了解语块对提高语言能力的重要性。一旦学生认识到语块的价值，他们将在学习过程中积极积累各种语块，并有意识地将其运用到写作中，从而创作出更加流利、地道的文字作品。具体而言，英语教师

可以从以下两个方面展开语块教学法。第一，语块的引入。教师可以开始介绍常见的语块，解释它们的含义、用法和应用语境。这有助于学生理解语块的实际运用方式，并在写作中科学使用。第二，语块的实际运用。教师可以设置写作任务，要求学生在文本中使用特定的语块。通过这种方式，学生有机会将所学的语块应用到实际写作中，锻炼提高语言表达能力。

（二）自由写作教学法

自由写作（free writing）是一种富有创造性的思维激发活动，可以被看作开启思维和情感的闸门。在当今流行的写作教学法中，自由写作被广泛应用，其主要目的在于减轻学生写作时的心理压力，激活学生写作思维。自由写作法通常包含以下三个步骤。第一步，寻找写作的范围（约5分钟）。这一阶段的目标是让学生自由地写下他们的想法和情感。初始的文字看似杂乱无章，但仔细阅读会发现这些不连贯的句子中蕴含着某种情感或思想。这一步骤可帮助学生找到写作的范围，并使学生在其中发现一些闪光的句子或者亮点词语，而它们将成为后续写作的线索。第二步，寻找写作的材料（约5分钟）。在第二步中，学生以第一步找到的句子或词语为起点，继续自由地写作。虽然这一阶段在一定程度上受到前一步骤的限制，但学生仍然可以放松地、毫无顾忌地写下他们的想法。完成后，学生需要仔细阅读所写的文字，将其分类整理，提炼出文章的基本线索和层次结构。第三步，成文。第三步与传统的写作过程一致，不同之处在于前两步提供了写作范围和材料，为学生构建一篇属于自己的完整文章提供了基础。前两步通过文字语言将构思过程外化，为最终的写作奠定了坚实的基础。

（三）对比教学法

对比教学法是英语写作教学中非常有效的教学方法。英语和汉语这两种语言之间存在许多天然的差异，通过对这两种语言进行对比分析，可以帮助学生更好地学习英语。在写作教学中，教师可以灵活运用对比教学法，特别是在批阅学生的习作时。具体来说，教师可以随时指出学生习作中不符合英语表达习惯的句子或短语。如果条件允许，教师还可以提供地道的英语表达方式，让学生将其与他们所使用的语句进行对比。通过对比教学法，教师可引导学生更深入地了解英语和汉语之间的差异，从而提高他们的英语写作水平。这种方法有助于学生逐渐适应英语表达方式，减少因母语干扰而产生的错误，使他们能够更流利、自信地表达自己的思想和观点。因此，对比教学法在英语写作教学中的应用至关重要，可以帮助学生更好地掌握英语写作技巧和规范。

（四）综合教学法

综合教学法是将写作与其他语言技能有机结合起来，包括听写结合、读写结合、说写结合，以及写译结合等多种方式，有助于更全面地培养学生的语言能力。

1. 听写结合

在写作教学中，教师可以将听力和写作结合起来进行教学。通过让学生边听边写，教师可以帮助学生提高写作能力。学生可以一边听教师的朗读或录音，一边随时记录听到的内容。这些听写的内容可以包括教材上的文章、课外读物中的优美段落，甚至是一些精彩的小故事。在听写的基础上，教师还可以让学生完成听后复述的任务，总结出所听材料的主要内容。这些听写和复述活动有助于学生提高语言组织和表达能力，为写作打下坚实的基础。

2. 读写结合

阅读和写作之间是相互促进、相辅相成的关系。在阅读过程中，学生应该学会从文章中获取有利于写作的素材。教师可以引导学生在阅读时关注作者的遣词造句技巧，并培养学生记笔记的良好习惯，使学生逐步积累丰富有助于写作的语言知识。这种读写结合的方式可以使学生的阅读更加深入，也提高他们的写作能力。

3. 说写结合

口语和书面语之间存在着密切的联系，因此教师可以通过口语和写作相结合的方式进行教学。例如，教师可以指导学生将一些对话改编为短文，并要求学生在改写过程中注意时态、语态、人称等方面的变化，尽量使用对话中的新词汇和句型。通过说写结合的方式，学生可以更好地理解口语与书面语之间的差异，提高他们的写作能力。

4. 写译结合

翻译训练不仅有助于提升学生语言意识，还可以帮助学生提高写作能力。因此，教师可以将翻译与写作训练有机结合起来。在翻译过程中，学生需要注意表达习惯、句法规则以及篇章结构等方面的指导。这样的练习可以帮助学生了解英汉两种语言的异同，增强思维转换意识，从而提高写作能力。

第五节 跨文化视野下英语翻译教学探究

一、英语翻译

（一）英语翻译的内涵

翻译是一项跨语言和跨文化的复杂交际活动。通常情况下，人们将翻译定义为将一种语言转化为另一种语言的过程，而在此过程中要保持原文意义和信息的传递。不同的文化和语言之间存在着差异，因此翻译时不仅要理解原文的表面意思，还需要捕捉其中的深层意义、目标语言的文化背景和风格。

翻译的内涵包括以下几个方面。第一，信息转换。翻译是将一种语言中的信息和内容转化成另一种语言相关内容的过程。这包括了词汇、语法、句子结构等方面的转换，而且要确保信息的准确传递。第二，文化传递。翻译不仅仅是语言的转换，还涉及将一种文化介绍到另一种文化的活动。译者需要考虑文化背景、价值观和社会习惯,以便在译文中传达原文的文化内涵。第三,语言和符号意义的转译。翻译是将一种语言中的符号和意义转化成另一种语言相关内容的过程。这不仅包括了文字的转化,还包括口头表达和符号系统的转化。第四,创作活动。翻译被认为是一种创作活动,因为它要求翻译家在保持原文意义的同时,选择合适的语言和表达方式,以确保译文自然流畅、通顺。

(二)英语翻译中的跨文化因素

语言和文化密不可分,语言是文化的一部分,而翻译则是连接两种语言的纽带,因此翻译与文化之间存在着紧密的联系。在翻译过程中,不可避免地涉及各种文化因素,其中包括价值观念、思维模式、地域文化,以及物质文化等方面,而这些因素差异会显著影响翻译的准确性和效果。

1. 价值观念差异

英汉文化在价值观念方面存在显著的差异,这些差异在一定程度上会影响翻译工作。例如,在中文中比较忌讳说"老"字,尤其对于女性来说,问年龄时要尽量委婉,而西方对于年龄没有特殊的禁忌,并且在英语中会有"the old man"(老人)这样的表述。但近年来在西方国家,"老"这个词的使用频率也在逐渐减少,逐渐被更委婉的词语所取代,尤其在描述年长的人时,如"the advanced in age"(年龄较长的人)、"senior citizens"(老年公民)。因此在翻译实践中,要做到与时俱进,尤其对于一些价值观念存在差异的知识进行翻译时,不要仅仅参考国内英语教材中的内容。

2. 思维模式差异

西方文化偏向抽象思维,善于用抽象的方式表达具体的事物,而中国文化则更加偏向具象思维,倾向于通过具体描述来表达思想。在具体的翻译过程中,对于英语中的抽象名词,翻译时需要考虑如何具体化处理,而不是简单地进行直译。

3. 地域文化差异

文化具有鲜明的地域特征，因此在翻译中常常会涉及地域文化的问题。地域文化包括自然现象、地理方位等。以地理方位文化为例，不同文化对方位有不同的看法。在中国文化中，南方被视为尊贵，而西方文化中北方更为重要。这种差异会直接影响到翻译的选择。例如，"从南到北"应翻译为"from north to south"，而不是"从北到南"。

4. 物质文化差异

物质文化包括生产工具、经济生活、日常用品和科学技术等各个方面。在翻译实践中，经常会遇到一些具有浓厚地域特色的物品、工具或设施。如果不了解这些物品的文化内涵，容易引发误解，从而影响翻译的准确性和质量。因此，翻译家需要深入了解不同文化中的物质文化，以确保在翻译过程中不会丢弃原文的文化含义。例如，"trick-or-treating"的文化现象，这是指在万圣节的晚上，孩子们穿上化妆服，逐户访问，要求糖果的传统。这种文化现象在英语中有一个特定的名称，但在中文中没有直接的对应词语。因此，译者需要用一种清晰的方式来解释这一文化现象，翻译成"不给糖就捣蛋"。

二、跨文化视野下英语翻译教学的内容

（一）翻译基础理论

在跨文化视野下的英语翻译教学中，教授翻译基础理论至关重要。第一，跨文化交际理论。学习该理论有助于学生了解语言和文化之间的紧密联系，同时了解不同文化之间的交际方式和文化因素如何影响翻译。该理论强调在翻译过程中考虑目标文化的读者，以确保译文符合目标文化的交际习惯和期望。第二，等效翻译理论。等效翻译概念即在保持原文和译文意义等效性的情况下进行翻译。要引导学生思考形式等效和功能等效之间的区别，以及在不同情境下如何选择适当的翻译策略。第三，文化传播理论。该理论强调文化在翻译中的传播作用，有助于学

生了解翻译如何传递信息和思想。要通过案例研究和文化背景介绍，培养学生对文化差异的敏感性。第四，功能翻译理论。教学中可以介绍功能翻译理论，强调译文应满足特定的交际功能和需求，并帮助学生识别和了解在不同情境下选择合适功能的重要性。第五，翻译伦理道德。学生需要了解翻译伦理和道德准则，以应对可能涉及文化敏感性和价值观的翻译挑战。要引导学生在翻译过程中考虑伦理和道德问题，确保他们的翻译是道德和可靠的。

这些基础理论提供了学生在进行英汉翻译时必需的理论框架和指导原则。通过深入理解这些理论，学生将能够更好地应对挑战，提高翻译质量和效果。在教学中，可以通过理论介绍、案例分析和实际练习来帮助学生学习应用这些理论，提高他们的翻译能力和文化敏感度。

（二）英汉翻译技巧

为了确保翻译更富流畅度，翻译者必须灵活运用各种翻译技巧。在尊重原文内容的基础上，他们需要对原文的语言形式、表达方式进行适当调整和改写。一般而言，翻译技巧包括直译、意译、音译等。在翻译教学中，教师的任务之一是引导学生深入了解并掌握这些翻译技巧，以提高他们的翻译效率和翻译质量。

直译强调尽量保持原文的结构和词汇，逐字逐句地翻译。然而，直译可能导致目标语言中的表达不自然，因此需要谨慎使用，特别是在涉及不同语言结构和表达习惯的情况下。意译强调的是在传达原文意思的基础上，更注重目标文的流畅度和自然度。这种方式下，译者可能会对原文的表达方式进行重新构思，选择更适合目标文化的表达方式。音译主要是将原文中的词语音近似地转化为目标语言的音韵。这种方法通常用于翻译专有名词、地名、人名等。音译要求译者具备对目标语言音韵的深刻理解，以确保发音的准确性。教师在教授翻译技巧时，应当帮助学生理解每种技巧的适用场景和局限性。学生需要学会根据具体情境灵活选择合适的翻译方式，以便更好地传达原文的含义和情感，确保译文在目标文化中流畅自然。翻译技巧的掌握不仅有助于提高翻译效率，还有助于提升译文的质量，使其更贴近目标受众。

三、跨文化视野下英语翻译教学的原则

（一）质量与速度并重原则

质量与速度并重原则体现了翻译实践中的现实需求，即在保证翻译质量的前提下，在有限时间内高效完成任务。在教学中，教师需要教导学生如何在这两个方面取得平衡，并提供相关的训练和指导。翻译质量是至关重要的。学生应该了解如何精确地传达原文的意义和情感，具体包括原文的内涵、文化背景以及表达方式等。质量保证意味着学生需要注重词汇选择、语法结构和连贯性，以确保译文自然流畅。教师可以通过课堂讨论、案例分析和翻译练习来帮助学生提高翻译质量。然而，实际翻译工作通常需要在有限的时间内完成，因此速度也是一个重要的考量因素。学生应该学会有效地组织时间，提高翻译效率。这可以通过模拟实际工作场景的限时训练来实现，即教师设定时间限制，要求学生在规定时间内完成翻译任务，从而锻炼学生在有压力情况下的应对能力。这一原则不仅有助于学生适应实际工作需求，还有助于提高他们的竞争力。教师的任务是平衡这两个方面，引导学生取得良好的翻译成果，培养良好的翻译能力

（二）实际案例原则

实际案例原则要求在教学过程中引入真实的翻译案例和实际的翻译项目。实际案例反映了真实的翻译环境和需求，使学生能够面对真实的翻译挑战，这些挑战可能包括不同领域的专业术语、文化差异、多样性的文本类型等。实际案例也可以使学生更容易保持学习的兴趣和动力，因为他们可以看到所学知识和技能在实际情境中的应用价值，并意识到所学对未来职业发展的重要性。通过处理实际案例，学生可积累实际的

翻译经验，这对于他们更具吸引力。实际案例通常涵盖多个方面的翻译技能，包括语言能力、文化敏感度、专业知识等。学生需要在综合这些技能的同时应对挑战，并学会如何在翻译中处理文化冲突，这有助于培养他们的综合能力。通过深入分析和处理实际案例，学生不仅可以了解表面现象，还可以深入挖掘其中的翻译原理、策略和技巧，从而实现深度学习。

（三）多样性原则

多样性原则要求翻译教学关注各种文本类型，如新闻报道、广告、文学作品、科技文献等。学生需要了解不同类型文本的特点和翻译策略。因为学生的翻译能力需求和兴趣可能涵盖广泛的领域，因此要遵循多样性原则，以确保教学满足这些多样化的需求，培养学生全类型文本翻译能力和全领域的翻译能力，使他们更具竞争力。另外，基于多样性原则学生应该接触不同语言风格和表达方式，包括正式文体、口语、文学风格等，以有效提高自身灵活性和适应能力，更好地应对各种不同的翻译任务，为未来的职业发展做好准备。

（四）文化适应原则

文化适应原则在跨文化英语翻译教学中扮演着重要的角色。它的存在是为了帮助学生更好地理解、尊重和适应不同文化的特点和价值观，以提高翻译的质量和文化敏感度，减少误解。跨文化英语翻译不仅仅是语言的转换，还包括文化的转换。学生需要培养文化敏感度，以更好地理解和传达文化因素，避免误解和不当的表达。文化适应原则强调尊重不同文化的多元性，鼓励学生了解不同文化之间的差异，有助于学生建立开放、包容的思维，避免对其他文化的偏见或歧视。文化适应原则的实施方式包括提供文化背景介绍，以帮助学生了解不同文化的历史、宗教、价值观等；使用文化故事和比喻来帮助学生理解文化的重要概念和价值观；进行文化敏感翻译练习，让学生应对文化差异；强调尊重文化差异,避免歧视;组织多元文化团队的合作项目,培养学生尊重和合作的能力。它有助于学生更好地应对跨文化英语翻译挑战,建立良好的跨文化交流能力,培养优秀的跨文化翻译人才。

(五)反馈原则

跨文化英语翻译教学中的反馈原则强调通过反馈,帮助学生识别翻译中的问题和改进空间,指导学生通过实践翻译技能和翻译质量。反馈的形式应多样化,包括教师的口头和书面反馈,以及同学互评、学生自我评估、建立学习社区等。教师的指导和建议对于学生的翻译能力提升至关重要,他们可以指出学生的语法错误、词汇问题和表达不当之处,并提供改进的建议和示范,促进学生进步。同时,学生可以相互审阅和评估彼此的翻译作品,有助于彼此从不同的角度审视翻译,发现问题并提出改进建议。此外,学生还可以进行自我评估,自主发现问题并探寻改进的方法。在跨文化英语翻译教学中,建立学习社区也是反馈的一部分。这种学习社区有助于学生互相支持和鼓励,共同提高翻译技能,使他们能够更好地应对跨文化翻译挑战,成为优秀的跨文化英语翻译专业人才。

(六)持续学习原则

跨文化英语翻译领域具备高度的动态性与复杂性,一些词汇、短语和表达方式常常会随着社会和文化的演进而发生改变。这些变化可能受到技术、政治、社会风气等多方面因素的影响。举例而言,前文所提及的"old"一词在西方社会中已经逐渐失去其传统含义。这种语言变化可能无法及时反映在传统教材中,因此翻译者或学生需要具备不断学习的能力,以跟进这些变化并适应新的表达方式。教学中也应强调并倡导学生积极持续学习的态度与习惯,以适应不断演变的行业趋势、新兴工具和前沿技术,并在不断变化的翻译环境中保持竞争力,适应社会变革。另外,持续学习原则强调培养学生的主动性,使其具备主动追踪行业发展动态的能力。这包括定期阅读相关研究、参与翻译社群和专业组织,以及积极探索新的翻译工具与技术。持续学习也要求学生具备批判性思维和信息筛选的技能,以辨别哪些信息对其专业发展最为有益,更好地适应不断变化的翻译环境,保持竞争力。

四、跨文化视野下英语翻译教学的注意事项

(一)注重文化语言能力培养

1. 语言知识

翻译作为一门综合性学科,涵盖了多个领域的活动,不仅仅是语言转换,还需要对不同领域的专业术语和背景有深刻的理解。如果译者没有扎实的语言基础知识,就很难对翻译文本进行准确的理解和翻译,如果译者的知识面狭窄,也会在处理复杂文本时遇到困难。因此,在翻译人才的培养过程中,需要采取一系列措施来扩大他们的知识面。学校可以增加文化类选修课程,如英美文学、历史、政治、社会学等。这些课程将帮助学生更深入地了解英语国家的文化、历史和社会背景,为跨文化翻译提供更丰富的知识基础。通过学习这些课程,学生可以更好地理解和传达不同文化之间的差异,提高翻译的质量和准确性。教育过程中可以鼓励学生广泛阅读,包括英语文学作品、新闻报道、学术论文等。通过阅读,学生不仅可以增加词汇量,提高语言表达能力,还可以增加对各种主题和领域的了解。这将为学生在翻译过程中更好地理解和处理各种文本提供帮助。还可以多鼓励学生参与跨文化项目和实践活动,如国际交流项目、文化节庆等,与母语为英语的人士互动,积累实践经验。在此过程中,学生有机会亲身体验和感受不同文化,可以加深对文化差异的理解,提高与不同文化背景人士沟通的能力。实际项目还可以让学生应用他们所学的知识,提高实际翻译能力,更好地满足翻译行业对多元化、知识丰富的人才的需求,为中国的翻译人才培养注入更多活力。

2. 语用能力

培养学生的语用能力在跨文化翻译领域具有重要意义，有助于他们更深刻地理解文本中的文化内涵和语言使用背后的文化因素。语用能力的提升有助于学生增强跨文化交际能力，从而提高翻译水平。教师可以以英美文化为切入点，向学生介绍不同文化之间的差异。通过深入了解这些差异，学生可以对不同文化有更深入的认识和体验，从而提高学习他国文化的兴趣。这不仅有助于提高跨文化翻译的质量，还可以增强学生的学习动力和翻译的兴趣。翻译教材的选择也对学生的语用能力培养起到关键作用。教师应精心挑选包含文化差异和文化知识的教材，以便学生能够清晰地了解语言使用的方式和背后的文化因素。通过这些教材，学生将更好地理解文本中的语用信息，提高翻译的准确性和流畅度。另外，教师还可以设计跨文化语用场景，让学生亲身体验语言的实际运用情境。这种实践性的教学方法可以帮助学生更好地理解语用情况，培养他们的语用能力。通过模拟不同文化背景下的交际情境，学生将能够更自信地应对各种语用挑战，提高翻译能力。

(二) 注重文化策略能力培养

1. 归化和异化策略

归化和异化策略是翻译领域，尤其是在跨文化翻译中，翻译者面临如何处理源语和译语之间文化和语言差异挑战而提出的理论。这两种策略代表了不同的翻译取向，具有不同的目标和方法。归化策略旨在使译文更加贴近译入语的文化和语言特点。在归化策略下，翻译者会省略或替换源语表达形式，以便更好地传达译入语的文化意义。这种策略可能会导致源语文化的意义丧失，但它更符合译入语的文化特点。例如，在英译汉中，习语"Man proposes, Heaven disposes"可以使用归化策略翻译为"谋事在人，成事在天"，省略了"上帝"的含义，更符合汉语的表达方式。异化策略旨在保留源语文化，尽量贴近原作者的表达方式。在异化策略下，翻译者会保留源语文化的特点，即使这可能导致译文在译入语中显得陌生或不符合文化习惯。这种策略有助于传递源语文化的信息和特点。这种翻译策略有助于译者传达源语文化的特点，有助于他们了解英语中的表达方式。

归化和异化策略是翻译者在处理文化和语言差异时的两种取向。归化追求译文与译入语更为贴近，而异化追求保留源语文化的特点。在实际翻译中，翻译者需要根据具体情况和目标读者的需求来选择合适的策略，以确保翻译的准确性和可理解性。这两种策略都有其优点和局限性，因此在翻译实践中需要权衡各种因素来做出决策。

2. 文化间性策略

文化间性策略是一种基于文化间性主义和文化间性观的翻译策略，它强调在文化翻译中保持互惠互补和相互协调的文化关系。文化间性主义者认为不同文化存在明显的差异，而文化间性策略的目标是通过处理这些差异来找到不同文化之间的共性，实现文化之间的互动和交流。因此，文化间性策略可以看作一种在归化策略和异化策略之间寻找平衡的方法，这也是对传统的"信、达、雅"翻译标准的践行，强调了在翻译中要斟酌词汇，既忠实于原文，又要使得意思完全在另一种文化中被传达理解，同时保持译文的流畅和雅致。

在文化间性策略的指导下，一位优秀的译者应该具备文化间性的身份，这意味着他／她需要内化不同文化的组成要素，并持有开放和接纳不同文化进步与发展的态度。文化间性策略的实施有两大要求。第一，保持开放的心态。译者要采用得当的策略来处理不同文化，他们需对不同文化持有开放的态度，愿意接纳和包容不同文化之间的差异。这有助于确保翻译的准确性和连贯性。第二，拓展源语文化。在文化间性策略的指导下，译者会分析源语文化，并将其推向世界。这意味着译者将源语文化内化并传达给译入语读者，有助于更好地理解和欣赏不同文化之间的共性和特点。举例来说，假设原文中包含一个特定的文化典故，如中国的成语"狐假虎威"，这个成语在英语中可能没有直接对应的表达方式。在使用文化间性策略时，译者会尽力保留原文的文化背景和意义，选择一个在英语文化中能够传达相似含义的表达方式，以确保译文在语言和文化上都能够保持一定的一致性。这样的翻译方法有助于传达原文的精神，并让译入语读者更容易理解和欣赏。

整体而言，文化间性策略是一种灵活的翻译方法，它既维护原文意义，也考虑了目标文化的特点，以实现翻译的双向交流和文化互动。这种策略对于跨文化翻译的成功至关重要，可以帮助译者有效地处理文化差异，创造出更具有跨文化沟通价值的译文。

3. 文化调停策略

文化调停策略是一种在文化翻译中广泛运用的方法，它的核心思想是将文化因素在一定程度上省略或不进行直接翻译，特别是那些在目标文化中不易被理解或没有直接对应的元素，而专注于传达文本的深层意义。这个策略的应用使得译文更易于理解，减少了文化差异引起的困扰，也有助于保持译文的可读性，避免过多的注释或解释，从而保持译文的简洁性。举例来说，假设原文中包含了一些特定的文化典故或历史事件，而这些典故或事件在目标文化中并不常见。采用文化调停策略时，译者可以选择省略这些典故或事件的翻译，而专注于传达原文的主要意思。这样的做法有助于提高译文的可读性，使译入语读者更容易理解文本的核心信息。然而，文化调停策略也有其局限性，因为它可能会导致一些文化元素的丧失。因此，在选择是否采用文化调停策略时，译者需要权衡文化因素的重要性，以确保译文既能够传达原文的意思，又能够在目标文化中流畅阅读。这个策略的运用需要译者具备深刻的文化理解和翻译技巧，以在不同文化之间进行有效的沟通。

4. 文化对应策略

文化对应策略是一种在文化翻译中常见的策略，它依赖目标文化中已知的事件、人物或概念，用以解释和诠释源语文化中的内容。这个策略的目的是使译入语读者更容易理解源语文本，并帮助他们融入源语文化的语境，以便更好地探索原作的深层含义。举例来说，如果在源语文本中提到了"梁山伯与祝英台"，这是中国文化中著名的爱情故事，但在西方文化中可能不太为人熟知。为了让西方读者理解这个概念，译者可以采用文化对应策略，将其翻译成"罗密欧与朱丽叶"，这样西方读者就能够更容易地理解故事的背景和情节。另一个例子是在中国文化中，有一位名叫济公的民间传说人物，他以劫富济贫而闻名。在文化对应策略的指导下，译者可以将济公与西方文化中的"罗宾汉"相对应，因为两者都是以劫富济贫而获得民众喜爱的人物。这样的对应有助于西方读者更好地理解济公的角色和行为。需要强调的是，文化对应策略并不是适用于所有情况的通用策略，它通常用于那些需要帮助译入语读者理解源语文化内容的情况。在实际翻译中，译者需要根据具体文本和目标读者的需求来选择合适的翻译策略。文化对应策略是翻译中的一种有益工具，但并不是唯一的选择，译者需要综合考虑其他策略，以确保译文能够准确传达原文的含义和情感。

第六章 跨文化视野下英语教学的教材与师资探究

第一节 跨文化视野下英语教学中的教材探究

教材在跨文化英语教学中具有至关重要的地位，影响着教师的教学方法和学生的学习体验。它是教学内容的主要呈现方式，为学生提供重要的语言输入材料，也为教师提供教学的基础和依据。在跨文化教学背景下，教材是教师与学生之间有效交流的桥梁，帮助教师在教学中传达跨文化交际的重要概念和技能，有助于学生系统地、直观地理解不同文化之间的差异，提升跨文化交际能力。在我国的英语教育中，教材是教学的支柱，它不仅提供了教学的内容，还反映了教学的理念和目标。要实现英语教学的目标，必须有针对性地开发适合跨文化交际的教材。这些教材应该包括能帮助学生了解不同文化背景和价值观的文化素材，也应该包括与跨文化交际相关的任务和活动内容，有助于提高学生的实际能力。因此，在英语教学的跨文化转型背景下，应该重视教材的开发和挖掘，以确保它们更好地满足英语教育的需要，推动跨文化交际教学目标的落实。

一、英语教材的内容

（一）知识体系

英语教材的知识体系可以被看作一个复杂而有序的结构，它包括了多个层面的元素。从横向角度看，这个知识体系涵盖了语言知识、事实知识和价值知识。语言知识包括词汇、句法和篇章知识。传统教材侧重词汇和语法，而现代教材更注重篇章知识。从纵向角度看，教材由主题、图像和作业三个主要部分构成。主题系统的建立至关重要，图像系统用于辅助和解释主题，作业系统则提供了实践机会。这个复杂的知识体系反映了英语教材的深度和广度，也彰显了教材编写的系统性原则。系统性原则是不变的理念，可确保知识的生成和有序传递。在学习过程中，学生的知识积累以此为基础，并通过系统的演绎来实现。因此，知识体系不仅是跨文化英语教材的基本要素，还是学生学习的重点。

（二）技能体系

英语教材包含了丰富多样的技能体系，这些技能体系对于学习者语言能力和跨文化交际能力的培养和发展至关重要。这些技能不仅包括语言技能，还包括跨文化技能和认知技能。语言技能在英语教材中占据着核心地位，具体包括听、说、读、写和翻译。通过教材，学生可以提高听力技能，以更好地理解各种口音和语速的英语。另外，口语技能的培养也是关键，学生可以通过对话、角色扮演等活动来提高他们的口语表达能力。阅读和写作技能的训练则有助于学生更好地进行英语表达，这是跨文化交际的重要组成部分。此外，翻译技能也在英语教材中有所体现，有助于学生进行英语与母语转化，理解不同文化。跨文化技能渗透跨文化英语教材，涉及对不同文化的了解和尊重，以及在不同文化环境下进行有效沟通的能力。学生通过教材可以学习到不同文化的价值观、习惯和礼仪，从而更好地适应不同文化环境，并与不同背景的人建立良好的关系。这对于在全球化时代进行跨文化交际至关重要。认知技能也在跨文化英语教材中得到体现，具体包括批判性思维、问题解决和创造性思维等方面的能力。基于教材，学生可针对性思考和分析不同文化背景下的问题，提高批判性思维能力。

（三）媒介体系

1. 知识的媒介

教材是知识的主要传播和呈现方式。无论是传统以"课"为单位的教材，还是现代以"单元"为基本单位的教材，它们都通过清晰的结构等来呈现知识，而学生往往通过教材来获取知识和技能。教材的结构、内容等都有助于学生深入理解各个学科的核心概念。教材的设计能够帮助学生逐步掌握新知识，帮助学生构建知识体系。

2. 教与学的媒介

教材不仅仅是知识的呈现方式，还可促进教师与学生之间紧密联系。教学过程也可以说是教师与学生之间的互动过程，而教材在这一互动中起到了桥梁的作用。教师可以根据教材的内容制订教学计划，确定教学方法，也能够通过教材来评估学生的学习表现。教材不仅是教师传授知识的媒介，还是学生学习、思考的媒介。

3. 学生思维体系构建的媒介

学习是一个复杂的思维过程，而教材提供了学生思维所需的符号表征。教材以文字为主要符号表征，不仅提供了知识，还有助于学生提高思考、分析和解决问题的能力。通过阅读探索教材，学生能够理解、吸收和内化知识，培养批判性思维、创造性思维和问题解决能力，而这些思维技能是学生终身学习的关键。

4. 教师教学思想的媒介

教材不仅是学生的资源，还是教师的资源。教师可以从教材中获取教学灵感、策略和方法，然后将其传递给学生。教材提供了丰富的教学示例和建议，可帮助教师更好地规划和实施课堂教学。同时，教材也充当了教师的合作伙伴,与教师共同推动教学创新和教育质量提升。

因此,教材的选择、设计和使用都对于教育的成功至关重要,教材设计中需要充分考虑学科特点、学生需求和教学目标,以发掘其的最大潜力。

二、跨文化教学对英语教材的要求

跨文化背景下,对英语教材的要求更高,其主要内容不仅需包括语言知识,还需要包含文化知识,有助于学生发展跨文化理解和交际能力。教材编制需要更加全面地考虑学生的需求,紧密关联现实社会,整合多种知识和技能,有助于培养学生跨文化思维和解决问题的能力,使学生在全球化时代更加成功地融入国际社会。

(一)对教材内容的要求

英语教材应有助于跨文化交际能力培养。传统的英语教材内容往往侧重语言的语法、词汇等,但现实生活中的英语交际往往需要更多的跨文化沟通技能。因此,教材应该包括一系列的文化技能内容,以帮助学生更好地理解和适应不同文化环境,有助于他们更自信地参与国际交往。另外,英语教材的文化内容应具备国际性和跨文化特征。这意味着教材不仅应涵盖说英语国家的文化知识,还应包括其他非英语国家的文化背景知识。在全球化时代,很多人在英语不是母语的情况下也使用英语进行交流。因此,学生需要了解不同文化背景下的交际方式、价值观和信仰,以便更好地与各种文化背景的人进行有效沟通。

第一,英语教材中的文化内容应广泛而多样。这意味着教材应该涵盖各种文化领域的知识,包括人类社会、环境、生活方式、文化艺术等。这样不仅有助于学生更全面地理解不同文化,还有助于培养他们的文化敏感性和包容性。此外,教材中文化内容部分应体现不同文化之间的共通点和相似之处,以促进跨文化理解和和谐。

第二,英语教材中的文化内容应该蕴含价值观。文化不仅仅是一种

第六章 跨文化视野下英语教学的教材与师资探究

知识，还体现了人们的价值观念和道德观念。因此，教材应该帮助学生理解不同文化的价值观，指导他们进行批判性思考，以便更好地应对跨文化交际中的价值观冲突和挑战。

第三，英语教材应具有真实性。这意味着教材应包含目标语言国家的真实文化元素，反映目标语言国家的社会习惯、娱乐活动等。通过深入了解这些方面，学生不仅能够提高语言水平，还能够更好地了解当地的生活方式和社交规则，理解目标文化的深层次内涵，从而在实际交往中更加得心应手。

第四，教材内容应具有实用性，为学生职场工作和现实生活提供指引。实际情境中的语言和技能训练应成为教材的重要组成部分，以确保学生能够有效地运用所学知识。

第五，教材应该帮助学生整合专业知识和语言技能。这涉及英语教育与其他学科领域的有机结合，有助于学生在跨文化环境中更好地应用英语。

第六，教材必须紧密联系当今社会，包含与现实生活和全球社会变化相关的话题。这意味着教材应该涵盖现代社会问题、科技发展、文化多样性等方面的内容，使学生能够应对当下和未来的跨文化交际挑战。

（二）对教材类型与形式的要求

跨文化背景下，英语教材的类型和形式需要呈现多样化和立体化，以满足学生的不同学习需求。第一，多样化的教材类型。英语教材应具备多样类型，包括但不限于纸质教材、多媒体资源和在线学习平台。这意味着学生可以选择适合自己学习方式和节奏的材料。例如，一些学生可能更喜欢传统的纸质教材，而另一些学生可能更喜欢通过多媒体资源，如音频、视频、互动课程等来学习。多样的教材类型可以满足不同学习者的需求，提高学生学习效果。第二，立体化的教材形式。英语教材的形式应当立体化，这意味着它们可以结合多种媒体和资源，以提供更丰富、生动和多维的学习体验。这包括使用文本、音频、视频、互动模拟和虚拟实验等不同形式的教学内容。这种立体化的形式不仅能够激发学生的兴趣，还能够更生动地呈现语言和文化内容，使学生更深入地理解语言和文化，从而更好地培养跨文化交际能力。

三、跨文化视野下英语教材编写的原则

（一）纸质教材编写的原则

1. 思想性原则

思想性原则强调英语教材不仅要能辅助传授语言知识和技能，还应助力思想教育。这意味着教材应该具备更广泛的教育功能，帮助学生培养更深刻的思考能力、批判性思维和文化意识。实际当中，思想教育可以帮助学生更好地理解不同文化背景下的思维方式和价值观，使他们更有智慧地进行跨文化交流。语言是思想教育的媒介，因此英语作为一门语言也承载着思想教育的任务。通过英语教育，学生不仅能够提高语言能力，还能够接触来自不同文化的思想和观念。这有助于学生开阔思维，拓宽视野，培养全球化背景下的思想领导力。思想教育与知识教育、技能教育相辅相成。在英语教育中，知识教育和技能教育是重要的组成部分，但它们应该与思想教育相互补充。知识和技能的传授可以帮助学生更好地理解和运用语言，而思想教育则可以使他们更加深刻地理解语言背后的文化、历史和思想。

2. 文化敏感性原则

文化敏感性原则强调在教材编写中要考虑不同文化背景下的学生。教材应反映多元文化的特点，包括不同国家、地区和民族的文化元素。编写者需要避免刻板印象和文化偏见，确保文化内容准确、多样。这有助于学生更好地理解和尊重不同文化，提高他们的文化敏感性。例如，教材内容可以包括多种文化的风俗习惯、传统庆祝活动，以及文化沟通技巧的介绍，使学生能够更好地应对跨文化交际中的挑战。

3. 实用性原则

实用性原则要求教材应具有实际应用性,使学生能够在实际生活中运用所学内容。教材应有助于教授实际的语言表达方式、社交礼仪、文化沟通技巧等,以促使学生在跨文化交际中更自信、更成功。例如,教材内容可以包括实际的对话情景,包括商务会谈、旅行预订、文化交流等,让学生通过模拟练习提高实际应用能力。

4. 系统性原则

系统性原则要求教材应以系统化的方式组织内容,以确保学生逐步建立起完整的语言体系和文化理解。教材应涵盖语言各个方面内容,包括听、说、读、写,以及文化背景知识。此外,教材的内容应该有层次感,从基础到高级,逐步深入,使学生能够建立坚实的语言基础,并逐步增加对文化的理解。

(二)电子教材的设计原则

当在跨文化背景下编写电子教材时,需要遵循一系列原则,以确保教材既能满足学生的学习需求,又有助于培养他们的跨文化交际能力和文化意识。

1. 多模态整合原则

在电子教材设计中,要充分利用多种媒体元素,如文本、音频、视频、图像等,以丰富教材的内容。这不仅要求将各种媒体元素融合到教材中,还需要确保它们之间紧密协作和衔接。在教授跨文化沟通技巧时,教师可以结合视频演示、音频对话和文本解释,帮助学生全面理解和应用相关概念。

2. 内容链接和资源丰富原则

电子教材应提供丰富的内容链接和资源,以便学生能够随时获取相关信息,进行拓展学习。电子教材除了包括必要的学习资料,还应具备连接外部网站、数据库和在线资源的功能。这样,学生可以根据自己的兴趣和需要,深入研究跨文化主题,了解更多相关信息,从而提升学习效果。

3. 分层次个性化设计原则

根据个性化原则，应根据学生的不同水平和需求分层次设计教材内容。这意味着教材可以提供不同难度级别的材料，以满足不同水平学生的学习需求。此外，个性化原则也强调要根据学生学习兴趣等，提供定制化的学习路径或模块选择。例如，在商务英语课程中，可以提供与商务相关的多模态教材，以满足特定学生群体的需求。

4. 实时互动和反馈原则

电子教材应有助于实时互动和反馈，以促进学生之间的合作和教师与学生之间的互动。这可以通过在线讨论、协作项目、虚拟实验等方式实现。教材应支持评估和反馈机制，以帮助学生了解他们的学习进展，及时纠正错误，提高学习效果。例如，在跨文化交际案例中，学生可以参与在线跨文化模拟对话，并获得即时反馈，以提升交际技能。

（三）演示教材的编写原则

1. 开放性与可教性原则

教材设计应具有开放性，使教师可以根据具体教学需求自由选择和调整教学内容，易于教师理解和运用。这既有助于提高教学灵活性，又有助于减少技术和学术障碍。

2. 重点突出原则

演示教材的设计应呈现教学内容的宏观结构，引导学生进行整体认识，并突出重要概念和难点。通过提纲形式展示主要知识框架的同时，教师可以填充具体细节，帮助学生深入理解。

3. 整合性原则

教材应整合多种媒体资源，如文本、音频、视频和图像，以提供丰富的学习体验。另外，教材还应包括互动元素，激发学生的积极思考意识。

第二节　跨文化视野下英语教学中的师资探究

一、跨文化视野下英语教学对教师的素质要求

（一）职业道德素质要求

职业道德是教师在教育过程中的基本行为操守和道德品行，是一个人成为教师最基本的要求，也是确保教育积极有效的基石。在跨文化背景下对英语教师的职业道德素质要求更显重要，因为要想处理好不同文化背景下的教学问题，教师就要保持高度的道德意识和敏感性。第一，教师需要坚定地遵循道德原则，具备一定的伦理观念，以确保他们的教学行为是公正、公平、透明的。他们应该对待所有学生一视同仁，不论其文化背景、家庭背景、种族或国籍如何。这种坚定的道德立场有助于建立信任和尊重，从而为跨文化交流创造积极的学习环境。第二，教师需要具备强烈的耐心和责任心。在跨文化英语教学中，学生可能会遇到语言障碍、文化差异等问题，需要额外的支持和理解。教师应该耐心倾听学生的问题和疑虑，并尽最大努力提供帮助。他们的责任不仅仅在于传授知识，还包括关注学生的整体成长和发展。第三，教师应该积极倡导文化尊重。他们应该鼓励学生尊重不同文化的观点和价值观，促进跨文化交流和理解。同时，教师自己也应该树立榜样，避免歧视或偏见，努力创造一个包容和开放的学习环境。第四，教师需要不断反思和提高自己的职业道德。他们应该参与教育专业发展，积极参加培训和研讨会，以保证教育伦理的敏感性和适应性。

（二）教学素质要求

在跨文化英语教学中，教师需要具备一系列高质量的教学素质，以

更好地指导学生学习实践，提高他们的语言和文化学习效果。

1. 跨文化专业知识

教师需要拥有深厚精湛的跨文化语言能力，包括口语和书面表达能力。另外，了解和尊重不同文化的背景和价值观也至关重要，有助于建立积极的教育环境。教师应该具备对不同文化进行理解和解读的能力，特别是在英语文本中出现的文化元素。他们应该能够解释这些元素的含义，并帮助学生理解文化差异。通过文化应对策略，教师可以使学生更好地理解和欣赏不同文化的内容。

2. 多元化的教学方法

在跨文化英语教学中，教师应灵活运用各种教学方法和资源，以满足不同学生的学习需求，具体包括利用多媒体技术、在线资源，以及个性化教学方法。教师需要不断更新和调整自己的教学方法，以确保教学的多样性和吸引力。

3. 创造性教育思维

教师需要增强创造性思维，以应对跨文化英语教学中的各种挑战。这包括独特性思维、多样性思维和综合性思维，以及对教学发展趋势的前瞻性思考。其中，创造性思维有助于教师设计创新教学策略，提供更丰富和有趣的教育体验。

4. 个性化关怀和反馈

教师需要关心每个学生的个体需求，并提供有针对性的反馈和支持。这有助于建立积极的学习氛围，激发学生的学习兴趣和动力。教师应鼓励学生积极参与，倡导开放的学术讨论，促进跨文化交流。

5. 不断学习和专业发展

跨文化英语教学是一个不断发展和变化的领域，教师需要保持持续学习的态度。他们应该积极追踪行业趋势，了解新工具和新技术，并不断更新自己的知识和教学方法，以保持竞争力并更好地满足学生需求。

（三）科研创新素质要求

在跨文化英语教学中，教师的科研创新素质是至关重要的，它不仅有助于提高教学质量，还能够促进教育领域的发展和进步。教师需要掌握一系列研究方法和技能，以便能够开展科研工作。这些方法包括教育实验、问卷调查、访谈、文献研究、个案分析等。基于这些方法和技能，教师可以深入研究跨文化教学中的各种问题，科学进行教学。教师还需要具备获取和管理研究资源的能力，包括查找相关文献、分析数据、使用教育技术工具等。教师应该知道如何有效地利用图书馆资源、在线数据库和研究工具等，更好地科研工作。科研工作通常涉及大量数据的收集和分析，因此教师需要具备数据分析和解释的能力，以便能够从数据中提取有用的信息，并为教学实践提供指导。教师应该不断深化对教学领域学科知识的理解，具备跨学科的视野。这有助于他们在跨文化英语教学中更好地理解学科内涵，并将不同学科理论和方法融合到教学中。教师还应该具备创新意识，积极探索和尝试新的教学方法和策略。他们应该勇于挑战传统的教学方式，不断改进自己的教学实践，以满足跨文化教学的需求。另外，教师应该不断更新自己的知识和技能，反思自己的教学实践，寻找改进的机会，包括参与专业发展和研讨会，与同行分享经验和见解，从而为学生提供更丰富和更广阔的教育体验。

具体而言，与时俱进地进行词汇研究是很重要的一个领域。通过科研创新，教师可以逐步开发更适合跨文化英语教学的词汇素材，帮助学生更好地理解和运用词汇，提高他们的语言交际能力。由此可知，科研创新可以帮助教师不断改进跨文化英语教学方法和策略。

二、跨文化视野下教师在英语教学过程中应扮演的角色

（一）学生跨文化意识的引导者

学生跨文化意识的建立通常分为四个阶段，教师在跨文化英语教学

中应该充当学生跨文化意识的引导者，通过不同阶段的教学活动，帮助学生逐步提高尊重、理解和评价不同文化的能力，使他们成为具有跨文化意识的公民，这也有助于跨文化交流的顺利进行。

1. 文化意识觉醒时期

这个阶段，教师应通过教学活动引导学生发现不同文化之间的差异，包括具体、外显的文化差异，以及抽象、内隐的文化差异。教师的任务是培养学生的观察和描述能力，鼓励他们以客观和非判断性的方式观察和描述文化现象。

2. 文化态度建立时期

在这个阶段，教师应帮助学生树立中立或接受的文化态度。通过讨论文化的多样性和重要性，教师可以促使学生理解不同文化存在的合理性。教师还可以组织跨文化对话和交流活动，让学生亲身体验其他文化，以促进他们更开放地接受不同文化。

3. 融入其他文化时期

在这个阶段，教师的任务是使学生能够在不同文化环境中自如地思考和交流。教师可以通过双语教学和文化融合活动来培养学生的跨文化能力。例如，教师可以鼓励学生在学习外语时思考和使用目标文化的思维方式，并保持对自己文化的认同。

4. 文化理性时期

在这个阶段，教师应帮助学生评价和比较不同文化中的现象，并使他们成为具有全球视野的世界公民。教师可以引导学生分析和讨论文化之间的相似之处和差异，并评价文化的活力和贡献。这有助于学生在更高层次上理解和尊重不同文化，并培养他们的批判性思维和文化理解能力。

（二）文化解释中介

学生如果在文化意识觉醒的阶段接触到不同的文化，而没有合适的引导人给他们解释，他们可能会感到困惑，无法顺利实现既定学习效果。教师的解释可以帮助学生更好地理解不同文化的影响，使他们能够逐渐接受和适应文化差异。教师不仅要告诉学生存在文化差异，还要解释这些差异的根本原因，如历史、宗教、价值观等。这有助于学生深入了解文化之间的联系和区别。通过解释文化差异，教师可以帮助学生培养尊重和包容不同文化的态度，从而有助于减少误解、偏见和文化冲突，促进和谐的跨文化交流。

在教授文化知识的过程中，教师既要关注本土文化，也需要传授西方文化知识。中西方文化的差异在词汇、篇章结构，以及言语行为方面有所体现。作为中西方文化差异的解释者，教师需要对中西方文化及其差异性有清晰的理解，并保持中立的态度，意识到文化没有绝对的好与坏之分，并尽量选择那些不会伤害任何文化的素材，以更好地引导学生理解和尊重文化差异。

教师作为文化差异的解释者，不仅要提供知识，还要激发学生的兴趣，促使他们主动去了解和体验不同文化。通过丰富的教学方法和案例分析，教师可以帮助学生更好地理解文化差异，并鼓励他们积极参与跨文化交流和对话。最终，教师要培养具备跨文化意识和能力的学生，使他们能够在不同文化背景下自信地沟通和交往，顺利进行跨文化交流。

（三）合作者和帮助者

在教学中，教师应充当协助和引导学生的角色，与学生共同探讨文化差异，并提供必要的支持和指导。这有助于培养学生的自主学习能力、批判性思维和问题解决能力，使学生更深入地理解和尊重不同文化，为他们自主培养跨文化交际能力提供有力的支持。

教师在跨文化英语教学中充当合作者的角色，意味着他们与学生共同参与学习过程。具体而言，教师可以通过组织小组讨论、项目合作、角色扮演等活动来促进学生之间的合作，并与学生一起探讨跨文化问题和挑战。通过合作，学生有机会分享不同文化背景和观点，增进对跨文化交流的理解。

教师在跨文化英语教学中还充当帮助者的角色，他们的任务是提供指导、支持和资源，以帮助学生更好地理解和应对文化差异。教师可以为学生提供相关的文化背景知识，引导他们分析和解释文化差异的原因和影响。此外，教师还应鼓励学生主动进行跨文化探索，如通过实地考察、参与社区活动或与跨文化人士交流，以增强他们的文化敏感性和意识。

（四）模型示范者

在跨文化英语教学环境中，教师作为角色模型的重要性不可小觑。他们不仅传递知识和技能，还通过自己的行为和态度，为学生树立在多元文化环境中有效互动和学习的榜样。

根据二语习得理论，真实的语言环境对学习者来说至关重要，特别是在缺乏自然语言环境的教学背景中。作为角色模型，教师不仅需要传授语言知识，还要在课堂中创造语言环境，将语言学习与文化体验紧密结合起来进行教学。作为角色模型，教师在课堂内外都应展现出对不同文化的开放性态度，要展示对不同文化的深入理解和尊重，教会学生如何开放包容地接受不同文化。另外，教师作为角色模型还需要展示如何在跨文化交流中解决冲突。他们应该具备良好的沟通技能，能够在文化差异造成误解时，有效地调解和沟通。最后，作为终身学习者的角色模型，教师需要不断地更新自己的知识库和技能，特别是在快速变化的全球化世界中。这意味着教师应该积极参与专业发展活动，如研讨会、会议和继续教育课程，以及主动学习新的文化知识和教学方法。

三、跨文化视野下教师能力培训的方法

（一）文化意识的培训方法

在全球化的当今世界，跨文化交流变得越来越频繁。作为英语教师，不仅需要掌握语言本身，还需要理解和尊重多元文化，具备跨文化

意识。教师的文化意识不仅影响自己的教学工作,还对学生的全面学习发展产生影响。教师可以帮助学生发展跨文化沟通能力,为他们未来在多元化的全球环境中生活和工作打下基础。通过培训,教师不仅可以提升自己的教学技能,还能增强个人的跨文化理解和沟通能力,这对于他们的个人职业发展非常有益。

实际当中,可以为教师提供多元文化教育培训机会,而且这些培训要涵盖不同文化的基础知识,如历史、习俗、价值观和交际方式,促进教师更好地进行跨文化交流和教学。另外,要组织实践经验分享会,邀请经验丰富的教育工作者分享他们处理文化差异的策略和经验。要鼓励教师参与文化交流活动,如国际会议、学术交流或文化节,以深化教师对多元文化的理解,有效提升教师的文化敏感性。教师应定期对自己的教学实践进行反思,认识到自身的文化偏见。利用具体的跨文化教学案例,可帮助教师深入了解文化差异在教学中的实际影响,并探索有效的应对策略。通过团队建设活动和合作学习,可使教师学习与不同文化背景的同事共同解决问题,从而在实践中提高跨文化协作能力。最后,应鼓励教师持续参与相关领域的研究和学习活动,保持对文化教学最新理论和实践的了解,以适应不断变化的教育环境。

(二)文化知识培训方法

在培训英语教师的文化知识方面,可以采取多种方法,以确保教师对文化概念有清晰的理解,并能够全面深入地了解不同的文化群体。鉴于文化人类学已经是一门发展比较完善的学科,在文化概念和知识学习方面呈现全面性和系统性特点,将其作为教师培训的一部分非常合适。可以选取文化人类学中的关键研究成果,让教师通过这些内容深入理解文化相关的概念,并对不同文化群体有更全面的认识。另外,社会学和跨文化交际学对理解语言、文化、社会和交际之间的复杂关系具有重要作用。对于师范院校的学生,建议在高年级开设这些专门课程,而对于非师范院校的准教师,可以通过教师培训教授这些课程的精要内容。针对那些时间有限的教师，可以通过系列讲座和研讨会，传授社会学、文化人类学和跨文化交际学的核心概念和理论。这种方法既有助于节省时间，又能确保教师获得必要的文化知识。实际可结合案例研究，让教师分析和讨论现实生活中的文化现象和交际问题，以增强他们的实际应用能力。此外，组织实践活动，如文化交流会或模拟教学，让教师在实践中应用所学知识。另外，还应鼓励教师跨学科学习，结合语言学、社会学、人类学和跨文化交际学的知识，以获得更全面的文化视角。通过这些方法，教师不仅能够加深对文化概念的理解，还能在教学中更有效地运用这些知识，从而提高教学质量，使学生拥有更丰富、更具深度的文化学习体验。

（三）文化能力培训方法

对英语教师进行文化能力培训的核心目标是增强他们在情感、心理和行为层面上对文化多样性的理解和应对能力。这种培训通过两个主要环节实现：一是提高跨文化交际能力，二是培养对新文化现象的学习和探索能力。

在跨文化交际能力培训中，重点应放在使教师通过实际体验感受文化差异，深化对文化多样性的认识上。这包括安排教师参加国际交流、访问不同文化背景的社区、在多元文化环境下进行实习等。这些亲身经历使教师能够直观地感受到不同文化间的交流方式和挑战。此外，通过案例分析和研讨，教师能学习他人的跨文化交际经验，从而在实际教学中更有效地应对文化差异。

在文化学习和探索能力培养过程中，应着重培育教师的文化敏感性和探究精神。这意味着教师需要学会如何主动探索和理解不同的文化现象，包括积极参与多元文化活动和学习新文化。在这个过程中，教师被鼓励展现出对文化差异的宽容和同理心，以更深入地理解文化，避免潜在的文化误解，更好地适应和应对多元文化教学环境的挑战。

第七章　跨文化视野下英语教学评价探究

第一节　跨文化视野下英语教学评价的内容

一、教学评价的定义

评价是一种反馈，一种激励，一种导向，在社会活动中起到广泛作用，它是一种有目的的过程，即通过多种渠道收集学生相关资料，然后将这些资料与既定标准相比较，以进行判断和决策。在英语教学领域，评价的核心是判断学生是否达到了既定的学习目标和能力要求，这种评价有助于教师了解教学效果，从而反向促进教学和学习方法的改进。教学评价也有助于课程的发展。通过收集、综合和分析相关信息，可以为课程改进提供指导，进而有助于教学质量不断提高，满足学生的需求。由此可见，教学评价不仅是一种教学判断方法，还是一种促进学习和教育发展的关键工具。

二、教学评价的分类

（一）过程性评价和目标达成评价

教学评价可以分为过程性评价和目标达成评价两个方面。过程性评价关注学生学习过程中的表现，旨在确定学生的行为是否有助于实现学习目标，包括评估学生的学习策略、阶段性成果以及学习方式等。目标达成评价涉及不同层次的教学目标，如评估课堂教学目标、单元学习目标，以及整个学期的教学目标的达成情况，具体评价方式包括理解类、知识类和应用类等。理解类目标评估方式侧重分析学生对知识的理解和转化能力，而这通常可以通过阅读理解和听力理解的评估来实现。知识类目标评估方式主要关注学生对知识的掌握程度，强调再次确认，这类评估通常包括填空题等形式，用于检查学生是否准确掌握了所学知识。应用类目标评估方式则要求学生通过输出来表达自己的理解，展现自己的应用能力。

（二）表现性评价和真实性评价

表现性评价侧重评估学生通过任务表现、展示所掌握知识和技能的情况，促进学生提高学习效果。它是教学过程中的一部分，强调评估学生知识和技能的发展情况，而不是简单的记忆和确认。任务通常涉及真实情境，要求学生解决复杂的问题，融合多个学科的知识和技能，鼓励发散性思维，允许多种答案存在。表现性评价结合了形成性评价和终结性评价的特点，对英语教学非常适用。

真实性评价即基于真实的语境，对学生的表现进行评价，要求学生在完成真实任务后展示他们掌握和应用知识与技能的情况。与表现性评价相似，真实性评价也关注任务的真实性，通常涉及现实生活中的问题。这种评价也包括形成性评价和终结性评价的特征，因为它是教学过程的一部分，也影响终结性测试。

（三）形成性评价和终结性评价

教学评价还可分为形成性评价和终结性评价两种类型。形成性评价强调在教与学的过程中收集和整合信息，以促进教与学的发展。它通常作为教与学的一部分，侧重指导、诊断和促进学习，而不是简单地划分等级。学生在形成性评价中扮演主动角色，评价依据是学生在不同情境下的表现。通过有效的反馈，教师可以确定学生是否达到预期水平。

终结性评价则是对教师和学生在教学结束后的教学效果和学习成果进行的评价，也称为"总结性评价"。它通常发生在教学结束后，侧重教学的最终结果，评估是否达到教学目标。因此，终结性评价有时可以与目标达成评价被等同看待。

三、教学评价的作用

（一）诊断鉴定

诊断与鉴定即评价在发现学习问题和鉴定教学效果方面的功能，有助于对教学过程和教学结果进行定性。需要注意的是，教学评价的定性结果并不是绝对的、单一的标准。它们更多地提供了有关教学过程的参考信息，而非不可更改的判定，因为教学是复杂多样的，不同的教学环境和教学目标可能导致不同的结果。因此，教学评价中通过诊断鉴定获得的定性结果应该被视为有价值的参考，而不是唯一的结论。

（二）导向与促进

教学评价的导向与促进作用是指评价在教学过程中作为引导和激励工具而存在。通过评价，教育者可以识别出学生的需求和实际的差距，有助于调整教育计划和教学方法，以更好地满足学生的需求。这种导向作用有助于确保教学是有目的、有计划的，而不是盲目的。评价通过明确学习目标和标准，为学生指引学习方向。这种作用有助于学生更有针对性地制订学习计划，实现个人成长。

（三）反馈调节

反馈与调节作用突显了评价在教学中的信息反馈和行动调整功能。评价不仅是一种测量工具，还是一种提供信息的机制。通过评价结果，学生和教师可以了解教学中需改进之处。这种反馈信息为学生指引了改进学习方向，可帮助他们更顺利地实现学习目标。教师也可以根据评价结果调整课程和教学方法，以更好地满足学生的需求。

第二节 跨文化视野下英语教学评价的原则

一、多元主体原则

多元主体性原则是跨文化教学评价中的一个重要原则，强调评价过程应涵盖多种不同的评价主体。教师虽然是教学活动的直接组织者和引导者，但在评价过程中，教师的评价往往可能受到个人偏好、教学风格，以及与学生的互动关系等因素的影响，仅依靠教师的主观判断可能导致评价结果的偏颇。因此，引入多元评价主体，可以从不同角度收集数据，增加评价的客观性和公正性。多元主体性原则强调学生的参与。学生作为教学活动的直接接受者，其反馈对于评价教学效果至关重要。通过学生的主观评价，教师可以了解到忽视的教学细节和学生的真实感受。其他教育相关人员也是重要的评价主体。家长可以从家庭和社会文化的角度对学生的学习效果进行评价，他们的观点可以帮助教师了解学生在家庭学习环境中的表现以及家庭文化对学生学习的影响。其他教育专家，如学校管理者、同行教师等，他们的专业评价可以提供教学改进的方向和方法，增强教学活动的专业性和科学性。

二、注重过程原则

跨文化教学评价应坚持过程性原则,这一原则包括两个关键方面。一方面,评价应具有全程性,即评价活动应贯穿于学生学习的整个过程。另一方面,评价应具有动态性,意味着需要对学生的学习过程进行实时的鉴定、诊断和调控,以了解学生的学习进展并引导他们朝着正确的方向发展。

过程性评价对英语教学非常重要,因为它有助于提高学生的学习积极性和兴趣。在学习过程中进行评价,有助于学生保持对学习的积极态度,并增强他们学习英语的主动性。这种动态的评价方法有助于及时发现和解决学生的学习困难,从而提高他们的学习效果。总之,过程性评价是跨文化英语教学评价的重要原则,有助于创造积极的学习环境并提高学生的学习成绩。

三、多维度原则

跨文化英语教学评价应秉持多维度原则,这一原则体现在多个层面。第一,评价的主体应具有多种维度,要具有多样性,不仅包括教师,还应涵盖家长、学生等教学参与者。通过创造宽松和开放的评价环境,鼓励教师、家长和学生积极参与评价过程。第二,评价的形式应该包含多个维度,评价内容和对象应多种多样,如采用自我评价、互评等多元化的评价方式,以更全面地了解学生的表现和成长。第三,评价的方法和手段应呈现多维度。这包括教师的观察、学生的自我评估,以及其他评价工具、如学生量表等。教师应根据不同学生的学习差异选择合适的评价手段,以凸显学生的个体优势,确保每位学生都能体验到成就感。多维度的评价方法有助于更全面地了解学生的需求和潜力,为他们提供更有针对性的支持和指导。

四、可持续发展原则

可持续发展原则强调评价在跨文化教学中应具有可持续发展性，以适应学生的不断变化和成长，确保他们能够实现持续的发展和进步。在此过程中，需要根据实际情况不断更新和改进评价标准、形式和内容，以适应不断演变的教学环境和学生学习需求。可持续发展原则强调评价标准应该是动态的，能够随着学生的成长和变化而调整。这意味着评价标准不应该固定不变，而应该随着时间和情境的变化而灵活调整，以确保其持续适用。可持续发展原则要求评价形式应当具有可持续性。这意味着评价方法和工具应该不断更新和改进，以适应不断演变的教学技术和学习环境。评价形式的可持续性有助于确保评价实践始终能够有效地支持学生的发展。最后，可持续发展原则还强调评价内容应当具有可持续性。评价内容应该反映最新的知识和技能要求，以确保学生在不同的文化和社会背景下都能够实现可持续发展。这包括更新教材、课程和评价内容，以适应变化的教学需求。

第三节　跨文化视野下英语教学评价体系

跨文化视野下评价在英语教学中扮演着至关重要的角色。它不是一个简单的衡量工具，而是一个推动学生提升文化素养、教学目标实现的关键环节。跨文化视野下英语教学评价体系的构建，需要特别关注文化意识、文化知识和文化技能三个方面的评价。

一、跨文化意识评价

在跨文化交际中，文化意识是至关重要的。文化意识是指学生对不同文化背景下人们的行为方式、价值观念、信仰习俗等有敏感性和认知性的了解。这种意识有助于学生在与不同文化背景的人交往时更加敏感和包容。因此，英语文化教学评价的一个重要内容就是对文化意识教学效果进行评价。跨文化意识评价可以通过多种方式进行。例如，可以通过学生的书面作业、口头表达和小组讨论等来了解学生是否具备跨文化意识。评价者可以关注学生在交流中是否能够注意到文化差异，是否尊重和理解不同文化的观点和行为，以及是否愿意主动学习和探索其他文化。通过这样的评价，教育者可更好地了解学生的跨文化意识水平，从而调整教学策略以满足他们的需求。

教师的跨文化意识是教学评价的重要组成部分。评价教师是否具备跨文化意识可以通过观察其在课堂上的教学行为、教材选择和跨文化话题的引入等方式来实施。教师是否能够理解和尊重不同文化的学生，是否能够为学生提供多元文化视角的教育资源，都是评价教师跨文化意识的重要标准。评价的结果可以为教师培训提供针对性指引，以提高他们的跨文化教学能力。

二、跨文化知识评价

除了跨文化意识，跨文化知识也是英语文化教学评价的关键内容之一。在跨文化教学环境中，教师的角色至关重要，他们不仅需要传授文化知识，还需要充当跨文化交际的引导者和中介者。因此，评价教师的跨文化知识和能力是英语文化教学评价体系中的一个重要方面。可以通过考察教师的教育背景、专业培训和文化研究经验来评估他们的文化知识水平，如教师是否具备深厚的文化知识，是否能够准确地传授文化内容，以及是否能够帮助学生理解和欣赏其他文化。

教学评价还需要关注教学的效果，如学生跨文化知识了解情况，具体方式包括考查学生对特定文化中书面知识、历史和传统的了解程度。例如，可以通过问答题、论文写作、展示演讲等方式来评价学生的文化知识水平。评价者可以关注学生是否能够准确地描述其他文化的特点、历史事件和重要人物，是否能够将这些知识与英语教学内容结合起来，实现跨文化交际。

三、跨文化技能评价

除了跨文化意识和文化知识，跨文化技能也是英语文化教学评价的内容。跨文化技能包括学生在跨文化交际中应用文化知识的能力，以及他们理解和解释不同文化现象的能力。这些技能有助于学生更有效地与其他文化背景的人交往，并成功解决跨文化交际中的问题。对文化技能的评价可以通过考查学生在跨文化交际中的表现来进行。例如，可以通过角色扮演、情景模拟、文化对话等方式来评价学生是否能够灵活运用文化知识，以及他们是否能够有效地与不同文化背景的人进行沟通和合作。评价者要关注学生的交际技能、解释能力和文化适应性，以判断他们在跨文化交际中的表现。

在跨文化教学环境中，教师需要具备教授文化技能的能力，以帮助学生提高相关技能。因此，评价教师的文化技能也是英语文化教学评价体系中的一个重要方面。教师文化技能评价需要考虑他们是否能够设计和实施融合跨文化元素的教学活动，如教师是否能够创造多样化的学习环境，包括模拟跨文化交际场景、引导学生进行文化对话等。而且，可以关注教师是否能够有效地传授文化技能，以及他们是否能够激发学生的兴趣。

评价教材是否涵盖了跨文化技能培养内容也是英语文化教学评价的一部分。实际当中，可以检查教材是否包含了与跨文化交际相关的内容，如文化差异解释、跨文化沟通技巧和文化适应策略。评价者可以关注教材是否能够帮助学生培养跨文化技能，以及是否能够优化他们在跨文化环境中的表现。

英语文化教学评价是一个复杂而多层次的过程，涵盖了跨文化意识、文化知识和文化技能三个方面。通过评价这些方面，教育者可以更好地了解学生的跨文化能力，从而调整教学策略，帮助他们提升文化素养，实现教学目标。这一评价体系有助于培养具有跨文化能力的英语学习者，为他们未来的职业发展和生活提供坚实的基础。

第八章　互联网背景下跨文化英语教学的发展

第一节　互联网对跨文化英语教学的影响

随着互联网技术的兴起发展，教育领域正在经历着深刻的变革。互联网的普及不仅改变了人们获取信息和进行沟通的方式，还对教育方式和方法产生了深远的影响。在这个信息时代，跨文化英语教学也不例外地会受到影响。不同学者对网络教学有不同的观点。柳栋将"网络教学"分为广义上的网络教学和狭义上的网络教学两个层面。① 在广义上，网络教学指的是"在教学过程中应用网络技术的教育活动"。而在狭义上，网络教学则被定义为"将网络技术作为构建新型学习生态环境的重要组成部分，强调学生的主体地位，以探究学习为主要方式的教育活动"②。不同的解释提供了不同的审视互联网教学的视角，有助于更好地

---

① 柳栋.定义网络教学[J].中小学信息技术教育，2002（Z2）：60-63.
② 张伟.泛在环境下高师院校网络课程的构建研究与教学实践[M].北京：新华出版社，2015：156.

理解网络教学的本质和应用。可以看到,互联网教学是一种新的教学方法,涉及教师与学生参与网络互动、理解在线文本和多媒体材料,以及构建知识的过程。

一、互联网对跨文化英语教学的积极影响

(一)提供丰富的教学资源

在跨文化英语教学中,语言学习不仅涉及输入,还包括输出。输入部分包括听力和阅读,而在互联网技术的支持下,语言输入呈现出多样化和丰富性特点。学生可以通过互联网访问各种电子资源,如电视、电影、DVD等,更好地进行自主学习实践。这种电子资源非常丰富,而且能够即时更新,有助于英语教学内容保持活力和新颖性。

互联网教学环境使得教师和学生教学不再局限于传统的学校或班级范围内。学生可以更广泛地参与语言交际活动,拓展有助于视野。通过互联网可连接全球的学习资源,使得跨文化交流和合作更加便捷,从而丰富英语教学的内容和方式,而这明显有助于激发学生的学习兴趣和积极性,提高他们的语言水平。因此,互联网教学资源的丰富性是其在英语教学领域的重要优势之一。

(二)提供灵活多样的教学手段

互联网教学的另一个显著优势在于它使得教学手段更加灵活和多样化。互联网信息技术的广泛应用使得英语教学变得更加直观、便捷、灵活和高效。在跨文化英语教学过程中,有许多教育技术可以被广泛运用,包括电声技术、光学技术、语言实验室技术、影视技术、网络技术和计算机技术等。这些技术工具,如幻灯片和投影仪可以帮助教师更生动地呈现文字、图像等信息,特别适用于讲解课程中的重要和难点内容。此外,广播、录音等技术一直是英语听说教学的基本工具,它们为学生提供了有效的语音训练和听力理解机会。随着电影、电视等技术的

第八章 互联网背景下跨文化英语教学的发展

不断发展,学生的英语学习体验也得到了提升。这些多媒体技术不仅能够激发学生的学习兴趣和积极性,还能够生动地展现语言学习的文化背景,使学生更深入地理解和欣赏不同文化。总之,互联网教学丰富了教学手段,为跨文化英语教学提供了更多灵活的选择有助于满足不同学生的学习需求,提高教学效果。

(三)使教学更具实践性

互联网教学的另一个显著优势是其可使外语教学更具实践性。跨文化英语学习通常被视为一项实践性非常强的学习活动,因为语言的学习最终要在实际应用中得以体现。离开实践活动,英语学习可能会变得相当困难。

二语习得的关键是让学生尽可能多地接触目标语言,使他们沉浸在目标语言的环境中,以更好地感知和习得这门语言,从而更好运用它。互联网教学为实现这一目标提供了有力支持。教师可以充分利用网络技术,通过促进文字、声音、图像等多种媒体元素相结合,为学生呈现真实的教学内容。通过在线资源和虚拟学习环境,学生可以模拟真实的语言使用场景,与英语母语者互动,参与真实对话。这种互联网教学的方式使学生更容易理解和掌握语言,因为他们可以在更具真实性的环境中实践语言技能,增强语感和语言应用能力。因此,互联网教学可使外语教学更具真实性,从而提高学生的语言学习效果。

二、互联网对跨文化英语教学的消极影响

(一)信息可信度不高

互联网上的信息虽然数量庞大,但质量参差不齐,这对于学生的跨文化英语学习构成了挑战。信息可信度不高可能导致学生的误解。在跨文化英语学习中,学生需要依赖互联网来获取关于不同文化的信息,如历史、传统、价值观等。然而,如果他们无法确定信息的可信度,就有

可能错误地理解和解释其他文化，从而产生偏见和误解。这种情况不仅会影响跨文化交际的有效性，还可能加剧文化冲突和误解。信息可信度不高还可能影响学生的学术研究和论文写作。在进行跨文化研究时，学生通常需要引用互联网上的资料来支持他们的论点。然而，如果这些资料不准确，就会影响他们的研究质量和学术成就。这不仅会对学生的学术发展构成障碍，还可能损害他们的学术声誉。信息可信度不高也可能损害学生的自信心和兴趣。当学生发现无法确定哪些信息可信时，他们可能会对跨文化英语学习感到沮丧和无助，从而降低学习兴趣与积极性，影响最终的学习效果。为了应对这一问题，学生在进行跨文化研究时应培养批判性思维和信息验证的能力，而教师也应提供指导，帮助学生识别和利用可信的信息源，以提高他们的跨文化英语学习质量。

（二）隐私和安全问题

隐私和安全问题在跨文化英语教学中可能会对在线教学平台的教学环境产生不良影响。在在线教学平台上进行跨文化英语学习时，学生往往需要提供个人信息以注册和参与课程。如果这些平台无法确保学生信息的安全，学生的隐私可能会受到侵犯，从而降低学生对在线教学平台的信任，甚至抑制他们参与课程的积极性。因此，教师需要选取权威可靠的平台，采取有效的措施，以确保在线教学平台的隐私和安全性，维护教学环境的稳定性和学生的参与积极性。隐私和安全问题也可能会影响教师和学生之间的互动和合作。在跨文化英语教学中，教师通常需要与学生进行在线交流和协作。然而，如果教学平台存在隐私和安全问题，教师和学生可能会受到网络骚扰或身份盗窃的威胁，这可能会妨碍他们的互动和合作。隐私和安全问题也可能影响教材的选择和使用。在跨文化英语教学中，教材通常包括在线资源和学习工具。如果学生担心个人信息在使用教材时被泄露或滥用，他们可能会对教材产生不信任，甚至回避使用这些教材。

（三）依赖性

互联网的便捷性对跨文化教学产生了深远的影响，其中一个关键问题是教师与学生可能会过度依赖在线资源，从而忽视教材和面对面教学。这种依赖性可能会对跨文化英语教学的多个方面产生影响，包括教师的教学方式、学生的学习策略以及课程设计。

教师过度依赖网络资源可能会降低他们的教学创造性和灵活性。虽然互联网提供了丰富的教育资源，但这并不意味着所有的资源都适用于特定的课堂和学生群体。教师需要具备根据课程需求和学生特点进行资源筛选的能力。教师过于依赖网络资源可能会导致课堂教学变得单一和创意不足，也可能会影响他们的专业发展和教育研究。传统的教育研究和课程设计通常需要深入的阅读和思考，以及与同行的交流和合作。如果将大部分时间花在搜索和使用在线资源上，教师可能会忽略对教育领域的深入探讨和研究，从而影响他们的教育水平和教学质量。教师过度依赖网络资源可能会难以采用个性化的教学方法。在线资源通常是通用性的，不能完全满足每个学生的学习需求。教师应该根据学生的特点和需求进行个性化的教学设计和指导，而不仅仅是提供标准化的在线材料。教师过度依赖网络资源可能会导致技术依赖性问题。教师需要不断适应新的教育技术和工具，但如果依赖程度过高，可能会导致对传统教学方法的疏忽。此外，技术故障或网络中断可能会影响教学的连贯性和有效性。因此，教师需要在教育技术的使用上保持适度，并不断提升技术应对能力。

从学生的角度来看，过度依赖在线资源可能会降低他们的自主学习能力和批判性思维能力。当学生在互联网上找到答案时，他们可能不再深入思考或自己解决问题。这可能会导致他们在面对新的跨文化挑战时缺乏自信和独立解决问题的能力。因此，教师需要帮助学生发展独立学习的能力，包括批判性思维、问题解决和信息评估等方面的技能，以应对跨文化英语教学中的各种挑战。过度依赖在线资源还可能引发一些学术诚信和道德问题。学生可能会试图通过抄袭在线材料来完成作业或论文,而不进行独立思考和研究。这样会损害他们的学术诚信,也会影响他们的学术成长。因此,需要强调学术诚信的重要性,并提供支持和指导,以确保学生明白如何正确引用和参考在线资源。

第二节 互联网背景下跨文化英语教学的优化

一、教师方面

(一)设计有效主题教学模式

设计有效的主题教学模式是一种优化跨文化英语教学的方法,该方法通过充分利用互联网多媒体资源,激发学生的兴趣和主动性,提高他们的学习效果。这种方法也有助于培养学生的综合能力和批判性思维,使他们更好地应对跨文化英语学习中的挑战。设计主题教学模式的关键在于选择一个引人入胜的主题,该主题要能够引发学生的兴趣和好奇心。这个主题可以涵盖社会、文化、科技等多个领域,而一旦确定了主题,整个教学过程就应该围绕这一主题展开,包括小组讨论、网络资源查找、文化背景了解等环节。这种紧密围绕主题的设计可以使学生更加积极地投入学习活动,提高他们的学习效果。一般来说,课堂上的讲评和讨论可以帮助学生形成基本理解,而阅读和写作可以在网上进行。在互联网环境下,学生可以轻松地获取丰富的相关资料,包括文化背景知识和发展动态。然后,学生可以自主整理和总结这些资料,并与其他同学进行讨论,以提高学习效果。根据教学主题,教师可以选取不同的教学模式。任务型教学模式强调学生通过完成实际任务来学习语言。教师可以为学生提供与跨文化主题相关的任务,如调查文化差异、参与跨文化交流等。学生通过任务的完成来提高语言技能和文化意识。项目式教学模式要求学生参与到一个具体项目中,而项目通常与跨文化主题相关。学生需要合作解决问题,收集信息,并展示他们的发现。这种模式可以帮助学生更深入地了解不同文化，并提高他们的合作和沟通能力。对话式教学模式鼓励学生进行跨文化对话，与其他学生或教师交流。学生可以模拟真实的跨文化交际情境，练习语言技能并增加对文化的理解。故事叙述模式引导学生探讨跨文化主题，而故事可以是文学作品、电影、真实经历等。学生通过故事来思考和讨论文化差异和共同点。角色扮演模式要求学生扮演特定角色，参与到跨文化情境中，以更好地理解其他文化的观点和行为方式，提高交际技能。比较对照模式要求学生比较不同文化之间的相似性和差异性。学生可以研究不同文化的价值观、信仰、习惯等，并进行比较分析。问题解决模式要求学生解决与跨文化主题相关的问题，学生需要研究问题、提出解决方案，并与其他学生进行讨论。教师可以根据主题，选取不同的教学模式进行搭配。

（二）建立纯净安全的在线学习和监控系统

教师需要建立或者选取一个综合性在线学习系统，该系统应包括教师端和学生端。学生需要在学生端填写个人信息并向教师提出加入系统的申请，以确保只有合适的学生能够参与。教师则负责审核学生的请求，确认后允许他们加入系统。这种学生验证和准入机制有助于维护学习环境的纯净性，确保学习资源的安全和有效利用。在线学习系统应具备多种功能，包括但不限于单元评估和家庭作业。学生可以在系统中访问相关学习资料，参与单元评估，提交作业等。这种结构有助于将课堂教学与在线学习有效结合起来，为学生提供更多的学习机会。此外，教师还可以通过在线学习系统建立师生论坛，利用电子邮件组织师生、学生与学生之间的讨论和互动，促进知识分享和合作学习。最重要的是，在线学习系统使教师能够实时监控学生的学习进度和表现，迅速了解每个学生的学习状况，并根据需要提供个别指导和反馈。这种个性化的关注和指导有助于学生更好地理解和掌握英语知识，提高学习效率。另外，教师还可以通过系统地记录学生的学习数据来分析和比较他们的表现，以更好地了解他们的需求和潜在问题。

(三)设计线上训练任务

设计线上训练任务是一种有效的跨文化英语教学优化方法。这一方法即通过在线平台提供具有挑战性的任务,帮助学生提高英语技能和问题解决能力,也促进师生和生生之间的交流和合作,提高英语教学的质量和效果。实际当中,教师需要在网上设计一系列与单元主题相关、与教学目的相关的任务,旨在帮助学生拓宽知识面,提升解决问题的能力。任务的设计应具有一定的挑战性,以激发学生的学习兴趣和积极性。例如,可以要求学生在规定的时间内完成特定的英语练习或阅读与主题相关的文章,然后提交他们的答案或观点。在线平台可以及时给出评估和反馈,以帮助学生了解自己的表现和提高自己的英语技能。完成英语单元训练任务是学生解决问题的前提,因为他们需要掌握必要的英语素材,才能够进行相关的操练和应用实践。通过在线平台,学生可以轻松访问并选择教师设计的单元训练任务。这些任务可以包括与他国文化相关的阅读材料、听力练习、写作任务等,以帮助学生更好地理解和运用英语。学生还可以通过在线平台进行师生交流和生生交流,分享自己的观点和学习经验,从而深入了解不同文化。最重要的是,通过在线平台,学生可以以网上作业的形式提交成果,便于教师及时查看和评估。这种实时的反馈有助于学生了解自己的学习进展,并根据需要进行调整和改进。再者,教师也可以根据学生的表现为他们提供个别指导和建议,以帮助他们更好地完成任务和提高英语水平。

(四)收集和分析大数据

在互联网背景下,教师在跨文化英语教学中可以借助大数据的搜集和分析来优化教学方法。随着信息技术的发展,特别是大数据时代的到来,教育领域也迎来了很大的变革。这一变革为跨文化英语教学提供了新的机遇和挑战。大数据技术的应用使得教师能够更全面地了解学生的学习情况。通过收集学生在网络学习平台上的数据,如学习进度、作业成绩、在线互动等，教师可以获取大量关于每位学生的信息。这些数据不仅包括数量庞大的学习记录，还包括学生的学习习惯、偏好和能力水平等方面的信息。通过对这些数据的分析，教师可以更好地把握学生的特点和需求。大数据分析还可以帮助教师预测学生的学习趋势和问题。借助模型预测、机器学习等方法，教师可以根据学生的历史数据和行为模式，预测他们未来可能遇到的困难和挑战。这使得教师能够提前采取措施，为学生提供更个性化的辅导和支持，以确保他们在跨文化英语学习中取得更好的成绩。另外，大数据分析也可以帮助教师不断改进教学方法和课程设计。通过比较不同学生群体的学习表现和结果，教师可以发现哪些教学策略更有效，哪些内容需要调整。可视化工具和数据报告可以帮助教师更清晰地了解教学过程中的问题和机会，从而进行更有针对性的改进。整体来看，搜集和分析大数据是互联网背景下跨文化英语教学的一项重要优化方法。通过充分利用大数据技术，教师可以更好地了解学生、预测学习趋势、进行个性化教学，并不断改进教学方法，从而提高教学质量和学生学习效果。这种方法有助于实现因材施教，更好地满足学生的需求，推动跨文化英语教学不断发展。

（五）指导学生正确利用网络学习

在互联网背景下，教师的角色在跨文化英语教学中发生了重要变化，其中之一是要帮助学生有效地利用网络学习。网络辅助英语教学的一个显著特点就是其具有监控作用，这使得教师可以更好地支持学生的学习实践。教师在帮助学生利用网络学习方面发挥了关键作用。通过监控学生在网络学习平台上的活动，教师能够了解学生的学习进展、参与度以及遇到的困难。这种监控不仅有助于教师更全面地了解学生的学习状况，还有助于及时发现学生可能面临的问题并提供帮助。教师可以根据学生的不同需求，为他们提供个性化的指导和支持。对于后进生或面临学习困难的学生，教师可以通过网络监控来识别他们的学习障碍，并针对性地提供帮助和建议。这种个性化的辅导有助于改善学生的学习体验,提高他们的学习效果。此外,教师的帮助还可以减轻学生的学习压力和焦虑感。学生知道有老师随时关注和支持他们的学习,会更有信心去探索和利用网络学习资源。这样有助于营造一个更有人情味的学习环境,使学生能够更自信地解决问题,完成自主学习任务。教师还可以提供一些有效的网址链接,包括常用热点新闻网址等,帮助学生接触更多的国内外新闻知识。此外,教师还可以下载一些争议性和前沿性的资料,激发学生的挑战意识和欲望,鼓励他们进行深入思考和独立研究。当然,在涉及一些敏感性话题时,教师需要进行正确引导,尤其是涉及国家尊严等重要议题时。

二、学生方面

在互联网背景下,跨文化英语教学的优化方法不仅需要教师的积极参与和指导,还需要学生担负一定的责任,以更好地利用互联网资源提高跨文化英语教学效果。以下是一些学生可以采取的方法。

(一)积极参与在线课程

学生可以通过参与在线英语课程,可充分利用互联网上提供的丰富学习资源。在线平台通常提供多种英语课程,从初级到高级不等,涵盖语法、听力、口语、阅读和写作等多个方面。学生应该选择适合自己水平和兴趣的课程,积极参与学习,完成作业和参与讨论。这将有助于学生提高英语技能,扩展词汇量,增强跨文化意识,增加与其他学生互动的机会。

(二)自主学习和自我管理

在互联网时代,学生需要培养自主学习的能力,包括设定学习目标,制订学习计划,管理学习时间,以及寻找适合自己的学习资源。互联网上有大量的免费学习资源,如在线词典、语法指南、练习题等,学生可以根据自己的需求和进度进行学习。此外,学生还可以使用学习管理工具和应用程序来跟踪自己的学习进展,确保按计划学习。

（三）积极参与在线社交和交流

互联网为学生提供了与全球范围内的英语使用者互动的机会。学生可以加入英语学习社区、在线语言交流平台、社交媒体群组等，与其他学生和母语者互动交流。这种实际的语言应用不仅有助于提高学生口语和听力技能，还能增进学生对不同文化的理解。通过与其他学习者分享学习经验、提问问题、讨论话题等方式，学生可以建立学习网络，相互支持和激励。

（四）制定学习目标和评估进展

学生应该明确自己的学习目标，并定期评估自己的学习进展。互联网上的在线学习平台通常提供学习路径和测验，以帮助学生确定自己的起点和目标水平。学生可以根据这些信息调整学习计划，确保在规定时间内达到预定目标。此外，学生还可以使用在线学习日志或学习应用来记录学习的过程，反思自己的学习实践，以便不断改进。

（五）创造性学习探索

互联网提供了丰富的多媒体资源，学生可以利用这些资源进行创造性的学习。例如，他们可以制作英语学习视频、数字故事书等，并与其他学生分享。这种创造性学习不仅可帮助学生更深入地理解英语，还可培养他们的创造力和表达能力。教师可以鼓励学生选择与跨文化主题相关的项目，以促进跨文化理解。

（六）积极寻求学习反馈

学生应该积极寻求反馈并跟踪自己的学习成果。他们可以与教师、同学或在线学习社区成员分享他们的作业、项目和观点，以获取有价值的建议和意见。此外，学生可以定期进行自我评估，比较自己的语言技能和跨文化意识与学习目标的进展。这种反馈和跟踪有助于学生不断改进学习策略，提高学习效果，确保自己在跨文化英语教学中取得进步。

参考文献

[1] 戴晓东. 跨文化能力研究 [M]. 北京：外语教学与研究出版社，2018.

[2] 郭周荣. 跨文化管理 [M]. 青岛：中国海洋大学出版社，2019.

[3] 余卫华，谌莉. 跨文化交际教程 [M]. 杭州：浙江大学出版社，2019.

[4] 阮桂君. 跨文化交际与实践 [M]. 武汉：武汉大学出版社，2017.

[5] 胡爱清，赵鹏飞. 跨文化交际实训 [M]. 北京：对外经济贸易大学出版社，2017.

[6] 刘重霄，刘丽. 跨文化交际实训：双语 [M]. 北京：对外经济贸易大学出版社，2018.

[7] 吴华英，谢玉珍. 跨文化视角：交际与口译教程 [M]. 武汉：华中科技大学出版社，2019.

[8] 单波. 跨文化传播研究：第4辑 [M]. 北京：中国传媒大学出版社，2021.

[9] 孙有中，廖鸿婧，郑萱，等. 跨文化外语教学研究 [M]. 北京：外语教学与研究出版社，2021.

[10] 申慧丽，刘鹏，杨洁. 跨文化视域下高校英语教学转型与创新 [M]. 北京：中国书籍出版社，2023.

[11] 黄小琴. 跨文化交际语境下大学英语教学生态体系的构建 [M]. 北京：中国原子能出版社，2023.

[12] 邓军莉.英语思维与跨文化交际能力探索[M].长春：吉林出版集团股份有限公司，2023.

[13] 苏婷婷，董霞，靳慧敏.互联网背景下的大学英语教学创新研究[M].北京：中国书籍出版社，2023.

[14] 王双，熊潇潇，李俊.跨文化视角下的大学英语教学创新研究[M].北京：中国华侨出版社，2023.

[15] 代思师，李艳.跨文化教育背景下的大学英语教学研究[M].北京：北京教育出版社，2023.

[16] 黄丹.跨文化视野下高校英语教学研究[M].长春：吉林出版集团股份有限公司，2023.

[17] 陈冬妍.跨文化视角下的大学英语教学理论与实践研究[M].北京：中国纺织出版社，2023.

[18] 袁婷，牛晓莉，黄婧.跨文化交际与英语教学融合途径研究[M].北京：中国商务出版社，2023.

[19] 路梅，宫昀.跨文化交际理论与英语教学模式研究[M].天津：天津科学技术出版社，2023.

[20] 王珊，马玉红.大学英语教学的跨文化教育及教学模式研究[M].武汉：武汉大学出版社，2018.

[21] 曲琳琳.跨文化视野下英语教学研究[M].天津：天津科学技术出版社，2021.

[22] 贾芳，王禄芳，刘静.跨文化视域下的大学英语教学探究[M].长春：吉林人民出版社，2022.

[23] 宏杰.基于跨文化交际理论的高校英语教学创新探究[M].北京：新华出版社，2021.

[24] 高云柱.跨文化交际与高校英语教学融合发展研究[M].北京：新华出版社，2021.

[25] 唐旻丽，崔国东，盛园.跨文化视角下的英语教学理论与方法探究[M].

长春：吉林人民出版社，2021.

[26] 杨玲梅.多元背景下的大学公共英语教学与跨文化交际研究[M].北京：北京工业大学出版社，2019.

[27] 霍然.跨文化英语教学研究[M].长春：吉林出版集团股份有限公司，2019.

[28] 何冰，姜静静，王婧.现代跨文化英语教学与课程设计研究[M].长春：吉林人民出版社，2019.

[29] 阮国艳.跨文化交际英语教学与研究[M].北京：中国纺织出版社，2020.

[30] 秦初阳，孙金凤，丽娜.跨文化视域下的高校英语教学理论体系重构探索[M].长春：吉林人民出版社，2021.

[31] 张健堃.跨文化交际英语教学与研究[M].北京：冶金工业出版社，2019.

[32] 朱建新，刘玉君.跨文化交际与礼仪[M].南京：东南大学出版社，2019.

[33] 李清.高校英语跨文化教学研究[M].长春：吉林人民出版社，2020.

[34] 房玉靖，姚颖.跨文化交际实训[M].3版.北京：对外经济贸易大学出版社，2020.

[35] 周婷婷.小学英语教学中文化意识培养的现状及策略研究[D].沈阳：沈阳师范大学，2023.

[36] 薄萌萌.高中英语教师跨文化教学素质研究[D].上海：上海师范大学，2023.

[37] 郑子娟.初中英语教学中跨文化交际能力培养的实证研究[D].南昌：江西科技师范大学，2022.

[38] 李美瑶.基于文化意识培养的高中英语教师跨文化教学能力调查研究[D].南昌：江西农业大学，2022.

[39] 宿秀玉.基于情境教学法的高中生跨文化交际能力培养研究[D].曲阜：

曲阜师范大学，2022.

[40] 周佳莹.跨文化交际能力视角下高中英语教材中的文化内容及其教学策略研究[D].阜阳：阜阳师范大学，2022

[41] 刘瑾.小学英语教学中跨文化教育的现状调查与改善策略研究[D].聊城：聊城大学，2022.

[42] 刘媛.高中英语课堂中国文化教学现状、问题及对策研究[D].石河子：石河子大学，2022.

[43] 王一帆.小学英语教学中学生跨文化交际能力培养研究：以Let's talk对话课为例[D].湖州：湖州师范学院，2022.

[44] 张雅琼.跨文化交际视角下小学高段英语阅读教学现状研究[D].天津：天津师范大学，2022.

[45] 刘艺.中华优秀传统文化融入小学英语教学设计的研究[D].重庆：西南大学，2022.

[46] 吕文龙.高中英语阅读教学中跨文化意识培养的行动研究[D].长春：长春师范大学，2022.

[47] 姜雨杉.初中英语教学对学生文化意识培养现状的调查研究：以长春市H中学为例[D].长春：长春师范大学，2022.

[48] 苏蕾.核心素养背景下高中英语教学中跨文化意识培养现状研究[D].烟台：鲁东大学，2022.

[49] 方涵.中学英语学科跨文化性及其教学实现研究[D].成都：四川师范大学，2021.

[50] 刘悦.核心素养背景下英语课堂中的文化意识培养行动研究[D].曲阜：曲阜师范大学，2021.

[51] 魏雨凡.初中英语教学中文化意识培养现状调查研究[D].延安：延安大学，2021.

[52] 王晓亚.高中英语课堂中国文化教学现状调查[D].上海：华东师范大学，2020.

[53] 陈艳君. 基于本土视角的中国英语教学法研究 [D]. 长沙：湖南师范大学，2015.

[54] 吴晓威. 人教版高中英语教科书中文化内容的选择及其呈现方式研究 [D]. 长春：东北师范大学，2014.

[55] 李芳萍. 浅议市民跨文化交际能力的培养 [J]. 企业导报，2014（5）：183-184.

[56] 孔德亮，栾述文. 大学英语跨文化教学的模式构建：研究现状与理论思考 [J]. 外语界，2012（2）：17-26.

[57] 范俊玲. 信息化时代高职英语教学中传统文化元素的融入路径 [J]. 信息系统工程，2023（11）：173-176.

[58] 王金铭. 跨文化视角下高职英语翻译教学路径探析 [J]. 大众文艺，2023（21）：126-128.

[59] 罗丹. 讲好中国故事"融入高职公共英语教学探究 [J]. 大众文艺，2023（21）：190-192.

[60] 丁丽华. 大学英语课堂跨文化教学理论模型及实践路径 [J]. 哈尔滨职业技术学院学报，2023（6）：139-142.

[61] 董宁函. 大学生英语跨文化交际能力培养的有效路径探索：评《英语教学中跨文化交际能力培养研究》[J]. 中国教育学刊，2023（11）：141.

[62] 张越. 跨文化传播视角下茶文化在高校英语教学中的渗透 [J]. 福建茶叶，2023，45（11）：164-166.

[63] 王耀利. 高职英语教学质量提升的有效策略 [J]. 食品研究与开发，2023，44（21）：242.

[64] 董徐霞. "一带一路"背景下高职院校英语学习者母语文化输出能力培养研究 [J]. 宁波职业技术学院学报，2023，27（6）：85-92.

[65] 陈亦挺，潘好. 英语教学中的跨文化能力培养 [J]. 山西财经大学学报，2023，45（S2）：261-263.

[66] 孙秀芳，聂雪婷. 中国优秀传统文化融入大学英语教学的策略探究 [J].

池州学院学报, 2023, 37（5）: 124-126.

[67] 潘瑾. 跨文化交际视域下艺术类大学生英语教学创新策略研究 [J]. 海外英语, 2023（20）: 145-147.

[68] 李丽辉. 大学英语教学开展研究: 基于跨文化交际能力提升 [J]. 海外英语, 2023（20）: 211-213.

[69] 高凤琼. 跨文化背景下大学英语翻译教学策略探讨 [J]. 英语广场, 2023（30）: 69-72.

[70] 范文朵. 国际化考试助力陕西省民办高校国际化人才培养路径探析: 以剑桥TKT英语教学能力认证考试为例 [J]. 新西部, 2023（9）: 149-151.

[71] 孙二军, 李诗萌. 核心素养视域下中小学英语教师语言能力发展策略 [J]. 教学与管理, 2023（30）: 45-49.

[72] 吴莉. 多元文化交融背景下高校英语教学策略研究 [J]. 山东商业职业技术学院学报, 2023, 23（5）: 63-66.

[73] 张绪忠, 洪爱英. 大学英语教育中的母语文化教学: 基于教师角度的研究 [J]. 吉林省教育学院学报, 2023, 39（10）: 129-133.

[74] 孟营. 中国文化融入大学英语教学的价值意蕴及实践策略 [J]. 吉林省教育学院学报, 2023, 39（10）: 134-138.